TRAITÉ D'HARMONIE

Théorique et Pratique

PAR

F.-A. GEVAERT

Directeur du Conservatoire Royal de Bruxelles

Maître de Chapelle de S. M. le Roi des Belges, Membre de l'Académie de Belgique

et de l'Institut de France

1ᵉ PARTIE, Prix net : **12 fr.**
Copyright by Henry Lemoine et Cᵉ, 1905

2ᵐᵉ PARTIE, Prix net : **15 fr.**
Copyright by Henry Lemoine et Cᵉ, 1905

L'OUVRAGE COMPLET, Prix net : **25 fr.**

HENRY LEMOINE & Cⁱᵉ
17, Rue Pigalle PARIS — BRUXELLES, Rue de l'Hôpital, 44
Reproduction et Traduction réservées pour tous pays
y compris la Suède, la Norvège et le Danemark.

Imp. Delahaut et Cⁱᵉ

1907

TRAITÉ D'HARMONIE

Théorique et Pratique

PAR

F.-A. GEVAERT

Directeur du Conservatoire Royal de Bruxelles

Maître de Chapelle de S. M. le Roi des Belges, Membre de l'Académie de Belgique

et de l'Institut de France

1re PARTIE, Prix net : 12 fr.   2me PARTIE, Prix net : 15 fr.

Copyright by Henry Lemoine et Cie, 1905   Copyright by Henry Lemoine et Cie, 1907

L'OUVRAGE COMPLET, Prix net : 25 fr.

HENRY LEMOINE & Cie

17, Rue Pigalle PARIS — BRUXELLES, Rue de l'Hôpital, 44

Reproduction et Traduction réservées pour tous pays
y compris la Suède, la Norvège et le Danemark.

Imp. Chaimbaud et Cie

1907

AVERTISSEMENT

Au lieu d'appesantir encore par une Préface ce volume, déjà plus lourd que je ne l'eusse désiré, je crois pouvoir montrer avec une suffisante clarté aux Musiciens la manière dont j'ai conçu l'Enseignement de l'Harmonie simultanée en leur mettant ici sous les yeux, tout simplement, la

TABLE des MATIÈRES

A la fin du volume on trouvera un exposé sommaire des principes didactiques que j'ai pris pour guides constants au cours de mon long labeur.

F. A. GEVAERT.

Bruxelles, 8 Septembre 1907.

SIXIÈME ÉTUDE

Modifications chromatiques du Majeur et du Mineur

PREMIÈRE SECTION

Echelles et mélopée chromatiques

§ 142. — En grec *Chroma* signifie *couleur*, et, comme terme musical, *mélodie colorée*. L'acception technique du mot est restée la même chez nous. Dans la musique des modernes, comme dans celle des Anciens, une cantilène est dite *chromatique*, lorsque, sans déplacer la Tonique souveraine, on mêle au dessin mélodique des sons étrangers à l'échelle du ton dans lequel se meut le dessin : sons qui en d'autres cas servent à transposer les échelles modales. Le mélange chromatique a pour but de donner au chant des accents d'une expression plus marquée que ceux que contient l'échelle ordinaire.

De pareils sons se produisent par le dédoublement du degré inférieur ou du degré supérieur des cinq intervalles de ton compris dans l'échelle du Majeur diatonique (IV_V, I_II, V_VI, II_III, VI_VII). Lorsque, en procédant graduellement vers l'aigu, on insère, au-dessus de la note inférieure, le demi-ton chromatique, on obtient *cinq altérations intensives* qui séparent les deux degrés diatoniques.

FA _ *fa*♯ _ SOL	UT _ *ut*♯ _ RÉ	SOL _ *sol*♯ _ LA	RÉ _ *ré*♯ _ MI	LA _ *la*♯ _ SI
IV _ IV♯ _ V	I _ I♯ _ II	V _ V♯ _ VI	II _ II♯ _ III	VI _ VI♯ _ VII

Si, au contraire, en descendant l'échelle diatonique, on ajoute, au-dessous du degré supérieur de chaque intervalle de ton, le demi-ton chromatique, on obtient *cinq altérations rémissives* qui prennent le milieu entre les deux degrés diatoniques.

SI _ *si*♭ _ LA	MI _ *mi*♭ _ RE	LA _ *la*♭ _ SOL	RÉ _ *ré*♭ _ UT	SOL _ *sol*♭ _ FA
VII _ VII♭ _ VI	III _ III♭ _ II	VI _ VI♭ _ V	II _ II♭ _ I	V _ V♭ _ IV

§ 143. — En ajoutant à la série heptaphone du Majeur diatonique, vers la gauche, les cinq échelons abaissés, vers la droite, les cinq échelons haussés, on établit dans chaque système tonal la série entière des 17 sons formant le domaine intégral du Chroma, tel qu'il a achevé son développement au XIX⁰ siècle (§ 12 , B).

Notation tonale :	V♭	II♭	VI♭	III♭	VII♭	IV	[I]	V	II	VI	III	VII	IV♯	I♯	V♯	II♯	VI♯
En *la*	mi♭	si♭	fa♮	ut♮	sol♮	ré	[*la*]	mi	si	fa♯	ut♯	sol♯	ré♯	la♯	mi♯	si♯	fa×
En *ré*	la♭	mi♭	si♭	fa♮	ut♮	sol	[*ré*]	la	mi	si	fa♯	ut♯	sol♯	ré♯	la♯	mi♯	si♯
En *sol*	ré♭	la♭	mi♭	si♭	fa♮	ut	[*sol*]	ré	la	mi	si	fa♯	ut♯	sol♯	ré♯	la♯	mi♯
En UT (série-modèle):	*sol*♭	*ré*♭	*la*♭	*mi*♭	*si*♭	FA	[UT]	SOL	RÉ	LA	MI	SI	*fa*♯	*ut*♯	*sol*♯	*ré*♯	*la*♯
En *fa*	ut♭	sol♭	ré♭	la♭	mi♭	si♭	[*fa*]	ut	sol	ré	la	mi	si♯	fa♯	ut♯	sol♯	ré♯
En *si*♭	fa♭	ut♭	sol♭	ré♭	la♭	mi♭	[*si*♭]	fa	ut	sol	ré	la	mi♯	si♯	fa♯	ut♯	sol♯
En *mi*♭	si♭♭	fa♭	ut♭	sol♭	ré♭	la♭	[*mi*♭]	si♭	fa	ut	sol	ré	la♯	mi♯	si♯	fa♯	ut♯

A . Le domaine tonal des deux modes se trouve singulièrement agrandi par l'adjonction des dix degrés chromatiques. Les cinq sons ajoutés à droite de la série diatonique (IV#,I#, V#,II#, VI#) se rattachent d'une manière étroite au Majeur qu'ils continuent en quelque sorte. A mesure qu'elle s'avance dans la même direction, la mélopée majeure se colore de nuances plus é-clatantes.

Des cinq sons ajoutés à gauche de la série diatonique, les trois premiers (VII♭,III♭,VI♭) font partie intégrante du système mineur. Celui-ci, en ajoutant à son domaine les deux der-niers sons de la série chromatique (II♭,V♭), se charge de teintes de plus en plus assombries.

§ 144. — *La mélopée moderne cultive tout le champ chromatique en le morcelant.* Il serait impossible de disposer la série de 17 sons de manière à en former une seule échelle d'Octave, propre à l'exécution vocale ou instrumentale. La succession qui résulterait d'un tel arrange-ment n'offre pas de sens musical.

Le sentiment humain est incapable de déterminer, et la voix humaine ne peut entonner *avec pré-cision* deux notes équisonantes, *lorsqu'elles se succèdent sans intermédiaire* (p.e. fa# — sol♭, si♭ — la#). Nos instruments à clavier n'ont qu'une seule touche pour rendre deux sons de cette espèce (§ 9). C'est pourquoi *les gammes chromatiques de la musique européenne ne renferment que 12 échelons par Octave*: cinq sons altérés sont posés chacun entre deux degrés de l'échelle diatonique. Les 17 sons du Chroma intégral n'en ont pas moins tous leur usage rationnel dans nos cantilènes vocales et instrumentales. D'après le contexte harmonique du dessin chantant, notre instinct musical interprète, et notre notation traduit chacun des sons chromatiques, tan-tôt comme une altération intensive, tantôt comme une altération rémissive. Le résultat de cet état de choses c'est que *chacune de nos tonalités comporte six types d'échelles chromatiques*, qui colo-rent la mélodie d'autant de nuances différentes.

Le mode de formation des gammes est celui-ci : *A la série des sept degrés du Majeur dia-tonique, invariablement maintenue dans son entier, viennent s'ajouter cinq sons altérés, pris d'or-dinaire, partie à droite, partie à gauche,* (rarement tous du même côté), *sous la condition ex-presse de former, avec la série diatonique, une chaîne ininterrompue de 11 Quintes,* en sorte que les deux sons extrêmes de la série composent un intervalle de tierce augmentée (§ 12, A). Voici la description détaillée des six échelles, accompagnée de leur transcription dans le ton d'Ut et de leur notation tonale.

Premier Type . — *Les cinq degrés chromatiques sont pris à droite de la série diatonique.*

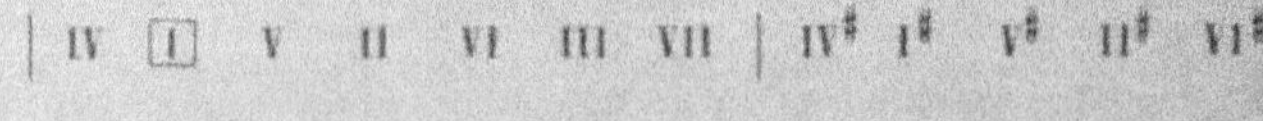

Echelle d'Ut , ascendante et descendante

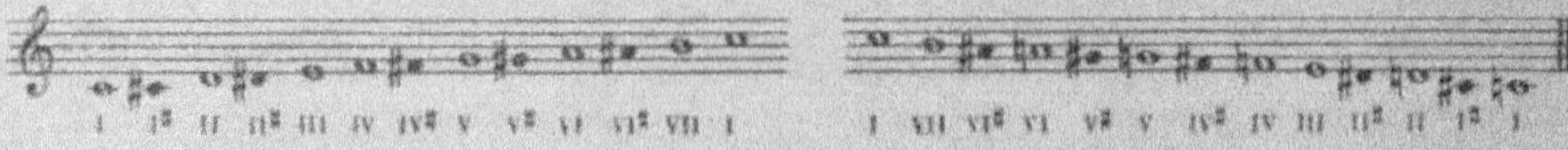

2ᵉ Type. — *Quatre degrés chromatiques sont pris à droite de la série diatonique ; un seul est pris à gauche.*

VII♭ | IV [I] V II VI III VII | IV♯ I♯ V♯ II♯

Echelle d'UT, ascendante et descendante

I I♯ II III♭ III IV IV♯ V V♯ VI VII♭ VII I   I VII VII♭ VI V♯ V IV♯ IV III III♭ II I♯ I

3ᵉ Type. — *Trois degrés chromatiques sont pris à droite de la série diatonique ; deux degrés sont pris à gauche.*

III♭ VII♭ | IV [I] V II VI III VII | IV♯ I♯ V♯

Echelle d'UT, ascendante et descendante

I I♯ II III♭ III IV IV♯ V V♯ VI VII♭ VII I   I VII VII♭ VI V♯ V IV♯ IV III III♭ II I♯ I

4ᵉ Type. — *Deux degrés chromatiques sont pris à droite de la série diatonique ; trois degrés sont pris à gauche.*

VI♭ III♭ VII♭ | IV [I] V II VI III VII | IV♯ I♯

Echelle d'UT, ascendante et descendante

I I♯ II III♭ III IV IV♯ V VI♭ VI VII♭ VII I   I VII VII♭ VI V♭ V IV♯ IV III III♭ II I♯ I

5ᵉ Type. — *Un degré chromatique est pris à droite de la série diatonique ; quatre degrés sont pris à gauche.*

II♭ VI♭ III♭ VII♭ | IV [I] V II VI III VII | IV♯

Echelle d'UT, ascendante et descendante

I II♭ II III♭ III IV IV♯ V VI♭ VI VII♭ VII I   I VII VII♭ VI VI♭ V IV♯ IV III III♭ II II♭ I

6ᵉ Type. — *Les cinq degrés chromatiques sont pris à gauche de la série diatonique.*

V♭ II♭ VI♭ III♭ VII♭ | IV [I] V II VI III VII |

Echelle d'UT, ascendante et descendante

I II♭ II III♭ III IV V♭ V VI♭ VI VII♭ VII I   I VII VII♭ VI V♭ V IV III III♭ II II♭ I

Ainsi que le fait voir ce tableau, deux degrés n'existent chacun que dans un seul type : VI♯ (type 1), V♭ (type 6). Leurs équisonants, au contraire, sont les degrés chromatiques les plus communs : VII♭ appartient à tous les types, sauf le premier ; IV♯ manque seulement au dernier type.

§ 145. — *Les échelons contigus* des six types de gammes forment deux espèces d'intervalles:des *secondes mineures*, toujours au nombre de *sept*; des *demi-tons chromatiques*, au nombre de *cinq*, invariablement situés entre deux secondes mineures. Les deux gammes suivantes ont une graphie incorrecte : la première, parce qu'elle présente successivement deux demi-tons chromatiques (II♭_II, II_II♯); la seconde, parce qu'elle supprime le IVᵉ degré de la gamme diatonique (IV) et le remplace par un échelon chromatique inconnu au système tonal (III♯).

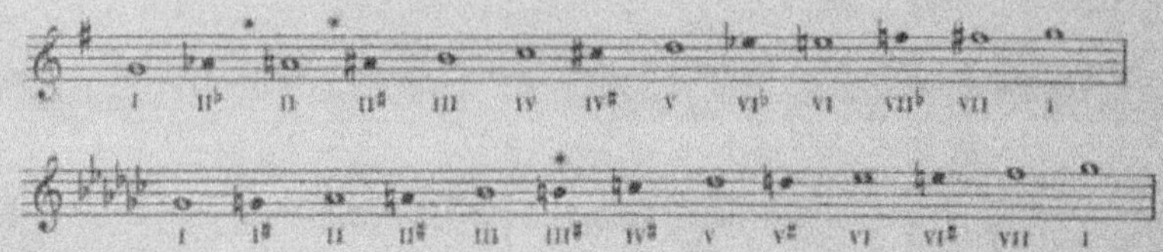

Quant aux *degrés non contigus* des six précédentes échelles, les intervalles qu'ils forment à l'aide de l'élément chromatique se sont déjà rencontrés, *sauf deux couples*, en Mineur et en Majeur mixte, mais moins abondamment représentés qu'ils ne le seront ici. Tous les intervalles qui ne se composent pas de deux degrés diatoniques de l'échelle tonale employée dans la mélodie se divisent en deux classes :

A. *Intervalles chromatiques par position*. On appelle ainsi ceux qui, tout en exhibant dans leur notation un ou deux signes altératifs, n'embrassent pas plus de six Quintes; employés en certains autres tons, ils se composent uniquement d'échelons diatoniques. Ce sont des Quintes et des Quartes consonantes ; des tierces, sixtes, secondes, septièmes, majeures et mineures; des fausses-quintes et des tritons.

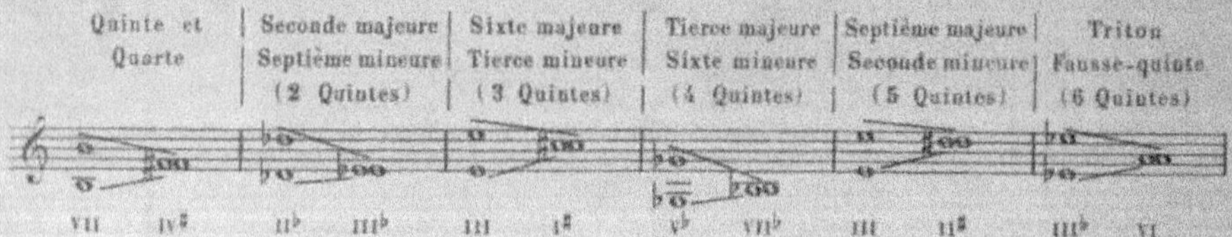

B. *Intervalles chromatiques par eux-mêmes* ou *par nature*. Ils embrassent de 7 à 11 Quintes et reçoivent la qualification de *diminués* et d'*augmentés*. *Tous sont dissonants*. On les reconnaît extérieurement à ceci : Quel que soit le ton employé, ils ne peuvent se noter sans un signe modificatif de l'armure. Cette classe comprend quatre couples de dissonances.

Deux couples (quinte augmentée et quarte diminuée, seconde augmentée et septième diminuée) nous sont déjà connus comme éléments mélodiques et polyphones du Mineur normal et du Majeur mixte; mais le domaine plus étendu du Chromatique leur assigne plusieurs positions dans chacun des six types d'échelles. (Nous distinguons les positions déjà vues en Mineur et en Majeur mixte par la notation blanche.)

Quintes augmentées et quartes diminuées. Elles embrassent 8 Quintes et sont au nombre de 9 en Chroma intégral : trois d'entre elles se trouvent dans quatre types chromatiques;

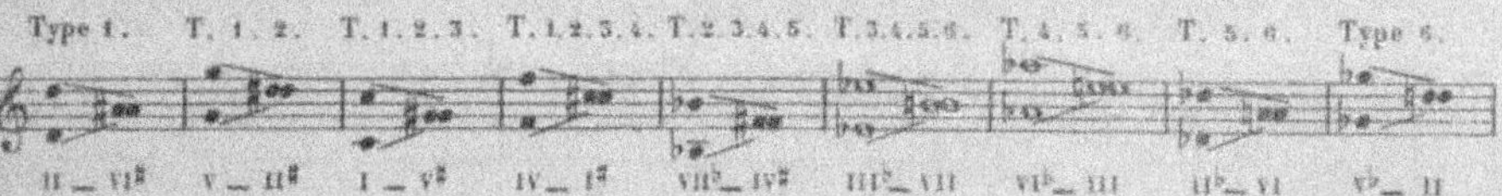

Secondes augmentées et septièmes diminuées. Elles embrassent 9 Quintes et sont au nombre de 8 en Chroma intégral : quatre d'entre elles se trouvent dans trois types chromatiques.

Deux couples d'intervalles chromatiques par nature, tierce diminuée et sixte augmentée, tier-ce augmentée et sixte diminuée, *sont exclusivement propres au genre coloré.*

Sixtes augmentées et tierces diminuées. Elles embrassent 10 Quintes et sont au nombre de 7 en Chroma intégral : cinq d'entre elles se trouvent dans deux types chromatiques;

Tierces augmentées et sixtes diminuées. Elles embrassent 11 Quintes et sont au nombre de 6 en Chroma intégral : chacune d'elles ne se trouve donc que dans un seul des six types.

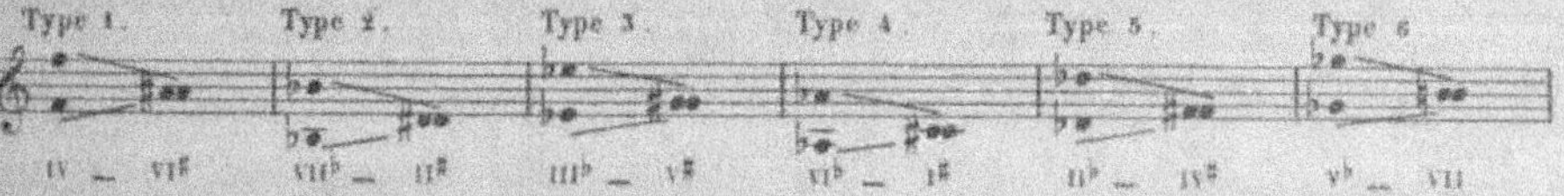

C. Ainsi que ces notations le rendent évident, *le nombre des positions qu'un intervalle (ou un accord) est apte à prendre dans un système tonal se trouve être en raison inverse de la grandeur de l'espace que lui-même occupe dans le susdit système.* Le Chroma intégral étant compris dans une sé-rie de 17 sons (§ 12, B), un intervalle qui embrasse 10 Quintes (la sixte augmentée) aura 7 posi-tions (10 + 7 = 17); par contre l'accord parfait majeur, contenu entièrement dans 4 Quintes, ne disposera pas de moins de 13 places (4 + 13 = 17).

§ 146. — Le chant populaire est essentiellement diatonique chez les nations de l'Europe occi-dentale, comme il l'était dans l'antiquité gréco-romaine. Si parfois, dans les mélodies modernes des peuples méditerranéens, un accent chromatique, isolé, vient se substituer à un des degrés na-turels de la gamme, il est précédé et suivi d'un intervalle diatonique. *L'intonation de demi-ton chromatique est abandonné aux chanteurs-musiciens.*

Ex. 388. *Le Prisonnier*, chanson palermitaine

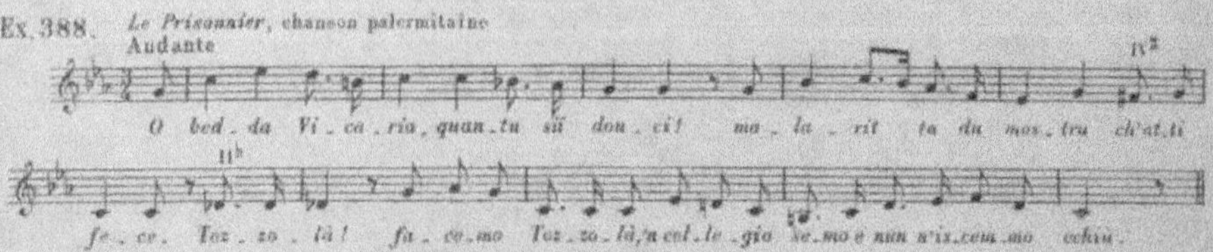

Jusqu'à ces derniers temps les cantilènes de l'opéra italien ne se sont pas beaucoup écartées de cette facture rudimentaire. Les notes chromatiques tiennent la place du son diatonique éli. miné ; elles sont prises le plus souvent par seconde mineure et résolues dans le sens de leur attraction mélodique : un échelon haussé monte, un échelon baissé descend diatoniquement au degré voisin.

Ex. 389.

A. Depuis son essor définitif au XVIIe siècle, l'art instrumental a inauguré un usage plus libre de la mélopée colorée ; il ne s'est pas privé de juxtaposer le degré naturel de la gamme et et son intonation artificielle.

Ex. 391. Dans la *IIIe Canzone* de Frescobaldi (1627).

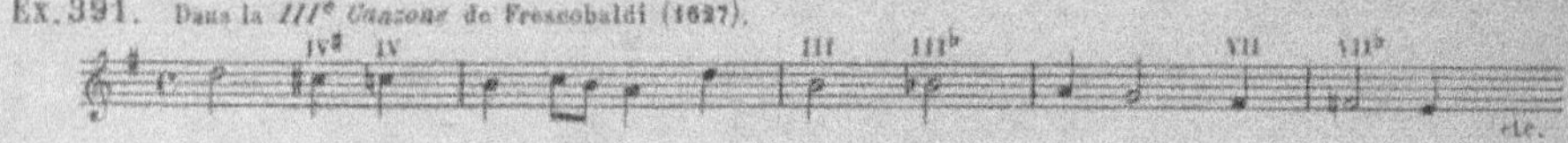

La musique vocale a bientôt suivi cette impulsion, autant que le comportaient ses conditions pratiques. En ce qui concerne les mouvements des degrés contigus, elle se conforme aux pro. cédés indiqués par ses modèles, les six gammes colorées : *tous les sons altérés sont à volonté attaqués ou quittés par demi-ton chromatique*. Une réserve toutefois s'impose encore pour les deux degrés de l'échelle situés aux extrémités opposées de la série de 17 sons : VI[#] n'a pas ces. sé d'avoir une tendance impérieuse à monter ; V[♭] aspire toujours à descendre.

B. En ce qui concerne *l'intonation des intervalles altérés réunissant deux degrés disjoints*, peu d'observations nouvelles sont nécessaires. Les intervalles dits *chromatiques par posi. tion* (§ 145, A), ne présentent pas plus de difficultés que les diatoniques auxquels ils corres. pondent. Quant aux *intervalles chromatiques par nature incorporés au Mineur moderne*, les condi. tions de leur emploi ont été déterminées plus haut (§ 109).

Restent *les deux couples d'intervalles réservés à la mélopée chromatique proprement dite* (sixte augmentée et tierce diminuée, tierce augmentée et sixte diminuée). Un seul de ces qua. tre intervalles se mêle parfois au dessin d'une cantilène vocale, mais dans la direction des. cendante seulement : c'est la tierce diminuée (§ 145, B), accent mélancolique d'une sensibilité intense : ses deux sons se dirigent vers le même degré de l'échelle diatonique.

Ex.392. Mod^{to} espressivo

C. L'intonation ascendante de la *tierce diminuée* et le renversement de l'intervalle, la *sixte augmentée*, prise en montant ou en descendant, ne conviennent guère qu'aux voix instrumentales. Et ceci peut être dit d'une manière absolue du dernier couple d'intervalles compris dans une é. chelle chromatique: la *tierce augmentée* et la *sixte diminuée*. Ni l'une ni l'autre n'est accessible à l'organe vocal abandonné à lui-même. Même dans une cantilène instrumentale il est peu de cas où l'usage de ces intervalles soit pleinement justifiable.

Ex.395.

§ 147.— Au point de vue de leur emploi dans la composition des mélodies, les six types d'é. chelles chromatiques forment deux groupes d'une symétrie parfaite et grandement suggestive. *Le premier groupe, composé des types 1, 2 et 3, est spécialement affecté au Majeur*; les altérations intensives y dominent: elles sont respectivement au nombre de 5, de 4, de 3. *Le second groupe, composé des types 4, 5 et 6, est un développement du Mineur intégral, dont il complète l'échelle chromatique* (§ 111). Ici les altérations rémissives sont en majorité; leur nombre respectif est de 3, de 4, de 5.

A. Les trois types d'échelles dont se forme chaque groupe n'ont pas une égale valeur ex_ pressive; mais l'opposition symétrique du Majeur et du Mineur se manifeste en eux avec une ré. gularité frappante. Les deux types excentriques (1 et 6), qui renferment les degrés situés aux deux extrémités de la série du Chroma intégral (V♭ et VI#), apparaissent fort peu dans la mélo. pée. N'exhibant qu'une seule espèce d'altérations, les deux échelles exagèrent en quelque sorte leur caractère modal, soit mineur, soit majeur. Tout au contraire, les types situés sur la limite des deux groupes (3 et 4) montrent une expression indécise et flottante, inclinant tantôt vers le Majeur, tantôt vers le Mineur. Dans les deux groupes c'est le type central (2, 5) qui exprime avec le plus de force, de variété et de souplesse, l'opposition primordiale du Majeur et du Mineur.

Comparé à l'échelle du Majeur diatonique, source commune de toutes les gammes modernes, le ty_
pe 2 présente quatre altérations intensives et une seule altération rémissive, tandis que le type 5
exhibe une seule altération intensive et quatre rémissives.

B. Grâce à leur situation centrale, les types 2 et 5 peuvent faire des excursions au type voi_
sin de droite et de gauche sans sortir du domaine modal. Ils sont donc parfaitement qualifiés
pour représenter le groupe entier dont ils font partie. *Pour nous le type 2 sera la gamme nor_
male du Majeur chromatique, le type 5, celle du Mineur chromatique,* et c'est sur cette base que
nous établissons notre enseignement de la mélopée et de la polyphonie colorées. Les deux types
latéraux de chaque groupe seront traités comme des suppléants occasionnels, des variantes ac_
cessoires de leur type central.

§ 148. _ L'échelle du type 2, représentant du premier groupe, nous donne une vue synopti_
que des altérations ordinaires du Majeur diatonique.

De ses cinq degrés chromatiques, quatre ont normalement une direction ascendante. Ce sont
des points brillants piqués sur un fonds monochrome, des notes qui accentuent plus vivement
les teintes claires de la gamme majeure. Les quatre échelons haussés interviennent généralement
dans les cantilènes monodiques sous forme de notes de passage ou d'ornement, ayant une durée
assez brève.

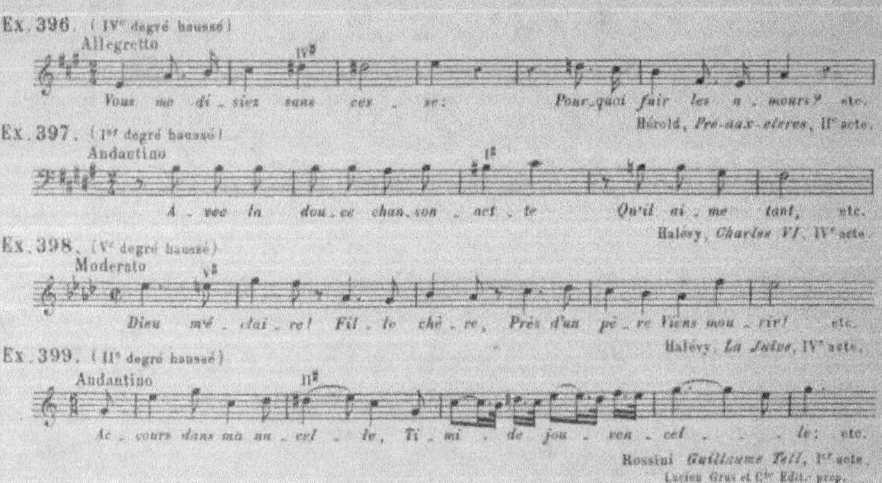

Un seul des degrés adventices a des tendances mélodiques vers le grave et une couleur sé_
rieuse, sinon sombre: c'est le VIIe degré abaissé. Sa fonction habituelle n'est pas ornementale,
mais harmonique. Il détermine une modulation introtonale vers la Sous-dominante.

Ex. 400.

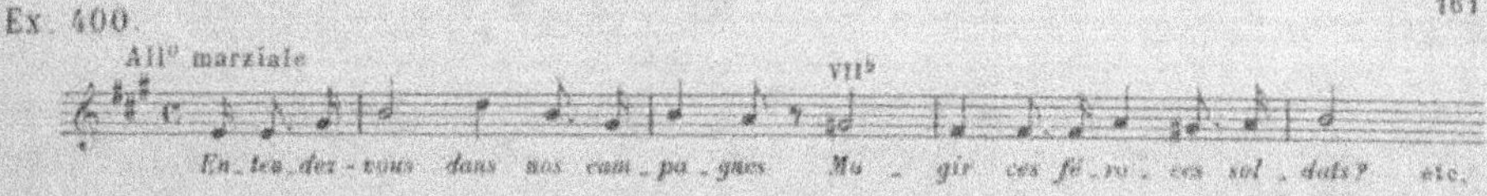

Le dessin suivant réunit les cinq degrés chromatiques du type 2.

Ex. 401.

A. Le type 3 ne diffère du type central que par un degré unique, mais très caractérisé : la tierce mineure de la Tonique (III♭). Par là s'introduit dans le Majeur chromatique le clair-obscur, les oppositions frappantes de lumière et d'ombre. Nous reconnaissons en cela un effet essentiellement moderne.

Ex. 402.

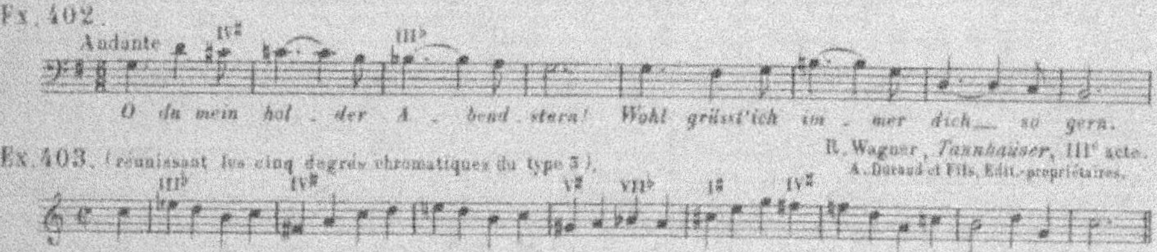

Ex. 403. (réunissant les cinq degrés chromatiques du type 3).

B. Quant au type 1, ce Chromatique *ultra-majeur* tient une place très petite et accessoire dans la formation du dessin mélodique. Le seul degré qui lui soit propre (VI♯) n'entre dans la cantilène qu'à titre de note d'ornement, encore est-ce dans un motif instrumental plutôt que dans un chant destiné à l'organe humain.

Ex. 404. (réunissant les cinq degrés chromatiques du type 1).

§ 149. — *L'étroite affinité entre le Mineur moderne et le Chroma* a déjà été constatée précédemment en mainte occasion. *Tandis que le Majeur doit introduire cinq degrés nouveaux pour colorer son échelle d'un bout à l'autre, les trois types assignés au Mineur (4, 5 et 6) n'apportent chacun que deux degrés non compris dans l'échelle du Mineur intégral.* Tous deux sont intensifs (IV♯, I♯) dans le type 4, dont l'échelle se chante le plus naturellement du grave à l'aigu ; les deux altérations sont rémissives (II♭, V♭) dans l'échelle du type 6, qui ne se chante guère qu'en descendant. *Seul le type central du groupe (5) établit l'équilibre entre l'élément clair et l'élément sombre ; la succession chromatique s'y trouve complétée par un accent intensif (IV♯) et un accent rémissif (II♭).* Aussi l'échelle du type 5 se chante-t-elle couramment dans les deux directions.

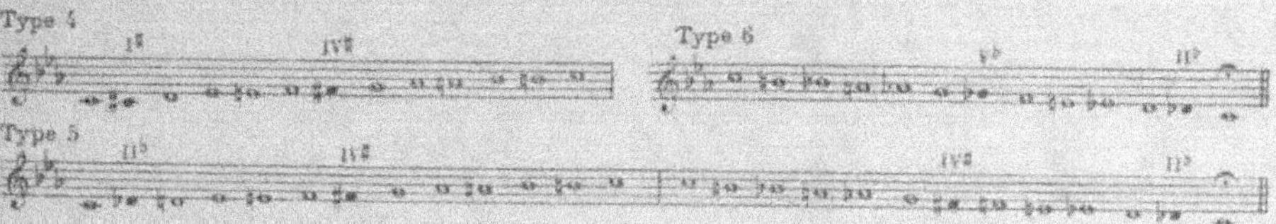

162

A. La structure mélodique du type 5 nous montre en lui non-seulement la gamme-modèle du Mineur chromatique, mais la plus harmonieuse de toutes les échelles colorées admises dans notre art polyphone. Son apport significatif est le II⁰ degré abaissé (II♭), une note émouvante en même temps qu'un son générateur d'accords. Le rapprochement des accents caractéristiques du type 5 dans une simple formule mélodique suffit à faire entrevoir sa richesse expressive.

Ex. 405.

B. Nous avons dans le type 5 la plus ancienne échelle colorée que la mélopée monodique de notre art européen ait mise en œuvre. On rencontre cette gamme chromatique dès la première moitié du XVII⁰ siècle dans les cantilènes géniales de Luigi Rossi; elle pénètre même dans la musique populaire de l'Italie méridionale (ex. 388). Au nord des Alpes elle s'est répandue de bonne heure et n'a cessé, jusqu'à nos jours, d'être cultivée comme l'expression la plus éloquente de la tristesse et de la mélancolie.

Ex. 406.

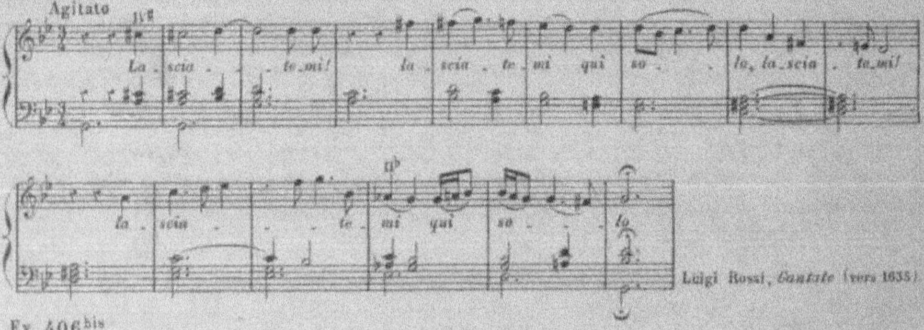

Ex. 406 bis

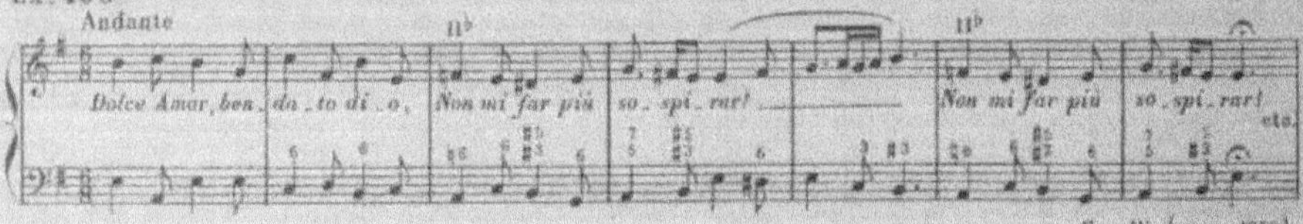

Ex. 407

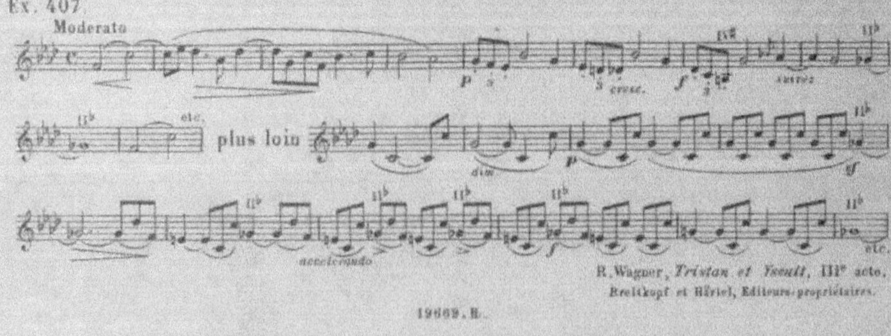

Ex. 407bis

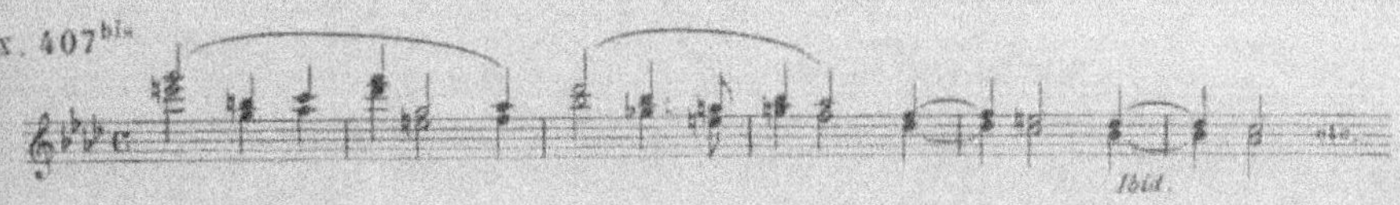

C. Le second groupe d'échelles chromatiques n'a pu rester indéfiniment dans la possession exclusive du Mineur. De par la constitution même du Chroma moderne, les types 4, 5 et 6 sont la propriété indivise des deux modes. En effet l'échelle du Majeur diatonique fait partie intégrante des six types chromatiques, sans aucune exception, tandis que l'échelle du Mineur ne paraît en entier que dans les trois derniers types. Conséquemment le premier groupe renferme le Chromatique spécial au Majeur, et *le second groupe contient le Chromatique commun aux deux modes*. C'est ainsi que nous le désignerons dorénavant.

Néanmoins le Majeur a tardé beaucoup à exercer ses droits sur le terrain du Chromatique, même pour la partie qui lui appartient exclusivement jusqu'à ce jour. Vers le commencement du XVIIIe siècle seulement les accords chromatiques commencent à se faire entendre dans les deux modes; Jean Sébastien Bach notamment introduit des harmonies appartenant au type 6 dans des compositions instrumentales du mode majeur (v. ci-après ex. 532). Le chant monodique hésita plus longtemps encore à produire en Majeur les accents chromatiques des derniers types: la présence dans une cantilène majeure de la note distinctive du Mineur chromatique (II^b) est une rareté notable dans les compositions antérieures à 1815. De nos jours le procédé est entré dans l'usage général.

§ 149bis. — Les types latéraux du second groupe d'échelles chromatiques (4,6) n'ont pas un caractère aussi marqué que le type central. Le plus souvent l'effet expressif de leurs sons altérés reside dans l'harmonie dont ils sont accompagnés.

A. Le type 4, compris dans l'intervalle VI♭—I♯, a trouvé chez les maitres un emploi aussi heureux en Majeur qu'en Mineur.

Ex. 411.

Ex. 412.

Ex. 413.

B. Enfin le type 6, limité par l'intervalle V♭—VII, partant dépourvu de toute altération intensive, exprime par son accent distinctif (V♭) un accablement morne, un renoncement à toute joie.

Ex. 414.

Ex. 415.

§ 150. — *Une phrase de chant ou un dessin instrumental ne dépasse jamais le parcours harmoni que d'un seul des six types chromatiques.* Peu de cantilènes même atteignent les deux bouts opposés d'une série de 12 sons. On ne rencontre guère de spécimens de cette espèce pour les trois types du Majeur, tandis que les exemples pour les trois derniers types ont été découverts sans peine.

A. Lorsque les degrés intermédiaires des gammes chromatiques n'ont pas de signification expressive ou harmonique, et font simplement office de notes de passage ou d'ornement, les compositeurs choisissent parmi les six types d'échelles, celui qui, dans le ton employé, s'exprime par la notation la plus familière aux exécutants. Afin d'éviter les accidents insolites (x ou ♭♭) on préfère généralement, dans les tons chargés de bémols, les types à degrés haussés, dans les tons chargés de dièses, les types à degrés baissés.

B. Si la mélopée homophone peut se mouvoir à son aise dans le domaine d'une seule échelle chromatique, la musique polyphone de notre temps, surtout l'instrumentale, s'y trouve parfois à l'étroit. Cela se voit de la manière la plus frappante dans une catégorie de successions exclusivement propre au Chromatique : *des échelles formées d'une suite parallèle de tierces mineures ou de tierces majeures procédant par demi-tons ascendants ou descendants jusqu'à l'Octave du point de départ.* Pour obtenir des intervalles identiques d'un bout à l'autre du parcours d'Octave, il faut de toute évidence, lorsqu'il s'agit de tierces mineures (= sixtes majeures), réunir deux types distants de *trois* unités ; s'il s'agit de tierces majeures (= sixtes mineures), les types accouplés doivent être distants de *quatre* unités.

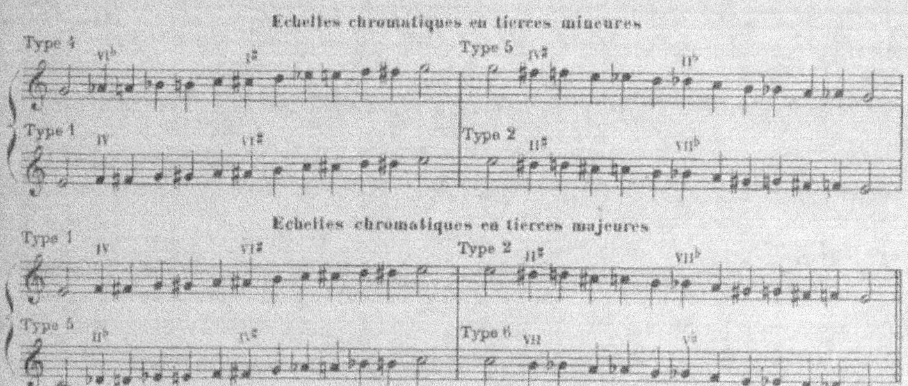

Quand on forme de pareilles échelles polyphones en ajoutant au-dessus de la tierce mineure la sixte mineure (la combinaison avec la tierce majeure et la sixte n'a pas encore été tentée, que je sache) trois types se trouvent nécessairement associés.

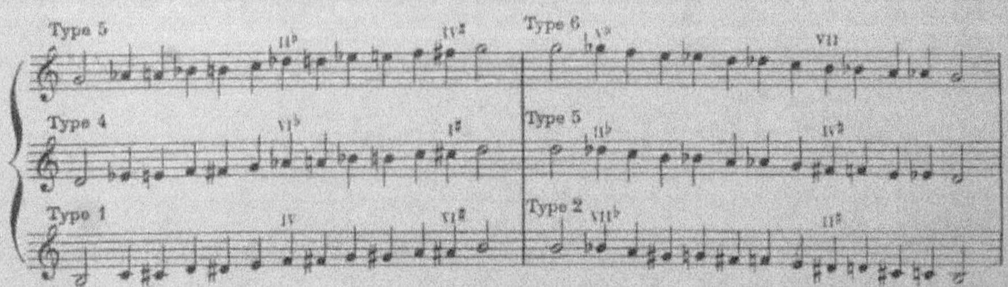

C. Il est à remarquer que cette sorte d'échelles polyphones appartient uniquement au style instrumental, produit d'une technique très raffinée et en quelque sorte artificielle. Au surplus ces gammes s'exécutent habituellement dans un mouvement si rapide que l'accord d'où part la succession et celui où elle aboutit ont seuls une valeur harmonique pour l'auditeur; les autres accords passent sans attirer individuellement son attention. Dans la polyphonie vocale, moins éloignée de la musique vulgaire et incompatible avec une allure très vive, il en est tout autrement : chaque agrégation conserve sa signification harmonique; aussi des successions pareilles aux précédentes ne sont pas en usage. Lorsqu'il s'y produit des échelles chromatiques, entières ou fragmentaires, harmonisées par des consonances de tierce ou de sixte, ces intervalles sont tantôt mineurs, tantôt majeurs, en sorte que *l'ensemble polyphone, comme chacune des parties vocales, se meut normalement dans les limites d'un seul type chromatique, ou de deux types voisins tout au plus.*

Ex. 416.

La même pratique s'observe dans la polyphonie chromatique (vocale ou instrumentale) de tous les maîtres de la période classique. C'est pourquoi nous appliquerons à l'enseignement de cette branche de la technique moderne la division et la méthode que nous avons établies pour l'étude des échelles et de la mélopée chromatiques.

DEUXIÈME SECTION

Théorie des accords chromatiques en général

§ 151. — Nous venons d'élucider le rôle des éléments premiers de l'harmonie chromatique, — sons et intervalles altérés, — dans la production successive. Il nous faut maintenant montrer les effets de leur intervention dans l'harmonie simultanée, signaler les nouvelles conjonctions de sons auxquelles ils donnent naissance : *accords chromatiques par position ou par nature* ; ces distinctions ont le même sens que dans la théorie des intervalles du Chroma (§ 145 A, B). De plus nous avons à constater ici les particularités inhérentes à la structure des agrégations chromatiques, et enfin, à formuler les règles essentielles observées dans leur réalisation pratique.

§ 152. — En harmonie simultanée les deux espèces d'altérations (intensives, rémissives) ont pour résultat de modifier en sens inverse les éléments constitutifs des accords ; les tierces consonantes se changent de majeures en mineures ou réciproquement. Pour ce qui est des trois premières altérations rémissives (VII^b, III^b, VI^b), nous les avons vues à l'œuvre en Mineur, et leur rôle est ici le même, bien que beaucoup plus étendu. Les altérations intensives, au contraire, ne se sont pas encore présentées à nos yeux en tant qu'éléments de la polyphonie ; nous avons donc à définir leurs fonctions sous ce rapport. Pour en donner une idée préalable, il suffira de mettre en parallèle les deux catégories d'altérations, afin que le disciple puisse comparer le résultat de leur action respective sur les accords de trois sons, lesquels se trouvent à la base de toutes les agrégations, chromatiques aussi bien que diatoniques.

I^a Par l'*abaissement* de leur degré central se convertissent *de majeures en mineures* les triades *essentielles* du Majeur diatonique (§ 105, A, B).

I — I	V — V	II — II
VI — VI^b	III — III^b	VII — VII^b
IV — IV	I — I	V — V

II^a Par l'*abaissement* de son degré supérieur la *triade mineure* sur le IIe degré se convertit *en un accord de fausse - quinte*. (§ 118).

VI — VI^b
IV — IV
II — II

I^b Par l'*altération intensive* de leur degré central se transforment de *mineures en majeures* les triades *complémentaires* du Majeur diatonique.

VI — VI	III — III	V — V
IV — IV$^\sharp$	I — I$^\sharp$	V — V$^\sharp$
II — II	VI — VI	III — III

II^b Par l'*altération intensive* du son aigu, l'accord de *fausse - quinte* sur la Sensible du *Majeur* devient une *triade mineure*, laquelle ensuite, à l'imitation des autres accords complémentaires, se change volontiers en un *accord parfait majeur*.

IV — IV$^\sharp$ — IV$^\sharp$
II — II — II$^\sharp$
VII — VII — VII

III^b De plus l'altération intensive du son aigu convertit les *triades essentielles du Majeur* en autant d'*accords de quinte augmentée*.

I — I$^\sharp$	V — V$^\sharp$	II — II$^\sharp$
VI — VI	III — III	VII — VII
IV — IV	I — I	V — V

168

A. Contrairement aux altérations intensives qui, sauf une seule (IV♯), n'affectent jamais la note inférieure d'un accord direct, *les altérations rémissives sont aptes à faire office de sons fondamentaux*: d'abord dans les trois triades complémentaires du Mineur, posées sur les degrés VII♭, III♭, VI♭ (§ 127), ensuite sur l'avant-dernier son de la série de gauche (II♭). Celui-ci apporte à la polyphonie chromatique une nouvelle triade majeure (II♭—IV—VI♭) et *un nouvel échelon fondamental, dédoublement et souvent variante du II° degré diatonique* (v. ci-après, ex. 421).

B. En ce qui concerne la dernière altération à gauche (V♭) et la dernière à droite (VI♯), elles se bornent toutes deux à faire des apparitions intermittentes dans quelques harmonies accessoires qu'il serait prématuré de déterminer ici.

§ 153. — Les *intervalles chromatiques par nature* (§ 145, B) sont ceux qui fournissent au genre coloré ses accords les plus caractéristiques.

A. Le premier intervalle s'étendant au-delà des limites du diatonique est celui de *demi-ton chromatique* ou de *prime augmentée* (§ 11, F), lequel embrasse 7 Quintes. Élément premier et indivisible de la mélopée chromatique, *il est exclu de la formation des accords*. Il en est de même de son renversement, *l'octave diminuée*, qui ne s'entend dans l'harmonie simultanée qu'à l'état de note de passage ou d'*appoggiature* (ex. 229, 277bis).

B. Vient ensuite la *quinte augmentée*, intervalle qui embrasse 8 Quintes et occupe en Chromatique intégral 9 positions (§ 145, B). Il engendre conséquemment un même nombre de triades dissonantes par nature. Nous avons rencontré deux d'entre elles comme altérations d'accords complémentaires du Mineur (§ § 134, 140, A). En Chromatique nous verrons l'accord de quinte augmentée fonctionner parmi les harmonies tonales du Majeur, et même y devenir la souche d'une famille complète (triade, Septième, Neuvième).

								rare
VI♯	II♯	V♯	I♯	IV♯	VII	III	VI	II
IV♯	VII	III	VI	II	V	I	IV	VII♭
II	V	I	IV	VII♭	III♭	VI♭	II♭	V♭

(§ 134) (§ 140)

C. L'intervalle de *septième diminuée*, qui comprend 9 Quintes et occupe sur les échelles chromatiques 8 positions (§ 145, B), nous est connu dans la polyphonie du Mineur et du Majeur mixte comme la dissonance chromatique de l'*accord de neuvième mineure de dominante* (§ § 119, 139). Le Chromatique fournit en outre *sept* agrégations pareilles, dans lesquelles le son fondamental est appelé à remplir passagèrement l'office de dominante, en cas de modulation passagère. Mais de même que l'accord-type, ses reproductions laissent le plus souvent leur fondamentale dans l'ombre.

					Neuvième mineure de dominante		
V	I	IV	VII♭	III♭	VI♭	II♭	V♭
III	VI	II	V	I	IV	VII♭	III♭
I♯	IV♯	VII	III	VI	II	V	I
VI♯	II♯	V♯	I♯	IV♯	VII	III	VI

Fondamentales:	IV♯	VII	III	VI	II	V	I	IV

La famille d'accords comprise dans chacune de ces agrégations de neuvième mineure sera désignée, à partir d'ici, par la lettre **O**.

§ 154. — Les intervalles qui comprennent plus de 9 Quintes sont la propriété exclusive du Chromatique (§ 145, B). Un seul d'entre eux, la *tierce diminuée* (10 Quintes) occupe une large place dans la polyphonie; *elle y introduit deux nouvelles familles d'accords*. Néanmoins l'intervalle de tierce diminuée ne donne son nom à aucune des agrégations où il figure, ce qui s'explique par les lois qui régissent l'échelonnement des sons dont se composent nos accords. En effet *la tierce diminuée ne peut constituer la base harmonique d'une agrégation régulière et complète*: privilège uniquement réservé aux tierces consonantes. *Cette tierce dissonante réunit invariablement deux des sons supérieurs d'un accord chromatique produit par l'altération intensive ou rémissive de la Quinte consonante dans une Septième de première espèce.*

$$
\textbf{I}\begin{bmatrix} \text{IV} \\ \text{II}^{\sharp} \end{bmatrix}\!\!\Big\}\ \text{Tierce diminuée}\quad\begin{matrix}\text{VII}\\ \text{V}\end{matrix}
\qquad\qquad
\textbf{U}\begin{bmatrix} \text{I} \\[2pt] \text{VI}^{\flat} \\ \text{IV}^{\sharp} \end{bmatrix}\!\!\Big\}\ \text{Tierce diminuée}\quad \text{II}
$$

Or, le premier de ces deux types d'agrégations, marqué ici par la lettre **I**, porte depuis longtemps la désignation de *Septième de première espèce avec quinte augmentée*: la tierce diminuée s'y produit par la collision de la septième mineure et de la quinte augmentée. Le second type d'accords, auquel nous affectons la lettre **U**[1], n'a pas jusqu'à présent de dénomination consacrée par l'usage. Il produit la dissonance chromatique en conjoignant la fausse-quinte et la tierce majeure, et apparaît tantôt comme Septième de troisième espèce avec tierce majeure, tantôt comme Septième de dominante avec fausse-quinte. Si on veut le dénommer sans préjuger ses attributions tonales, on dira *accord de septième mineure avec fausse-quinte et tierce majeure*.

A. De même que leur intervalle caractéristique, la tierce diminuée, dans la succession des sons (§ 145, B), *les deux accords-types occupent chacun sept positions dans le système intégral du Chromatique polyphone; ils suscitent au-dessus d'eux un accord de neuvième* dont la fondamentale est ordinairement sous-entendue dans la pratique.

La Septième et la Neuvième de première espèce avec quinte augmentée sont les ramifications élevées de la triade de quinte augmentée (§ 153, B). *Les trois agrégations réunies forment la famille* **I**, qui a pour siège principal la Dominante du Majeur chromatique, précédant immédiatement la consonance tonale. A l'exemple de la fondamentale-modèle (V), les bases harmoniques des accords similaires sont les dominantes éventuelles des toniques passagères portant une triade majeure.

Septièmes de première espèce avec quinte augmentée
Accord-type

I }	IV }	VII♭ }	III♭ }	VI♭ }	II♭ }	V♭ }
VI♯ }	II♯ }	V♯ }	I♭ }	IV♯ }	VII }	III }
IV♯	VII	III	VI	II	V	I
II	V	I	IV	VII♭	III♭	VI♭

---

[1] Pour prévenir toute confusion dans l'esprit du lecteur, nous évitons pour ces étiquettes conventionnelles l'emploi de lettres qui ont déjà une signification musicale.

Neuvièmes majeures de première espèce avec quinte augmentée (*Famille* I)

Accord-type						(rare)
III	VI	II	V	I	IV	VII♭
I	IV	VII♭	III♭	VI♭	II♭	V♭
VI#	II#	V#	I#	V#	VII	III
IV#	VII	III	VI	II	V	I

Fondamentales : II   V   I   IV   VII♭   III♭   VI♭

B. *La Septième mineure avec fausse-quinte et tierce majeure ainsi que l'accord de neuvième mineu-re qui en sort ont pour base théorique une triade chromatique (II_IV#_VI♭). A eux trois, ces accords forment la famille* C; *leur siége principal est le II* degré du Mineur chromatique , comme précur-seur de l'harmonie de dominante. Les accords auxquels ils servent de modèle ne font que repro-duire cet emploi dans les modulations introtonales .*

Septièmes mineures avec fausse-quinte et tierce majeure

			Accord-type			(rare)
III	VI	II	V	I	IV	VII♭
I	IV	VII♭	III♭	VI♭	II♭	V♭
VI#	II#	V#	I#	IV#	VII	III
IV#	VII	III	VI	II	V	I

Neuvièmes mineures avec septième mineure, fausse-quinte et tierce majeure (*Famille* C)

			Accord-type			(rare)
V	I	IV	VII♭	III♭	VI♭	II♭
III	VI	II	V	I	IV	VII♭
I	IV	VII♭	III♭	VI♭	II♭	V♭
VI#	II#	V#	I#	IV#	VII	III

Fondamentales : IV#   VII   III   VI   II   V   I

C. *Dans l'émission simultanée la dissonance chromatique de tierce diminuée s'intervertit ordinaire-ment en sixte augmentée.* Sur nos instruments à sons fixes la tierce diminuée sonne comme une se-conde majeure , et donne conséquemment à l'auditeur la sensation du choc de deux degrés conti-gus (§§ 15, 119, A), lesquels , en outre , vont se résoudre sur le même son. L'effet est meilleur lors-qu'on éloigne les deux sons de la dissonance en renversant l'intervalle.

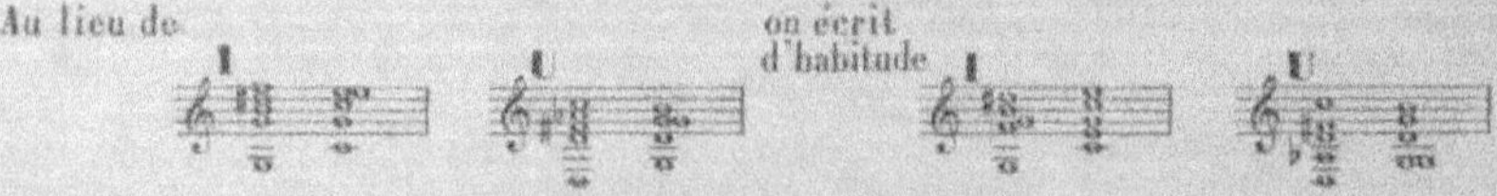

C'est là apparemment pourquoi la disposition la plus usitée des accords de la famille C est celle qui met au grave le son inférieur de l'intervalle de sixte augmentée (2ᵐᵉ renversement de II_IV#_VI♭_I).

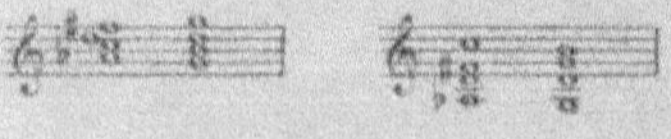

Malgré le principe universel de l'échelonnement des tierces, découvert par Rameau, cette disposition de l'accord a été considéré par les harmonistes comme l'état direct d'une agrégation *de sixte augmentée avec triton*. De là le terme courant d'*accords de sixte augmentée*, qui ne disparaîtra pas de sitôt du vocabulaire des musiciens.

Il est bon de dire cependant que, *dans la famille* U, la tierce diminuée n'a jamais été tout à fait proscrite. On peut trouver des exemples de son usage en remontant jusqu'à J. S. Bach.

À notre époque cette disposition directe de la tierce diminuée a cessé d'être considérée comme une hardiesse. La libre pratique des modernes se justifie par ce fait que, dans la famille U, *aucune des deux notes de la dissonance chromatique ne dissonne avec la fondamentale de l'agrégation.*

§ 155. — Si l'on continue la progression des Quintes au delà de l'intervalle de sixte augmentée (= tierce diminuée), on arrive à la *tierce augmentée* (11 Quintes), constituée par les deux sons extrêmes de chacune des six séries contenant l'échelle chromatique. Cet intervalle ne se chante pas en succession immédiate (§ 146, C); dans la résonance simultanée il ne se produit pas directement non plus. Quand il se fait entendre avec d'autres sons, c'est uniquement sous forme de note de passage, et dans la partie de Soprano.

172

§ 156 . — L'intervalle auquel on arrive après la tierce augmentée, en ajoutant un son de plus à la série, *la fausse octave homœophone* ou *équisonante* (ré♭⁓ ut♯ = 12 Quintes), est harmoniquement dis- cordant et rejeté de la formation des accords. Il en est de même de son interversion, le *faux-unisson équisonant*, banni de la succession mélodique (§ 144) et annulé dans la pratique instrumentale, c'est à dire changé en unisson par l'effet du tempérament (§ 9, p. 5).

L'équisonance nous introduit dans le domaine du Chromatique intégral ou transcendant ; elle dépasse la limite rationnelle d'écartement entre deux sons appelés à vibrer en même temps. Jusqu'à la fin de la période classique (mort de Beethoven, 1827) les maîtres sont toujours restés en deçà de cette limite, et n'ont pas formé d'accords réels embrassant plus de 10 Quintes. Plus tard la li- mite a été franchie parfois, ainsi que le montrera la section finale de cette Etude, où seront re- censées quelques intéressantes innovations en ce genre dues aux compositeurs de l'époque actuelle.

§ 157 . — Résumant les observations recueillies au cours des pages précédentes, nous pouvons en déduire les *règles qui déterminent la construction des accords chromatiques normaux*. Nous dé- signons par cette dernière épithète tous ceux qui sont compris dans une série de 10 Quintes, en excluant les agrégations produites par l'intervention d'éléments mélodiques: notes de passage, appoggiatures, retards, anticipations, etc.

A . *Trois intervalles seulement, parmi les non-diatoniques : la quinte augmentée, la septième di- minuée, la tierce diminuée, coopèrent à la formation des accords chromatiques par nature.*

B . *La quinte augmentée s'établit directement sur la fondamentale harmonique; la septième dimi- nuée et la tierce diminuée ne se produisent qu'entre deux des sons supérieurs de l'agrégation.*

C . *Tout accord chromatique par nature a pour intervalle fondamental la tierce majeure. Quant à la tierce mineure, elle ne se voit à la base de la colonne sonore que dans quelques accords chromati- ques par position.*

D . *La quinte d'un accord chromatique (complet et à l'état direct) peut être, ou consonante (fa- mille* O *), ou neutre (famille* U *), ou augmentée (famille* I *). La septième, inaltérée, est généralement mineure. La neuvième est mineure ou majeure.*

§ 158 . — Pas plus que le Mineur, le Chromatique n'exhibe des agrégations foncièrement nouvelles ; toutes celles dont nous avons à montrer l'usage proviennent d'accords diatoniques par voie d'aiguisement ou d'alanguissement des intervalles. *À l'exception des triades situées au point d'arrêt de la période musi- cale, sauf aussi l'harmonie de la Dominante précédant immédiatement le repos final, chacun des accords essentiels ou complémentaires est apte à s'incorporer des degrés chromatiques.*

A . Les altérations les plus saillantes affectent les accords dissonants qui font partie du mécanisme central de la tonalité. Comme en Majeur et en Mineur, la *Dominante* et le *II° degré* portent les harmonies actives du système ; *seuls ces deux degrés sont aptes chacun à servir de base aux trois familles d'accords chro- matiques indiquées au § précédent (règle D): avec la Quinte consonante* (O) *; avec la quinte augmentée* (I) *; avec la fausse-quinte* (U).

<table>
<tr><td colspan="3" align="center">Sur la Dominante</td><td></td><td colspan="4" align="center">Sur le II° degré</td></tr>
<tr><td align="center">U</td><td align="center">O¹</td><td align="center">I</td><td></td><td align="center">U</td><td align="center">O¹</td><td align="center">Oˣ</td><td align="center">I</td></tr>
<tr><td>VI♭</td><td>VI♭</td><td>VI</td><td></td><td>III♭</td><td>III♭</td><td>III</td><td>III</td></tr>
<tr><td>IV</td><td>IV</td><td>IV</td><td></td><td>I *</td><td>I</td><td>I</td><td>I</td></tr>
<tr><td>[II♭]</td><td>[II]</td><td>[II♯]</td><td></td><td>[VI♭]</td><td>[VI]</td><td>[VI]</td><td>[VI♯]</td></tr>
<tr><td>VII</td><td>VII</td><td>VII</td><td></td><td>IV♯</td><td>IV♯</td><td>IV♯</td><td>IV♯</td></tr>
<tr><td>V</td><td>V</td><td>V</td><td></td><td>II</td><td>II</td><td>II</td><td>II</td></tr>
</table>

B. Plus encore que les harmonies chromatiques de la Dominante, celles du II° degré ont un rôle actif dans le jeu polyphone et pénètrent jusqu'au vif de l'organisme tonal. En effet:

1° Aucun accord chromatique de dominante ne peut remplacer son prototype diatonique à l'arrêt de la demi-cadence, ou immédiatement avant la triade conclusive de la Tonique (relire le commencement du §), tandis que chacun des accords chromatiques du II° degré est apte à prendre la place de son radical diatonique avant une harmonie de dominante (triade, Septième, Neuvième), n'importe où elle se trouve.

2° Quand la famille **O** est établie sur la Dominante, elle ne compte, parmi ses trois accords fondamentaux, que celui de la neuvième qui soit chromatique; encore n'est-ce qu'en Mineur. Par contre lorsque la même famille établit son siège sur le II° degré, tous ses accords contiennent un degré chromatique (IV♯), au moins. En outre elle se divise en deux branches qui se terminent vers le haut, l'une en neuvième mineure (**O¹**), l'autre en neuvième majeure (**O²**).

C. Les degrés restants de l'échelle majeure et de l'échelle mineure reçoivent par moments des accords chromatiques de 4 ou de 5 sons appartenant à une des trois familles (§§ 153 C, 154 A, B); en ce cas *ils fonctionnent, soit comme II° degré, soit comme Dominante d'une tonique passagère.*

§ 159. — En général *les accords chromatiques*, soit par nature, soit par position, *s'encadrent dans les mêmes successions que leurs prototypes. Leurs altérations ne changent pas l'enchaînement des accords originels, même lorsqu'elles amènent des mouvements anormaux dans la marche de la Basse-fondamentale.* Le sentiment de l'auditeur s'attache obstinément à la base de l'agrégation diatonique: effet de la force centripète qui sollicite les sons à se rapprocher de leur centre d'attraction: la triade tonale.

Ex. 421.

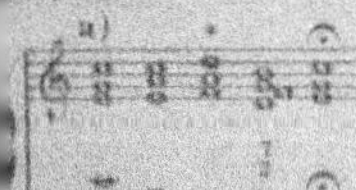 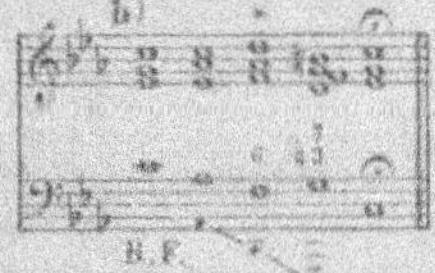  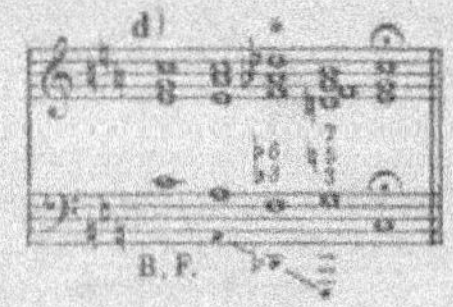

A. Parfois il y a *succession de deux accords chromatiques qui, tout en dérivant d'une même triade originelle, ont une différente base harmonique*, par suite du dédoublement des degrés diatoniques de l'échelle. En ce cas également, *l'instinct musical tient pour non avenu le déplacement de la Basse-fondamentale.* Dans notre sentiment le siège de l'harmonie reste immobile.

Ex. 422.

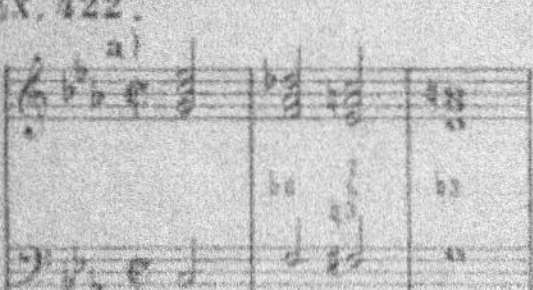  

B. En ce qui concerne le mouvement mélodique des parties individuelles dans la polyphonie chromatique, nous nous contenterons ici de rappeler ce qui a déjà été dit à ce sujet (ci-dessus § 146, A, B, C), en ajoutant toutefois une observation importante: *Les altérations intensives des accords chromatiques par nature, sauf la première (IV♯) ne souffrent guère que la résolution ascendante.*

§ 160. — En étudiant la mélopée chromatique nous avons établi deux groupes d'échelles: le premier, formé des types 1, 2 et 3, spécial au Majeur (§ 148); le second groupe, composé des types 4, 5 et 6, aujourd'hui commun aux deux modes (§ 149, C). Dans chacun des groupes nous avons pris pour point de départ de notre exposition le type central (2 et 5), auquel nous avons accessoirement rattaché les deux types latéraux. Nous adoptons la même méthode pour l'étude de la polyphonie chromatique, bien que, par la nature même de ce genre de musique, le mélange de deux ou trois types voisins dans une même succession chromatique ne soit nullement rare chez les maîtres de la musique instrumentale. Nous examinerons donc séparément, dans les deux sections suivantes, d'abord les accords chromatiques employés seulement en Majeur, ensuite ceux qui, originairement propres au Mineur, s'emploient aujourd'hui dans les deux systèmes. Enfin, dans une dernière section, consacrée au *Chromatique intégral*, le système le plus compréhensif de la musique moderne, nous montrerons la réunion, dans un même milieu tonal, de tous les éléments polyphones disséminés dans les six types de l'échelle chromatique.

De plus nous donnerons un aperçu de quelques accords chromatiques de création récente, *qui réunissent parfois dans une même émission collective des sons qui ne peuvent coexister dans une même succession mélodique*.

Nous n'avons pas tenté d'explorer dans tous ses recoins ce vaste domaine aux perspectives infinies, — parfois décevantes; — entreprise peut-être impossible, à coup sûr vaine. Nous nous sommes efforcé seulement de tracer quelques chemins dans l'épais fourré de la polyphonie colorée, resté jusqu'à présent impénétrable à la théorie harmonique. Notre but didactique a été de fournir au disciple le moyen de s'orienter dans le dédale chromatique, de lui montrer comment se forment et se comportent les accords de cette sorte, afin de le mettre ainsi sur la voie des découvertes personnelles.

TROISIÈME SECTION

Les accords chromatiques exclusivement propres au Majeur.

§ 161. — *Cette catégorie exclut toute agrégation où apparaît une des trois dernières altérations rémissives* ($VI^\flat$, $II^\flat$, $V^\flat$); elle n'est ni la plus nombreuse, ni la plus riche en accords frappants.

Comme les sons altérés compris dans le premier groupe d'échelles chromatiques (§ 147) sont intensifs en grande majorité, le mouvement harmonique, qui en Mineur et en Majeur mixte se dirige vers la gauche de la Tonique, se transporte ici dans la direction opposée. Au lieu de transitions passagères à la Sous-dominante, aux degrés portant les triades complémentaires du Mineur ($VII^\flat$, $III^\flat$, $VI^\flat$), les seules que nous ayons eu l'occasion d'étudier jusqu'à présent, la polyphonie du Majeur acquiert ses modulations introtonales les plus indispensables: à la Dominante, au IIe degré, au relatif mineur. Ces digressions, qui rétablissent l'équilibre harmonique du mouvement tonal, se réalisent en grande partie à l'aide d'accords chromatiques par position: triades majeures (§ 152, $I^\flat$) faisant fonction d'harmonies de dominante et remplacées éventuellement par leurs rejetons dissonants, Septièmes et Neuvièmes (§ 153, C).

Les degrés haussés de la gamme diatonique ne se bornent pas à former des accords majeurs qualifiés de chromatiques seulement à cause des signes modificatifs de leur notation.

Ils apportent au Majeur coloré son agrégation la plus caractéristique : la *triade dissonante de quinte augmentée* (§ 152, III♯). En Mineur et en Majeur mixte elle nous est connue uniquement comme variante isolée de deux accords complémentaires (§ 134, A, § 140, A) ; en Majeur chromatique nous la verrons souche de l'une des trois grandes familles d'accords altérés (I) qui ont pour fonda_ mentale commune les deux moteurs essentiellement actifs de l'organisme polyphone : la Domi_ nante et le II° degré (§ 158, A).

§ 162.__ *Le siège principal de l'accord de quinte augmentée et de ses dérivés appartient de le droit* au précurseur immédiat de la Tonique : *à la Dominante*. La dissonance chromatique s'y greffe directement sur l'accord primitif diatonique. C'est pourquoi la famille I établie sur la Dominante sera le point de départ de notre exploration harmonique

A. *La triade-souche de quinte augmentée* sur la Dominante est apte à remplacer à l'inté_ rieur de la période polyphone son prototype diatonique ; la résolution ordinaire a lieu sur la consonance tonale. En tout état de cause le mouvement mélodique de la note dissonante (II♯) est impérieusement ascendant dans la famille entière ; c'est lui qui détermine en grande partie la succession des fondamentales.

Ex. 423.

B. En adjoignant à la triade chromatique la dissonance diatonique (IV), *l'accord de sep_ tième de dominante avec quinte augmentée*, V_VII_II♯_IV (§ 154) amène la tierce diminuée, pro_ duite par la violente conjonction des deux notes dissonantes : la chromatique (II♯) et la diato_ nique (IV). D'après l'ancienne technique, l'intervalle de tierce diminuée ne se réalise en har_ monie simultanée qu'étant interverti en sixte augmentée (§ 154, C). Cette obligation, souvent négligée dans la famille U (ex. 417 etc.), s'impose dans la famille I, probablement parce que *chacun des sons de l'intervalle chromatique y dissonne avec la fondamentale de l'accord*. En tout cas le résultat pratique pour les accords de Septième et de Neuvième est l'élimination du renverse_ ment qui exhibe la note chromatique (II♯) à la Basse.

Ex. 424.

C. A son état direct et intégral, *l'accord de neuvième majeure de dominante avec quinte augmen_ tée* (V_VII_II♯_IV_VI) comporte un emploi semblable à celui de son modèle diatonique (§ 89), ex_ cepté en ce qui concerne la disposition, obligatoirement inverse, de la tierce diminuée. La quinte altérée (II♯) étant la dissonance marquante, ne peut s'omettre sans annuler l'accord quand il se pro_ duit avec sa fondamentale. En ce cas cinq parties sont indispensables.

Ex. 425.

Ce qui dans l'impression sensorielle distingue nettement l'accord chromatique du diatonique, c'est sa sonorité moins éclatante et moins crue, devenue fondante au contraire et capable de prendre une expression pathétique. Que l'on compare l'éclat éblouissant de l'accord (inaltéré) de neuvième majeure dans le cri enthousiaste des filles du Rhin saluant l'apparition de l'or étincelant (ex. 155) avec le timbre poignant de l'accord altéré dans cette plainte des ondines, lorsqu'elles viennent demander au dieu Wotan la restitution du métal fatidique.

Ex. 426.

D. Conformément à l'usage constant des agrégations de 5 sons, la Neuvième majeure de dominante avec quinte augmentée laisse souvent de côté sa fondamentale et se produit sous l'apparence d'un *accord de septième de troisième espèce sur la Sensible* (§ 90), *dont la tierce est affectée d'une altération intensive* (VII_II♯_IV_VI): agrégation qui présente un entrecroisement de deux fausses-quintes (VII_IV, II♯_VI), comme la Septième diminuée (§ 120,A), mais situées à une distance autre. Ce curieux assemblage d'intervalles, qui se rencontrera encore plus loin en des fonctions différentes, comporte en théorie ses trois renversements réguliers.

	État direct	1er renv.	2e renv.	3e renv.
				IV
			II♯	II♯
		VII	VII	VII
	VI	VI	VI	VI
	IV	IV	IV	
	II♯	II♯		
	VII			

En réalité deux dispositions seulement, l'état direct et le 2e renversement, sont passées dans la pratique générale. Le premier renversement exhibe au grave la dissonance chromatique (II♯), disposition non admise dans les accords de cette famille (§ 162. B); le troisième renversement fait entendre à la Basse la dissonance principale de l'accord primitif, la neuvième (VI). Ceci à la vérité n'est plus aujourd'hui répulsif à l'oreille, aussi n'y a-t-il pas lieu de rejeter la disposition dont il s'agit.

Ex. 427.

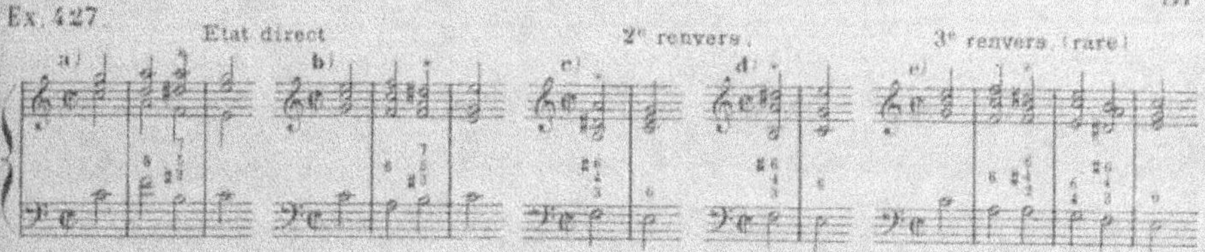

§ 163. — *Les deux triades consonantes de la Tonique et de la Sous-dominante*, intangibles quand elles terminent une des cadences tonales, *prennent volontiers la quinte augmentée à l'intérieur des périodes polyphones*, où elles fonctionnent en guise d'accords complémentaires. Les mouvements de la Basse-fondamentale s'accommodent à la tendance impérativement ascendante de la note chromatique (cp. § 162, A).

Ex. 428.

A. Dépouillé de sa souveraineté et cessant d'être consonant, *l'accord majeur de tonique est à même d'assumer momentanément les fonctions d'harmonie de dominante dans la modulation introtonale à la Sous-dominante* (§ 141. A, IVbis, ex. 378, 378bis), *et de porter, en cette nouvelle qualité, un accord de septième et un accord de neuvième avec quinte augmentée* (I_III_V♭_VII♭, I_III_V♭_VI♭_II), tous deux calqués sur leurs pareils qui ont pour siège la Dominante centrale (§ 162, B, C).

Ex. 431.

Ex. 432.

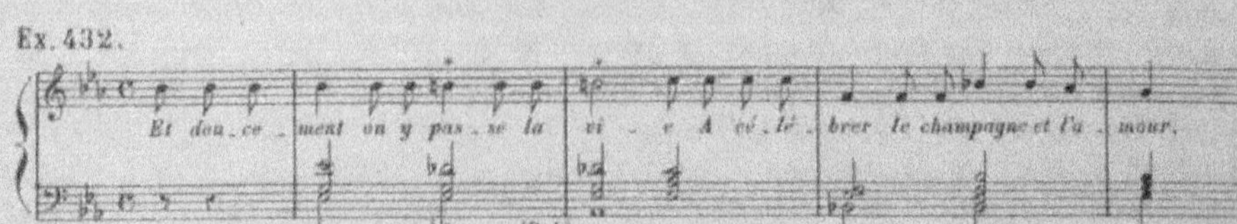

Neuvième de dominante avec quinte augmentée sur la Tonique.

Ex. 433.

Avec la fondamentale.   Sans fondamentale.

Etat direct (apparent)   2e renv. (apparent)

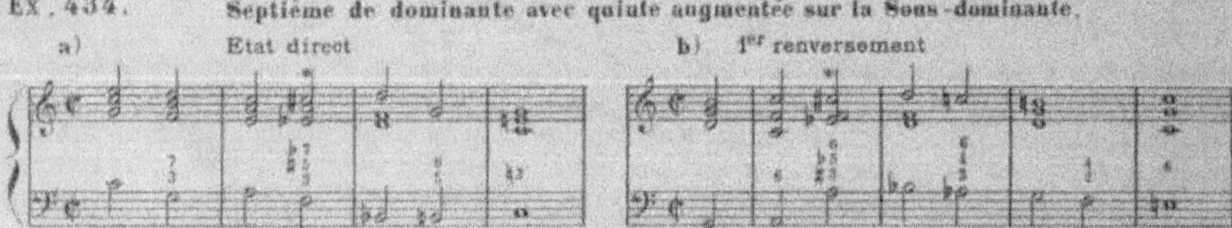

B. De même la *Sous-dominante du Majeur*, *comme siège d'un accord de quinte augmentée, peut prendre passagèrement l'emploi de dominante et, comme telle, faire pousser au-dessus de sa triade chromatique une Septième et une Neuvième* (IV_VI_I♯_III♭, IV_VI_I♯_III♭_V) *amenant la modulation au VIIe degré fléchi* ou abaissé (§ 141, A, III, ex. 376, 376bis).

Ex. 434.   **Septième de dominante avec quinte augmentée sur la Sous-dominante.**

a)   Etat direct   b)   1er renversement

Neuvième de dominante avec quinte augmentée sur la Sous-dominante.
Sans fondamentale, 2e renvers. (apparent)

Ex. 434bis

§ 164. _Ainsi que nous l'avons fait remarquer, *les trois familles d'accords chromatiques dont la racine commune est le IIe degré uni à sa tierce majeure* (II_IV♯) *remplissent le rôle le plus actif et le plus étendu dans la polyphonie colorée* (§ 158, B). En tant qu'éléments de l'organisme central de la tonalité, leurs accords individuels ont les mêmes fonctions que les accords diatoniques qui leur ont donné naissance : ils précèdent le point d'arrêt d'une demi-cadence ou l'avant-dernier accord d'une cadence conclusive. En conséquence, *ils se résolvent tantôt sur la triade majeure de la Dominante, tantôt sur son accord de septième* (cp. §§ 86, 87, 91, 92), parfois aussi sur une disposition de l'accord de neuvième.

Dans la partie du domaine chromatique réservée au *Majeur*, le IIe degré est la base sur laquelle s'établissent deux des trois familles d'accords. En premier lieu la famille O^2, issue de la triade majeure $II\_IV^{\sharp}\_VI$, et chromatique seulement par position (tout ce groupe est diatonique quand il se pose sur la Dominante). En second lieu la famille **I**, dont la souche, la triade de quinte augmentée ($II\_IV^{\sharp}\_VI^{\sharp}$), et ses deux rejetons dissonants sont des accords chromatiques par nature.

Nous commençons notre examen analytique et pratique par la famille O^2).

A. La *triade majeure sur le IIe degré* ($II\_IV^{\sharp}\_VI$) s'emploie à l'instar de son prototype diatonique (§ 86) : le plus souvent au premier renversement, moins souvent à l'état direct, jamais au second renversement.

Ex. 435.

B^1. *La Septième de première espèce sur le IIe degré* ($II\_IV^{\sharp}\_VI\_I$) se produit sous toutes ses faces; le troisième renversement n'a d'emploi que hors des formules de cadence (f).

Ex. 436.

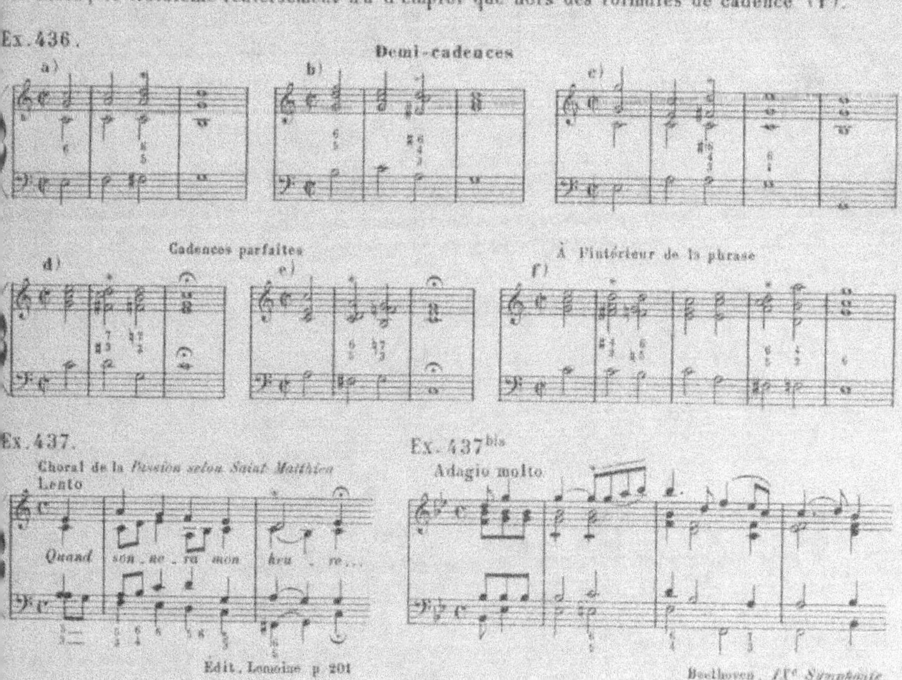

Ex. 437.

Ex. 437bis

B². Le *deuxième renversement* a un emploi spécial: l'harmonisation des formules de chant destinées à traduire une interrogation. Dans ce cas la fondamentale de l'accord de septième (II) est
fréquemment omise (cp. § 85), et, lorsque l'accent interrogatif est marqué fortement dans le
texte chanté, la dissonance monte à la Quinte de la Dominante (§ 76).

Ex. 438.

Ex. 438bis

La résolution ascendante de la dissonance a lieu non-seulement dans une voix monodique, mais
aussi dans la partie supérieure d'un ensemble polyphone (cp. ex. 139, 139bis), et parfois elle a
pour résultat d'amener sur la Dominante, point d'arrêt de la demi-cadence, l'accord de septième
au lieu de la triade consonante.

Ex. 438ter

C. À son état direct et complet, *la Neuvième de première espèce sur le IIe degré* (II_IV$^♯$_VI_I_III),
accord chromatique par position, est aussi acceptable à l'oreille que son radical diatonique est
âpre et rêche (§ 91). Il se produit assez souvent suivi de la Septième de dominante, également non renversée.

Ex. 439.

Dans la pratique ordinaire, débarrassé le plus souvent de sa fondamentale, cet accord prend
l'apparence d'une *Septième de sensible posée sur le IVe degré intensif* (IV$^♯$_VI_I_III), et, plus
facilement encore que son prototype (§ 92), s'emploie à ses deux premiers renversements, résolu sur la triade ou la Septième de la Dominante.

D. Grâce au 3e type de la gamme chromatique, lequel lui apporte le degré III♭, la polyphonie majeure possède en outre la *Neuvième mineure sur le IIe degré* (II_IV♯_VI_I_III♭), l'accord qui fait la différence entre les deux branches de la famille O (§ 158, A). Mais cette agrégation appartenant également aux types 4 et 5, c'est à dire au Mineur chromatique, nous en renvoyons l'examen à la section suivante (§ 169, B).

§ 164bis. — En s'établissant sur le IIe degré du Majeur chromatique, la famille I (II_IV♯_VI♯_I_III) exhibe comme dissonance de quinte augmentée le dernier degré intensif (VI♯) de la série du type 1 : son très rare (§ 147, A). Aussi *l'intervention de ce groupe d'accords est-elle moins fréquente sur le IIe degré que sur la Dominante*, et sa mise en œuvre rencontre quelques difficultés. On adoucit volontiers la dissonance chromatique (VI♯) en la produisant simplement comme note de passage. La résolution sur l'harmonie de dominante à son état direct ne comporte pas l'insertion habituelle de la Sixte-et-Quarte.

A. *Triade de quinte augmentée sur le IIe degré* (II—IV$^\sharp$—VI$^\sharp$).

Ex. 443.

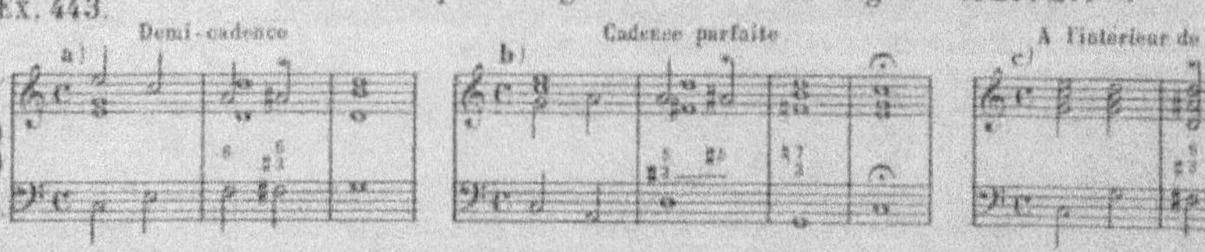

B. *Septième de première espèce avec quinte augmentée sur le IIe degré* (II—IV$^\sharp$—VI$^\sharp$—I). La disso_nance chromatique (VI$^\sharp$) et la diatonique (I) devant aboutir normalement à la même note, la Sensible ; d'autre part la tierce diminuée ayant à se convertir en sixte augmentée (§ 162, B), la marche des parties individuelles en est gênée, les dispositions usuelles de l'accord deviennent peu nombreuses, *l'état direct et le premier renversement sont seuls employés*. Quand la résolution doit se faire sur la Septième de dominante, on ne craint pas de donner à la dissonance diatonique (I) un mouvement irrégulier (c).

Ex. 444.

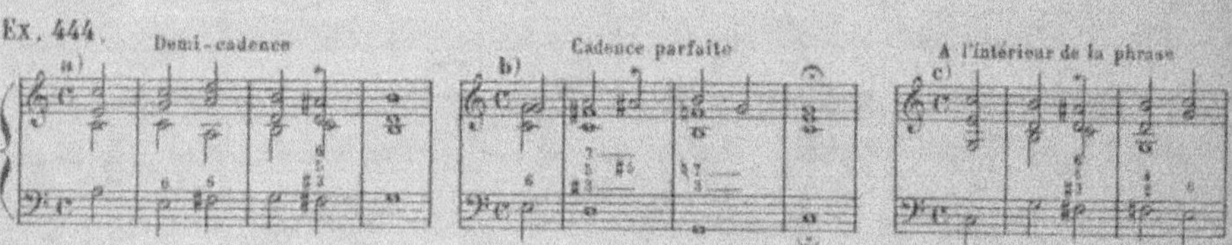

C. *Neuvième majeure avec quinte augmentée sur le IIe degré* (II—IV$^\sharp$—VI$^\sharp$—I—III). L'état direct ré_solu sur la Septième de dominante, également non renversée, constitue une succession logique et acceptable pour l'oreille. Aucun son de l'accord ne pouvant être supprimé, cinq parties sont indispensables.

Ex. 445.

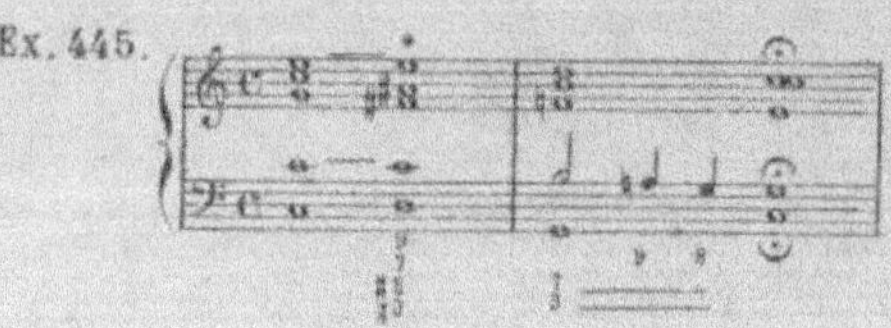

La disparition de la fondamentale laisse en apparence un accord de *septième de troisième espèce avec tierce majeure*, posé sur le IVe degré haussé (IV$^\sharp$—VI$^\sharp$—I—III), curieux assemblage d'intervalles sur lequel nous avons déjà appelé l'attention du disciple (§ 162, D). Cette *Septième déracinée*, que l'on emploie seulement à son état direct (ex. 445bis, a, b, d, f) et à son deuxième renversement (c, e), se prête mieux aux conditions de la pratique que son congénère, l'accord intégral de Septième avec quinte augmentée (ci-dessus B). En cas de résolution sur la Septième de dominante, l'absence du son fondamental (II) laisse toute liberté à la dissonance primitive de septième (I) pour se mouvoir vers le grave (c, e) ou vers l'aigu (f).

Ex. 445bis

§ 165. — Passons à l'examen des modifications chromatiques applicables aux accords complémentaires du Majeur (§ 72). Un des résultats les plus féconds dus à l'intercalation des degrés intensifs dans l'échelle diatonique est *de procurer facultativement la qualité de toniques passagères aux quatre degrés de la série heptaphone situés à droite de la Tonique majeure* (V, II, VI, III). Pour atteindre ce but on convertit en triades majeures les trois accords mineurs complémentaires ainsi que la triade de fausse-quinte sur la Sensible (§ 152, I^b II^b). Dès lors *chacun des quatre accords parfaits majeurs*

$$
\begin{bmatrix} VI \\ IV^{\sharp} \\ II \end{bmatrix}
\begin{bmatrix} III \\ I^{\sharp} \\ VI \end{bmatrix}
\begin{bmatrix} VII \\ V^{\sharp} \\ III \end{bmatrix}
\begin{bmatrix} IV^{\sharp} \\ II^{\sharp} \\ VII \end{bmatrix}
$$

se montre apte à faire office de dominante passagère, et engendre, comme telle, deux dérivés dissonants : une Septième et une Neuvième. Les quatre nouvelles toniques en sous-ordre, qui entrent ainsi dans l'entourage de la Tonique souveraine, *sont les quatre fondamentales harmoniques du chant homophone originairement dépourvues de note sensible :* SOL (§ 21), devenue la Dominante centrale de la musique polyphone ; RE (§ 22) aujourd'hui le II° degré de notre gamme); LA (§ 23), le relatif mineur du Majeur moderne ; MI (§ 24), le III° degré de notre échelle majeure.

Tantôt ces digressions tonales se réalisent à l'aide d'un enchaînement d'harmonies réglé par la Basse-fondamentale ; tantôt la modulation y apparaît inopinément, et les deux accords qui se succèdent au moment précis du changement ne montrent d'autre liaison que la communauté du grand domaine tonal auquel ils appartiennent. Ceci est ordinairement le cas dans les *cadences rompues produites par la subite intervention d'une agrégation chromatique :* procédé au moyen duquel la musique moderne aime à traduire le conflit des idées et des sentiments dans le dialogue théâtral (voir ci-dessus, p. 90, l'observation à la suite de l'ex. 193bis).

A. *Les accords altérés du II° degré issus de la famille* O^2 (§ 164, A, B, C), dont nous venons d'étudier l'emploi dans les formules de cadence, opèrent la plus nécessaire et la plus banale de toutes les transitions épisodiques propres à notre art polyphone. En leur qualité momentanée d'harmonies de dominante, ils *amènent une modulation intérieure à la Dominante centrale.*

Ex. 446.

Ex. 447.

B. *La triade majeure sur le VIe degré et ses rejetons dissonants, la Septième et la Neuvième mineure (par exception majeure),*

$$
\begin{bmatrix} III \\ I^{\#} \\ VI \end{bmatrix}
\qquad
\begin{bmatrix} V \\ III \\ I^{\#} \\ VI \end{bmatrix}
\qquad
\begin{bmatrix} VII^{\flat} \\ V \\ III \\ I^{\#} \\ VI \end{bmatrix}
\qquad
\begin{bmatrix} \text{rare} \\ VII \\ V \\ III \\ I^{\#} \\ IV \end{bmatrix}
$$

déterminent une transition introtonale au IIe degré, siège d'un accord parfait mineur, momentanément élevé au rang de tonique.

Ex. 448.

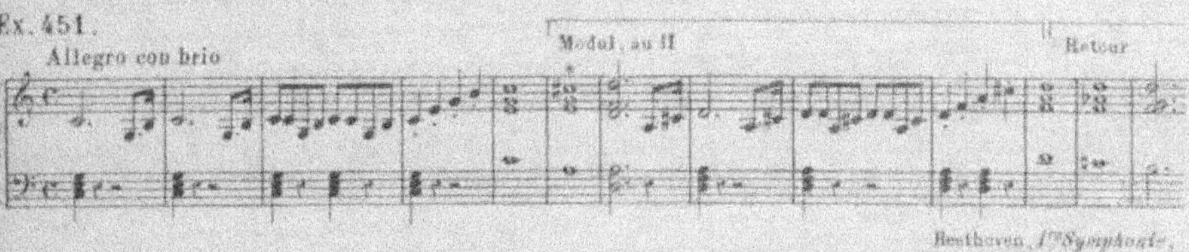

C. *De la même manière la triade majeure sur le IIIe degré et ses dérivés dissonants, l'accord de septième et celui de neuvième mineure,*

$$\begin{array}{ccc} & & \begin{array}{|c|} \text{IV} \\ \text{II} \\ \text{VII} \\ \text{V}^{\sharp} \\ \text{III} \end{array} \\ \begin{array}{|c|} \text{VII} \\ \text{V}^{\sharp} \\ \text{III} \end{array} & \begin{array}{|c|} \text{II} \\ \text{VII} \\ \text{V}^{\sharp} \\ \text{III} \end{array} & \end{array}$$

amènent une *modulation introtonale au relatif mineur de la Tonique centrale (au VI);* digression des plus naturelles et déjà commune dans le chant homophone, tant populaire qu'ecclésiastique. La promiscuité du Majeur et du Mineur issus originairement de la même série diatonique n'est pas moins familière à la polyphonie moderne que l'amalgame du Majeur et du Mineur de même base (§ 115). Déjà nous avons étudié l'alternance des deux relatifs en partant du Mineur normal (§ 129, A). Les transitions comportent la même fréquence et la même promptitude quand le point de départ est le Majeur.

Dans une cantilène suivie, *l'arrêt sur la Dominante du relatif mineur remplace souvent la demi-cadence, le repos médian sur la Dominante centrale.*

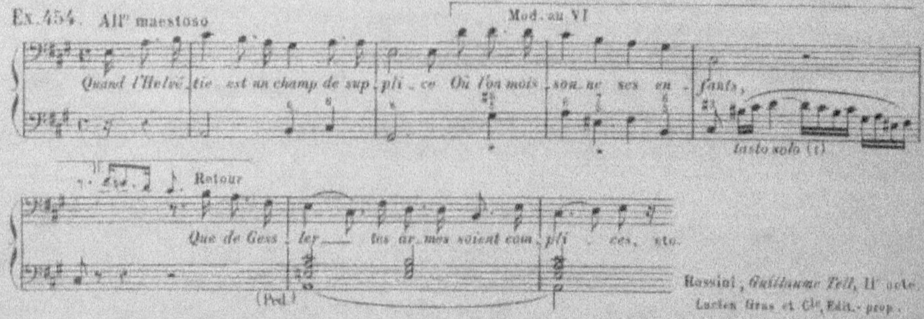

D. *Enfin l'accord parfait majeur sur la note sensible* (VII_II#_IV#), obtenu à l'aide d'une double altération (§ 152, II^b), et *suscitant en cet état deux dérivés dissonants*, tout comme les autres triades devenues majeures (§ 165),

$$\begin{bmatrix} IV^\# \\ II^\# \\ VII \end{bmatrix} \qquad \begin{bmatrix} VI \\ IV^\# \\ II^\# \\ VII \end{bmatrix} \qquad \begin{bmatrix} I \\ VI \\ IV^\# \\ II^\# \\ VII \end{bmatrix}$$

fonctionne également, en qualité d'harmonie de dominante, dans une modulation au III° degré de l'é_chelle diatonique majeure (III_V_VII). C'est là une extension du domaine tonal qui s'est produite à une époque relativement récente. On en trouve peu de spécimens avant le XIX° siècle.

§ 166. — Ainsi que nous venons de le constater, l'introduction des altérations intensives dans l'harmonie des dominantes introtonales a eu pour effet *d'enrichir le Majeur de quatre nouvelles transitions épisodiques*: 1° à la Dominante centrale; 2° au II° degré; 3° au relatif mineur, VI° degré; 4° au III° degré. En y ajoutant la modulation à la Sous-dominante, déjà pratiquée en Majeur mixte (ex. 378, 378bis), nous nous apercevons que *le système-type de la musique polyphone réunit dans*

---

(1) L'expression *tasto solo*, littéralement "touche seule", dans une basse chiffrée, indique à l'accompagnateur qu'il doit s'abstenir d'harmoniser les notes dénuées de chiffres, et se contenter, tout au plus, de les doubler à l'Octave.

19669. R.

son domaine, à l'état de toniques vassales, les cinq harmonies qui étaient ses égales à la période du chant homophone (§§ 17,69). Seule la Sensible reste dépourvue d'un accord pouvant servir de repos momentané.

A. Peu de mélodies en Majeur se développent à l'aide des seules harmonies diatoniques constituant l'organisme central du système, alors même que le dessin de la partie vocale ne contient pas d'altérations. *La plupart de nos cantilènes suivies sont harmonisées par un enchaînement de modulations introtonales.*

Ex. 457.

B. *Il arrive même que la mélodie chantée débute par une ou plusieurs modulations introtonales avant d'aborder définitivement la tonalité fondamentale du morceau.*

Ex. 458.

Le passage suivant, de style instrumental, fait entendre, en guise de prélude, une cadence parfaite sur la Sous-dominante, une cadence rompue appartenant au ton principal, et une cadence parfaite sur la Dominante, afin de préparer l'entrée de la tonalité souveraine, base de la composition.

Ex. 459.

C. Deux observations importantes se dégagent d'un examen quelque peu attentif des exemples qui précèdent. 1° *Parfois le compositeur amplifie les cadences introtonales en amenant l'harmonie de dominante par un accord de la Sous-dominante ou du II° degré*, à l'imitation des formules polyphones appartenant à la tonalité centrale. Ce procédé est fréquent surtout dans l'harmonisation des chants liturgiques, primitivement homophones. 2° *Dans les compositions de style moderne les transitions intérieures, courtes en général, sont en outre fréquemment tronquées, inachevées* : elles laissent en suspens la résolution sur la tonique passagère : parfois celle-ci se fait reconnaître uniquement par son harmonie de dominante, le véridique poteau indicateur dans la forêt des modulations. Nous voyons là un des procédés favoris de nos maîtres contemporains.

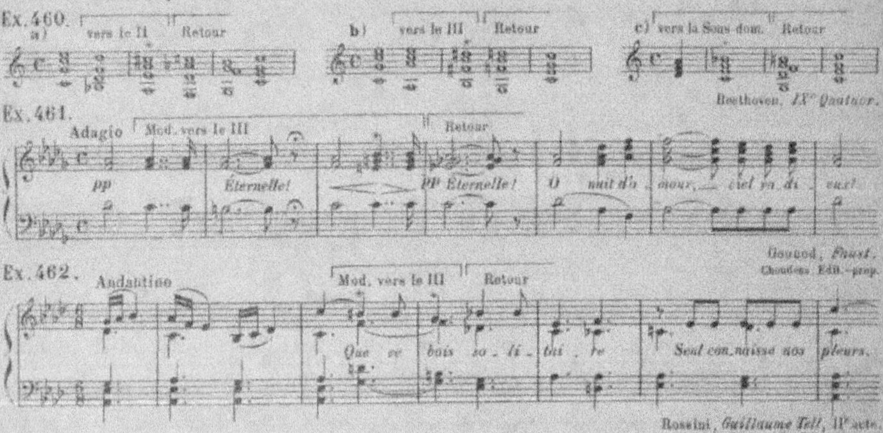

D. Les cinq modulations introtonales directement subordonnées à la Tonique du Majeur chromatique se sont produites sous forme de *cadences rompues* dès la période la plus ancienne de la monodie dramatique. Souvent la banale suite d'accords menant à la conclusion de la phrase musicale est arrêtée court, puis continuée par un accord de dominante (triade ou Septième, direct ou renversé) annonçant l'apparition d'une des toniques vassales. Il nous suffira d'indiquer les accords interrupteurs les plus fréquents, points de départ de la modulation épisodique.

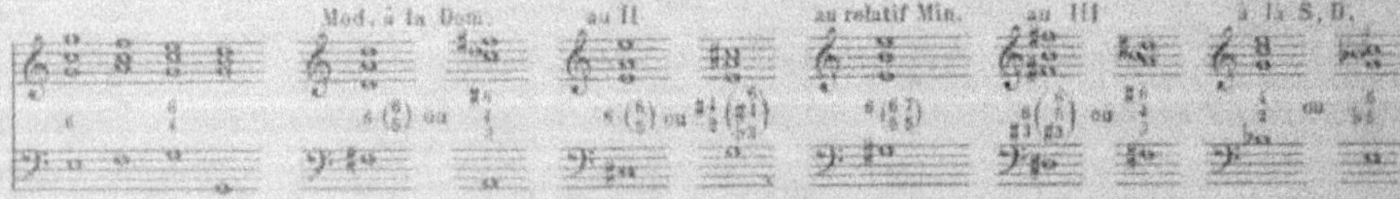

E. Dans les progressions harmoniques servant d'accompagnement à la gamme chromatique en Majeur (type 2), il est possible d'obtenir une succession uniforme et ininterrompue dans toute l'étendue de l'Octave, malgré l'absence d'une triade consonante, d'un arrêt, sur la note sensible. Il suffit pour cela *d'emprunter au Majeur mixte — intégral — le VII° degré fléchi, en guise de tonique passagère* (§ 141, A. III, ex. 376, 376bis). C'est la pratique ordinaire des anciens maîtres classiques, lorsqu'ils prennent pour mélodie principale, mise à l'aigu ou au grave, la gamme chromatique du Majeur. À la descente on ne peut obtenir une séquence parfaitement régulière et continue, d'un bout à l'autre de la gamme, sinon par la succession de deux triades consonantes, — tonique, dominante, — répétée de degré en degré.

Ex. 463.

a) La gamme chromatique (type 2) au Soprano :

b) en descendant.

c) La gamme chromatique à la Basse :

d) en descendant.

§ 167. — *À une époque plus rapprochée de nous, on ne s'est pas contenté d'employer en qualité d'harmonies de dominante, les quatre triades majeures* obtenues par des altérations intensives (§ 165).

$$\left\{ \begin{matrix} VI \\ IV^{\sharp} \\ II \end{matrix} \right. \qquad \left\{ \begin{matrix} III \\ I^{\sharp} \\ VI \end{matrix} \right. \qquad \left\{ \begin{matrix} VII \\ V^{\sharp} \\ III \end{matrix} \right. \qquad \left\{ \begin{matrix} IV^{\sharp} \\ II^{\sharp} \\ VII \end{matrix} \right.$$

Les mêmes agrégations consonantes, chromatiques par position, *ont reçu en outre les fonctions de toniques passagères* dans la réalisation polyphone des gammes chromatiques, en sorte que *chacun des sept échelons diatoniques de la gamme majeure est devenu le siège d'un accord parfait majeur.* Comme la *triade de sensible* (VII_II$^{\sharp}$_IV$^{\sharp}$), élevée au rang de tonique subordonnée, *n'avait pas d'harmonie de dominante, on lui en a, par analogie, créé une de toutes pièces sur le IVe degré haussé:* une triade majeure produisant régulièrement, comme les autres employées en fonction de domi-nante, ses accords dissonants de septième et de neuvième.

$$\left[\begin{matrix} I^{\sharp} \\ VI^{\sharp} \\ IV^{\sharp} \end{matrix} \right. \qquad \left[\begin{matrix} III \\ I^{\sharp} \\ VI^{\sharp} \\ IV^{\sharp} \end{matrix} \right. \qquad \left[\begin{matrix} V \\ III \\ I^{\sharp} \\ VI^{\sharp} \\ IV^{\sharp} \end{matrix} \right.$$

A. Ainsi s'est formée en Majeur une harmonisation de la gamme chromatique dont les triades mineures, derniers vestiges de l'antique pluralité modale, ont été radicalement expulsées. *Tous les accords sans exception,* — consonants et dissonants, — *posent sur une base majeure.*

190

Comme points d'arrêt diatoniques il ne reste que les trois triades essentielles: Tonique, Sous-dominante, Dominante. *La descente, comme la montée, s'effectue par la succession répétée d'un accord
de dominante suivi de sa triade tonique.*

Ex.464.
a) La gamme chromatique (type 1) au Soprano.

b) en descendant (type 2)

c) La gamme chromatique (type 1) à la Basse.

d) en descendant (type 2)

Aux endroits signalés par l'interruption de la portée, le mouvement de certaines parties d'accompagnement amène des intonations difficiles, si l'on suppose le passage chanté par des voix
totalement abandonnées à elles-mêmes. Au reste de pareilles marches harmoniques, prolongées
pendant une Octave, ne se voient guère en des morceaux destinés à l'exécution réelle, fussent-ils
du style le plus relâché.[1]

B.   Des quatre nouvelles modulations introtonales réunies dans ces dernières harmonisa-
tions de la gamme chromatique en Majeur, deux se sont produites isolément, et de manière à
se faire remarquer, chez les maîtres du XIXe siècle.

1. *Modulation introtonale au VIe degré, base majeure*; deux spécimens frappants dans les œuvres
de Beethoven.

Ex.465. Presto

<hr>

(1) Il semble que ce "progrès" ait bientôt dépassé le but, aux yeux des musiciens de goût, puisque dès le XVIIIe siècle, de pareils
enchaînements de toniques majeures, jugés plats et vulgaires, reçurent le surnom railleur de *rosalies.*

II. *Modulation introtonale au IIIe degré, base majeure*; deux exemples dans le *Prophète*, de Meyerbeer.

Pour ce qui est des deux autres transitions épisodiques (au IIe degré, au VIIe, toniques majeures), elles ne se rappellent à la mémoire par aucun exemple de grande notoriété. Tout ce que l'on peut con-stater à cet égard, c'est que la Sensible, prise comme tonique majeure subordonnée, donne une modu-lation aisée et agréable,

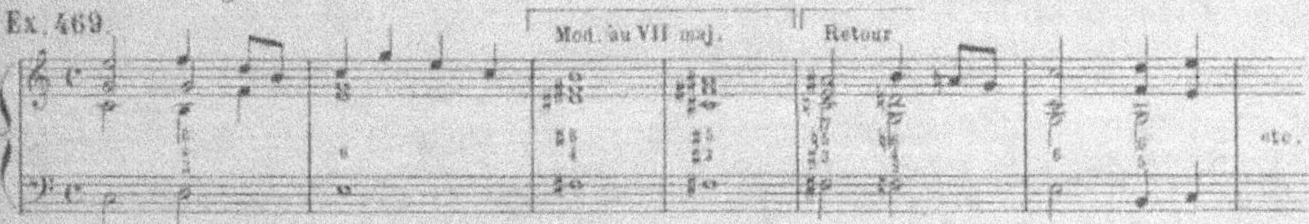

tandis que *la modulation au IIe degré (triade majeure) est la plus ingrate et la moins distinguée de toutes les transitions pratiquées dans notre polyphonie*

QUATRIÈME SECTION

Accords chromatiques communs au Mineur et au Majeur

§ 168. — Toute cette partie de la pratique polyphone étant restée fort longtemps étrangère au Majeur (§ 149, A , B), nous la désignerons le plus souvent sous le nom de *Mineur chromatique*, et notre exposition théorique des accords s'occupera premièrement de leur usage en Mineur. On sait au reste que *le Mineur polyphone est indissolublement lié au Chroma*, ce qui n'est pas le cas pour le Majeur. Les nombreux intervalles et accords altérés que celui-ci s'est incorporés ne sont qu'une addition facultative, une ornementation superficiellement appliquée, ayant pour but d'adoucir les contours trop anguleux du dessin diatonique.

A . En somme le Majeur reste indépendant du Chromatique, tandis que le Mineur polyphone ne peut, et n'a jamais pu s'en passer. Dès ses plus rudimentaires manifestations il a dû, pour se réaliser, sortir de la série heptaphone (§ 106). Aussi a-t-il suffi au Mineur, pour compléter son matériel polyphone en Chromatique, d'ajouter à gauche deux degrés abaissés et de s'annexer à droite deux degrés exhaussés (§ 149). Les accords qui n'exhibent d'autres degrés chromatiques que les trois premières altérations rémissives (VII^b, III^b, VI^b) ont déjà paru en Mineur normal ou en Majeur mixte ; nous aurons donc à nous occuper uniquement ici des agrégations primaires et composées contenant au moins un des degrés ajoutés au Mineur intégral (II^b et V^b, $IV^{\sharp}$ et $I^{\sharp}$).

B . Deux d'entre elles jouent un rôle de premier plan dans le fonctionnement tonal du Mineur chromatique. Elles ont leur fondamentale, l'une sur le IIe degré diatonique, l'autre sur le même degré fléchi. La première de ces agrégations, chromatique par nature, embrasse toute la famille U issue de la souche $II\_IV^{\sharp}\_VI^b$ (§ 158, A). La seconde, chromatique seulement par position, comprend la triade majeure posée sur le IIe degré abaissé, $II^b\_IV\_VI^b$ (§ 152, A) et l'accord de septième qu'elle engendre.

C . Grâce à leur double fondamentale et à leur présence active dans les deux modes opposés, les harmonies du IIe degré y introduisent une variété et une richesse telles que l'exposé de leurs combinaisons formera la partie essentielle de cette section. *Aboutissant à un accord de dominante, elles ont, comme en Majeur chromatique, le choix entre une triade, une Septième ou une Neuvième ; de plus l'échelle mineure leur apporte la résolution si caractéristique sur la Septième diminuée.* C'est là le principal trait commun aux deux catégories d'harmonies, que nous allons examiner séparément en commençant par les agrégations posées sur le IIe degré diatonique.

§ 169. — Deux familles d'accords appartenant au Mineur chromatique occupent le IIe degré inaltéré (§ 158). La première, la famille O, se caractérise par sa souche consonante, II_IV_VI, chromatique uniquement par position. Elle se subdivise en deux branches, différenciées par l'accord de neuvième. La branche O^2, avec neuvième majeure, étant exclusivement propre à la polyphonie du Majeur, a déjà été explorée plus haut (§ 164). *La branche O^1, avec neuvième mineure* ($II\_IV^{\sharp}\_VI\_I\_III^b$) *est commune aux deux modes* ; c'est d'elle dont nous avons surtout à nous occuper ici.

A . La *triade-souche* ($II\_IV^{\sharp}\_VI$) et son rejeton, la *Septième de première espèce sur le IIe degré* ($II\_IV^{\sharp}\_VI\_I$), exhibent les mêmes sons dans les deux branches de la famille, ce qui n'empêche qu'en Mineur, comme en Majeur mixte, le VIe degré diatonique, voisinant avec VI^b, n'ait une sonorité sensiblement plus intense, laquelle rejaillit sur l'accord entier.

Ex. 470.   I. Triade majeure sur le II° degré (cp. § 164, A).

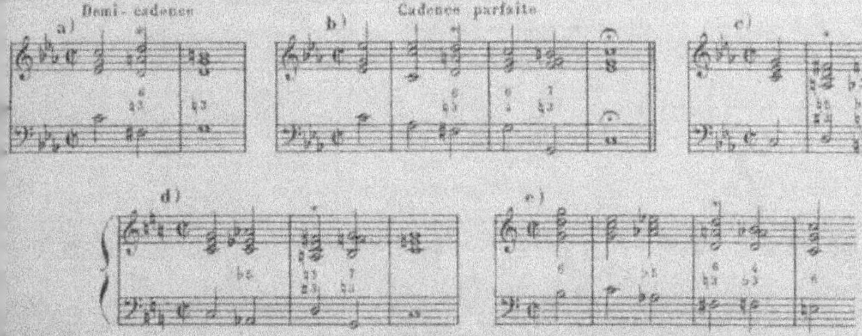

Ex. 470bis.

Choral *Wer nur den lieben Gott*   Mod. introd. au III^b   Retour

Nº 142.

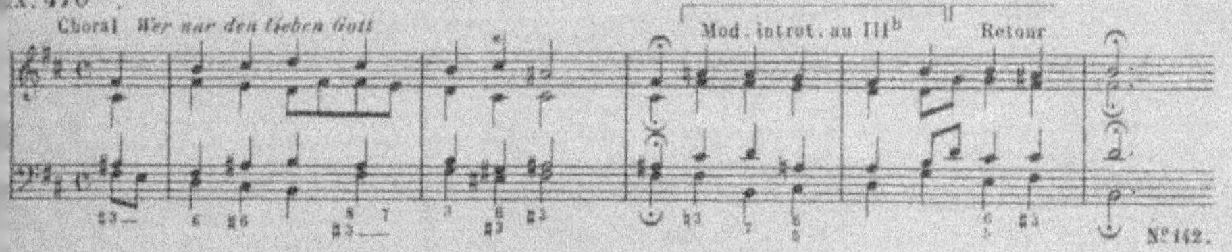

Ex. 471.   II. Septième de première espèce sur le II° degré (cp. § 164, B).

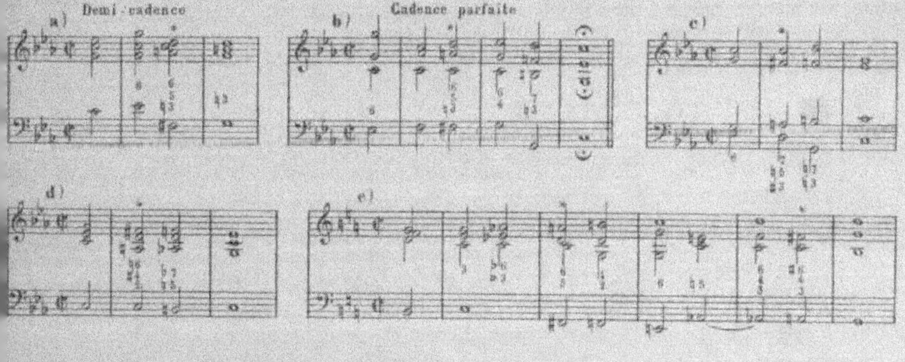

B. Quant au second rejeton de la famille O^s, *l'accord de neuvième mineure avec tierce majeure sur le II° degré* (II—IV^♯—VI—I—III^b), c'est la seule agrégation de tout le groupe de même souche, qui soit chromatique par nature. Elle se montre habituellement à l'instar de son modèle, la Neuvième mineure de dominante, sous l'aspect d'un accord de septième diminuée (fondamentale apparente IV^♯), employé dans chacun de ses renversements et dans toutes les positions imaginables.

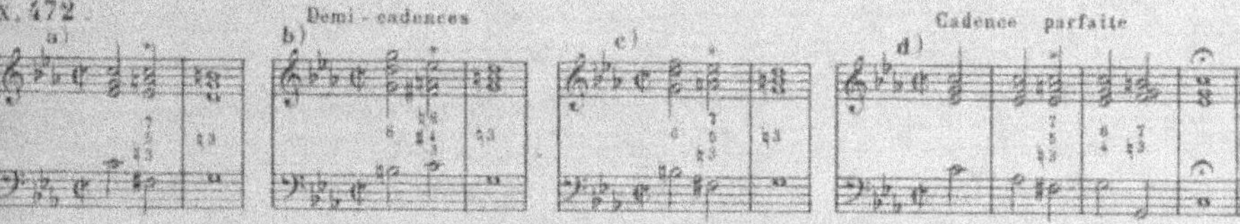

Ex. 472.   Demi-cadences   Cadence parfaite

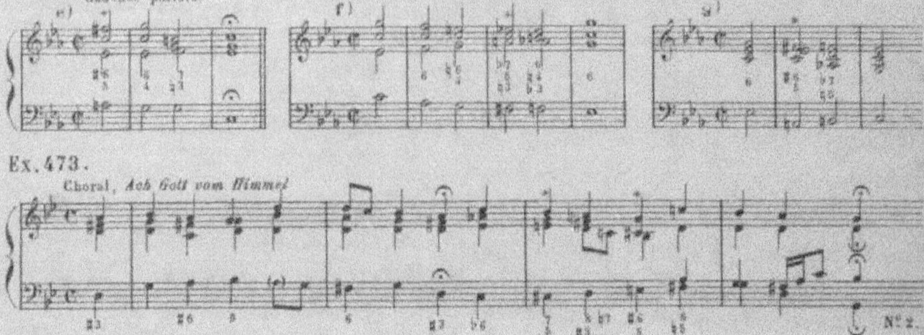

Ex. 473.

Le *premier renversement*, VI_I_III♭_IV♯, de même que la disposition harmoniquement équivalente de la Septième de 1.ᵉ espèce sur le II.ᵉ degré, VI_I_II_IV♯ (§ 164, B²), se prête à l'accompagnement des formules mélodiques exprimant une interrogation .

Ex. 474.

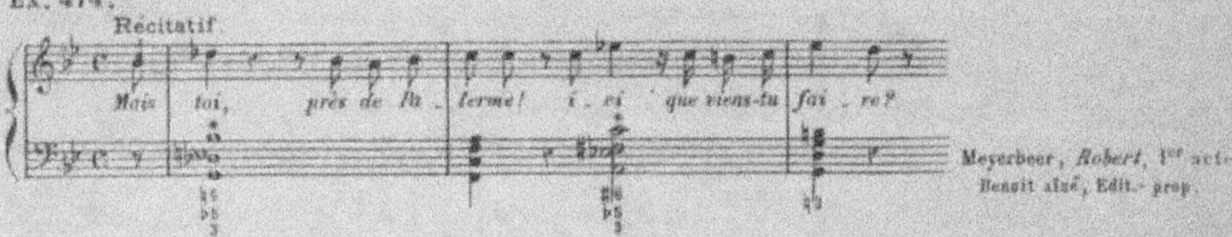

Le même renversement de la Septième diminuée a fourni au Chroma un nouveau type de *cadence rompue*, devenu banal à force d'avoir été prodigué depuis son apparition saisissante dans la géniale ouverture du *Freyschütz* (1819).

Ex. 474.ᵇⁱˢ

En Majeur l'emploi de la Septième diminuée sur IV♯, aujourd'hui d'usage courant (§ 164, D), ne remonte pas à une époque très ancienne.

Ex. 475.

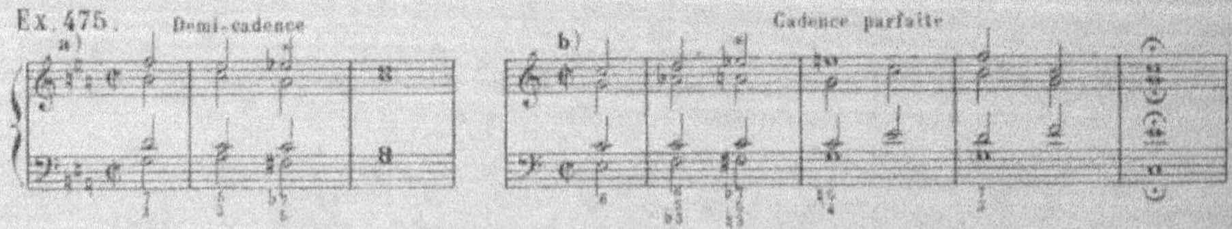

L'intervention de cet accord au coloris sombre, mais ardemment passionné, dans les harmonies claires du Majeur fut une des innovations sensationnelles du créateur de la tragédie musicale. Cette conjonction intime d'accents de douleur et d'exaltation ont inspiré des phrases vocales qui ont soulevé l'enthousiasme des contemporains, et dont l'effet poignant n'est pas encore émoussé de nos jours.

Ex. 476.

§ 169ᵇⁱˢ. — La famille **U**, la plus féconde des trois lignées non diatoniques comprises dans le domaine de la polyphonie colorée (§ 158, A), peut s'envisager comme étant issue de la famille **O** par l'altération rémissive du VI° degré, devenu la fausse-quinte de la note fondamentale.

$$
\text{Triade - souche} \qquad
\text{Septième} \qquad
\text{Neuvième}
$$

$$
\begin{bmatrix} \text{VI}^\flat \\ \text{IV}^\sharp \\ \text{II} \end{bmatrix}
\qquad
\begin{bmatrix} \text{I} \\ \text{VI}^\flat \\ \text{IV}^\sharp \\ \text{II} \end{bmatrix}
\qquad
\begin{bmatrix} \text{III}^\flat \\ \text{I} \\ \text{VI}^\flat \\ \text{IV}^\sharp \\ \text{II} \end{bmatrix}
$$

A. *La triade-souche, formée de tierce majeure et de fausse-quinte sur le II° degré*, s'emploie parfois à l'état direct (a), plus souvent au deuxième renversement (b, c). Le premier renversement n'a eu jusqu'à nos jours qu'une existence purement théorique.

$$
\text{Etat direct} \qquad
1^{er}\ \text{renv.} \qquad
2^e\ \text{renv.}
$$

$$
\begin{bmatrix} \text{VI}^\flat \\ \text{IV}^\sharp \\ \text{II} \end{bmatrix}
\qquad
\begin{bmatrix} \text{II} \\ \text{VI}^\flat \\ \text{IV}^\sharp \end{bmatrix}
\qquad
\begin{bmatrix} \text{IV}^\sharp \\ \text{II} \\ \text{VI}^\flat \end{bmatrix}
$$

Ex. 477.

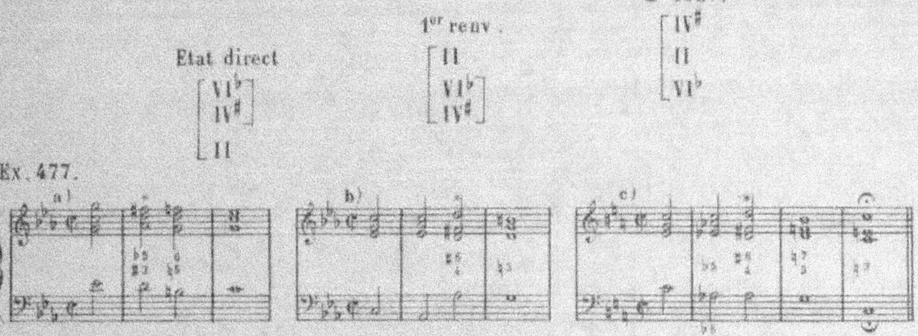

B. Premier rejeton de la famille, *l'accord de septième avec tierce majeure et fausse-quinte sur le II° degré* (II_IV♯_VI♭_I) montre la même composition d'intervalles que la septième (apparente) de Sensible avec tierce majeure (§ 162, D). Il était pratiqué autrefois sous un seul de ses aspects, et théoriquement méconnu (§ 154, C); aujourd'hui il apparaît et se réalise sous toutes ses faces.

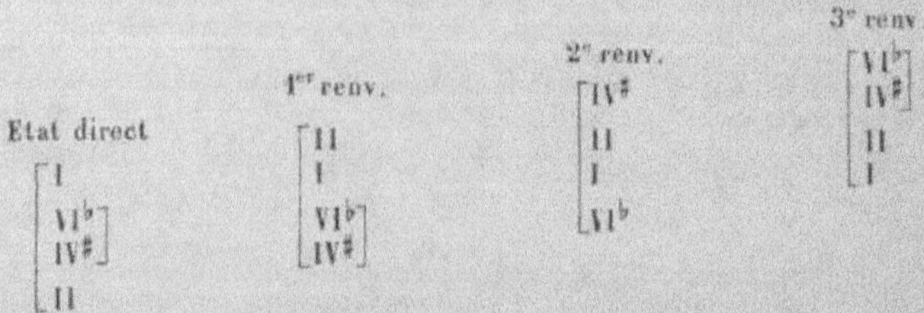

L'*état direct* n'est pas très fréquent. Pour faire entendre l'harmonie de la Dominante dans toute sa plénitude, cinq parties sont nécessaires.

Ex. 478.

Ex. 479.

Premier renversement: le moins fréquent de tous, encore qu'il en existe des spécimens vieux de plus de 70 ans (ex. 417 et 418).

Ex. 480.

Le *deuxième renversement* (l'ancienne *Sixte-augmentée-avec-triton*) n'a pas cessé d'être considéré comme la face la plus avenante de l'accord (§ 154, C).

Ex. 481.

Comme dans les autres accords bâtis sur la tierce majeure II—IV$^\sharp$, le renversement qui met à la Basse le VIe degré (altéré ou diatonique) fournit un accompagnement très accentué aux phrases interrogatives ou exclamatives dont la mélodie s'arrête sur la Quinte de l'harmonie de dominante (ex. 438bis, 474).

Le *troisième renversement* est usité seulement à l'intérieur des périodes polyphones.

C. Le second rejeton de la famille U, *l'accord de neuvième mineure avec tierce majeure et fausse-quinte, posé sur le IIe degré* (II—IV#—VIb—I—IIIb), n'existe intégralement qu'en théorie. Jusqu'à présent son état direct est inusité dans la pratique. En revanche l'accord apparent qui subsiste après l'élimination de la fondamentale, la *Septième diminuée avec tierce diminuée sur le IVe degré haussé*, est un des accords chromatiques les plus répandus. Il se produit dans toutes ses dispositions, équisonantes avec les divers renversements de la Septième de première espèce.

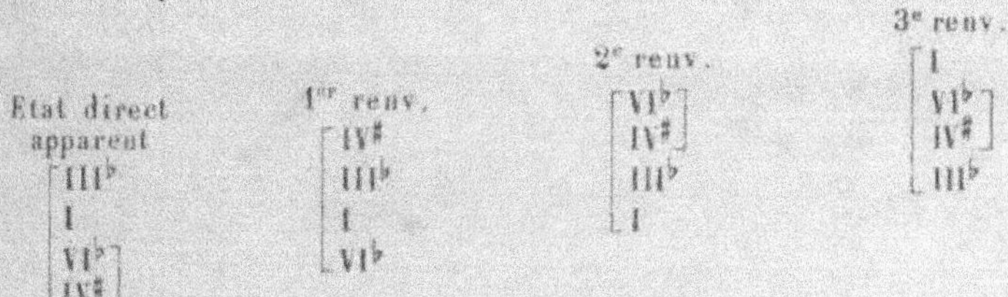

L'*état direct* de cet accord apparent, bien que J.S. Bach en eut déjà fait un usage génial (ex. 419), était naguère encore considéré comme une hardiesse rare.

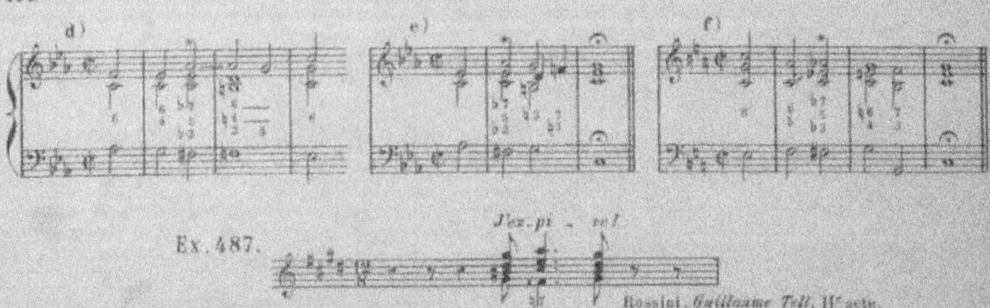

Ex. 487.

Le *premier renversement* posé sur VI♭, anciennement et vulgairement appelé *accord de sixte augmentée avec Quinte*, équisonance de la Septième de 1ʳᵉ espèce (VI♭_I_III♭_IV♯ = VI♭_I_III♭_V♭), est encore aujourd'hui la disposition la plus répandue dans la pratique. Sa résolution directe sur la triade ou la Septième de la Dominante amène, par le mouvement naturel des quatre sons, une succession parallèle de deux Quintes (au grave VI♭V, à l'aigu III♭II), succession incorrecte selon la tradition, mais nullement déplaisante à l'oreille d'un musicien, à moins qu'elle ne se fasse entendre dans les deux parties extrêmes de l'ensemble (d).

Ex. 488.

Les harmonistes scrupuleux éludent l'antique loi en faisant une *résolution par échange de parties*, procédé que justifie ici l'absence de la fondamentale harmonique (cp. § 85, A).

Ex. 489.

et même

cp. ex. 139 et 139 bis

Ex. 490.

Cependant certains maîtres, et non des moindres, ne craignent nullement de faire entendre les deux terribles Quintes, lorsqu'elles ne se partagent pas entre les deux parties extrêmes de l'ensemble, ou entre le chant et la Basse.

Ex. 491. Moderato

Tout motif de dérogation disparait lorsque la résolution sur l'harmonie de dominante n'est
pas immédiate. L'accord servant d'intermédiaire est tantôt le 2me renversement de la Septième
de même famille (autrement dit la Sixte-augmentée-avec-triton, ex. 481), tantôt la Sixte-
et-Quarte.

Ex. 493. Moderato andante

Le deuxième renversement, posé sur I ne donne lieu à aucune observation de quelque importance.

Le troisième renversement, posé sur III^b, ne comporte, lui non plus, aucune anomalie dans la
résolution directe sur le second renversement de la Septième de dominante : les quatre parties descendent simultanément par demi-ton (a) comme dans l'exemple précédent (e).

D. Nous ne quitterons pas cet accord *déraciné* (IV$^{\sharp}$_VI^b_I_III^b) sans mentionner une variante, essentiellement moderne, de son deuxième renversement (Sixte augmentée avec Quinte),
posé sur VI^b. La modification consiste à changer III^b en III, *ce qui complique l'accord de sixte
augmentée d'une quinte augmentée* (VI^b_I_III_IV$^{\sharp}$). La note haussée (III) est un accent mélodique
des plus intenses. Sa place invariable est dans une cantilène majeure, *à la partie aiguë de
l'ensemble*. On évite de la faire descendre sur le IIe degré, au moment où la note de Basse
descend à la Dominante. La résolution est retardée, soit par une appoggiature simple, ascendante (a,b), soit par la double appoggiature descendante de la Sixte-et-Quarte (e), se combinant même (par le mécanisme du *retard*) avec la septième de la Dominante (d).

Ex. 496.

Au point de vue théorique, nous avons là un fragment isolé appartenant à une branche collatérale, jusqu'à présent négligée, de la famille U (II—IV—VI—I—III); agrégation qui ne semble pas appelée à un usage bien étendu. Remarquons toutefois que, privé de sa fondamentale, cet accord sonne comme un renversement de la Septième de dominante avec quinte augmentée (§ 162, B). En effet sur nos instruments IV—VI—I—III équivaut à V—VI—I—III.

§ 170. — Étudions maintenant, en tant qu'éléments du mécanisme central de la tonalité, *les harmonies du II⁰ degré dont la fondamentale est affectée d'une altération rémissive* (II♭) La triade-souche II♭—IV—VI♭ (§ 152, A) n'a produit jusqu'à présent qu'un rejeton unique: une Septième de quatrième espèce (II♭—IV—VI♭—I); les deux accords sont simplement chromatiques par position. Leur fonction tonale est la même que celle des accords correspondants posés sur le II⁰ degré inaltéré: avant-coureurs de l'harmonie de dominante (§ 159).

A. En ce qui concerne sa réalisation technique, *la triade fondamentale* se conforme docilement à son modèle en Mineur: l'accord de fausse-quinte (II—IV—VI♭). Les trois dispositions de l'accord sont d'usage courant (cp. § 118).

L'état direct n'est pas le plus ordinaire, mais celui dont les maîtres du XIXᵉ siècle nous ont laissé les spécimens les plus frappants.

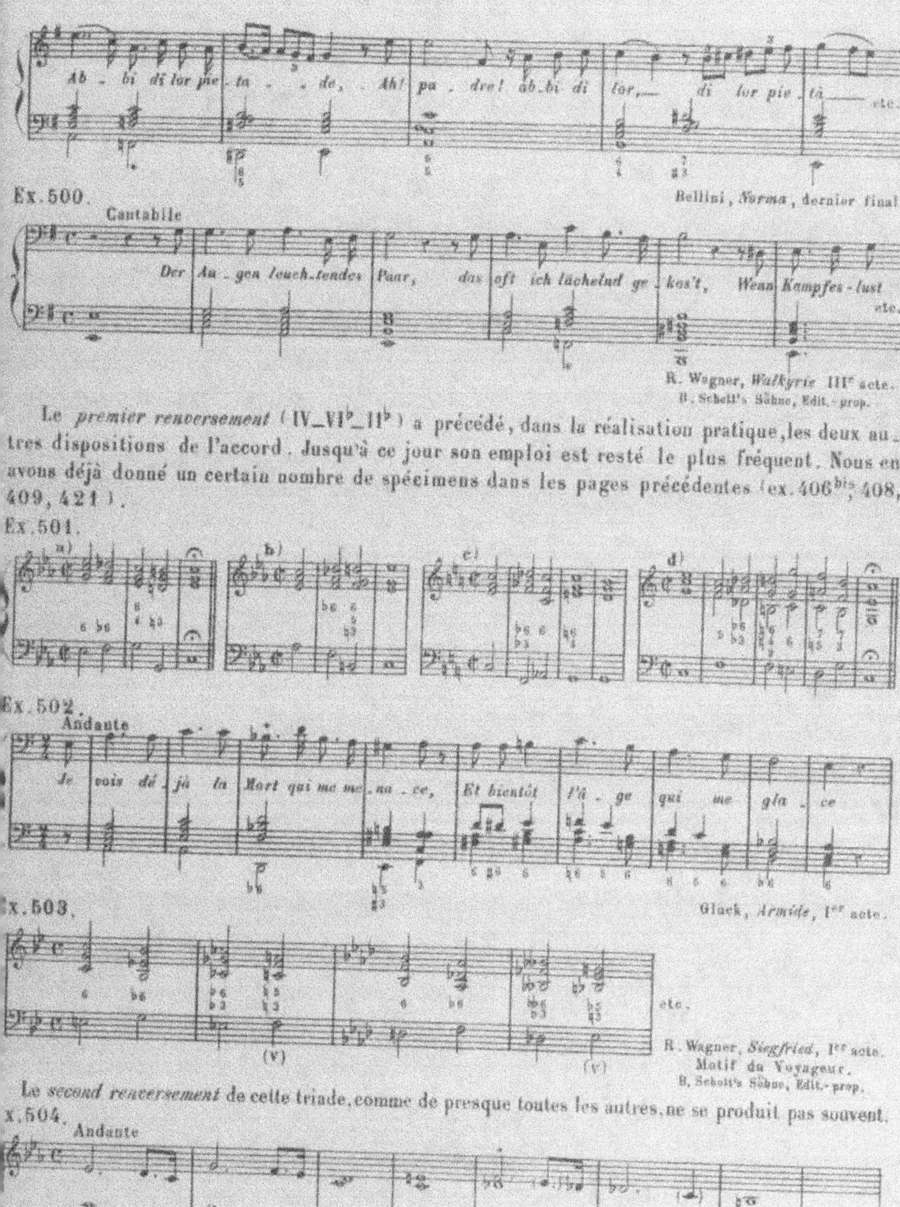

Ex. 500. Cantabile

Bellini, Norma, dernier final.

R. Wagner, Walkyrie IIIe acte.
B. Schott's Söhne, Edit.-prop.

Le *premier renversement* (IV_VI^b_II^b) a précédé, dans la réalisation pratique, les deux au_tres dispositions de l'accord. Jusqu'à ce jour son emploi est resté le plus fréquent. Nous en avons déjà donné un certain nombre de spécimens dans les pages précédentes (ex. 406bis, 408, 409, 421).

Ex. 501.

a) b) c) d)

Ex. 502. Andante

Gluck, Armide, 1er acte.

Ex. 503.

etc.

R. Wagner, Siegfried, 1er acte.
Motif du Voyageur.
B. Schott's Söhne, Edit.-prop.

Le *second renversement* de cette triade, comme de presque toutes les autres, ne se produit pas souvent.

Ex. 504. Andante

etc.

Weber, Freyschütz, Ouverture.

202

B. *L'accord de septième greffé sur la triade du IIe degré abaissé* (II^b_IV_VI^b_I) ne présente aucune anomalie dans son usage. En raison de sa structure harmonique, cette Septième de quatrième espèce réclame la préparation de sa note dissonante (§ 81, D). En Majeur comme en Mineur l'accord se présente sous tous ses aspects et se prête à de multiples résolutions sur les diverses harmonies de dominante.

Ex. 505.

Ex. 506.

§ 171. — *Les accords posés sur le IIe degré fléchi et ceux qui ont leur siège sur le degré inaltéré ont toute liberté pour se succéder avant d'opérer leur résolution sur une des harmonies de la Dominante* (§ 159, A). La succession des deux accords du degré dédoublé a facultativement lieu dans un sens ou dans l'autre.

A. L'harmonie du degré abaissé précède (la B.F. monte de II^b à II): cas le plus fréquent.
Ex. 507.

Ex. 508.

Gluck, *Iphigénie en Aulide*, 1er acte.

B. L'accord posé sur le degré inaltéré vient en premier lieu ; la Basse-fondamentale descend de II à IIᵇ.

Au dernier cas l'alternance se prolonge quelquefois par l'apparition réitérée d'un accord posé sur la fondamentale inaltérée. La Basse-fondamentale descend de II à IIᵇ, puis remonte à II.

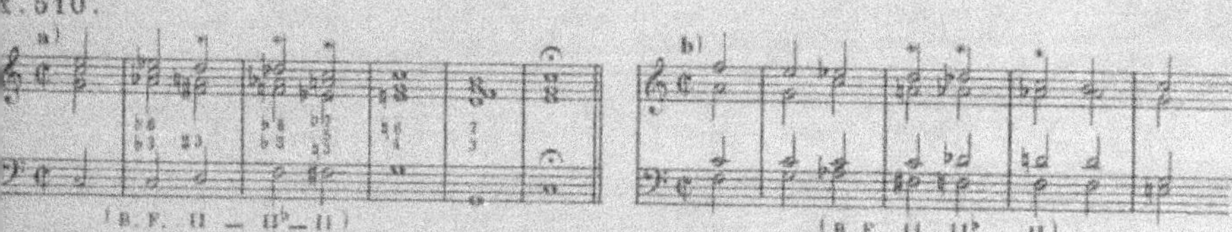

§ 172. — Ainsi que nous l'avons constaté plus haut, la Dominante et le IIᵉ degré accaparent le privilège de fournir une fondamentale aux trois familles d'accords renfermant des éléments non diatoniques (§ 158, A) ; mais *les deux degrés ne constituent pas pour les trois familles un siège d'égale importance*. On aura déjà remarqué que *chacune d'elles a son siège principal dans un domaine polyphone différent, et sur un seul des deux degrés*: la famille O (septième diminuée) en Mineur normal, sur la Dominante (§ 119) ; la famille I (quinte augmentée) en Majeur chromatique, et sur la Dominante aussi (§ 162) ; enfin la famille U (tierce diminuée) en Chromatique commun et sur le IIᵉ degré (§ 169ᵇⁱˢ). *Quand ce dernier groupe d'accords s'établit sur la Dominante, son champ d'activité se restreint considérablement. La triade-souche* (V—VII—IIᵇ) *n'apparaît pas dans la pratique. Ses deux rejetons réellement employés, la Septième et la Neuvième, ne peuvent aboutir directement à un arrêt conclusif,*

La résolution est toujours médiate : tantôt elle passe par la Septième de dominante, transformant II^b en II ; tantôt elle est retardée par l'insertion d'un accord passager (cp. § 84, B). Les conditions pratiques relatives au traitement de la dissonance chromatique de tierce diminuée sont celles qui ont été déterminées plus haut (§ 169bis, B). L'oreille accueille de préférence le renversement qui amène le degré chromatique (II^b) au grave.

A . *Septième de dominante avec fausse - quinte.*

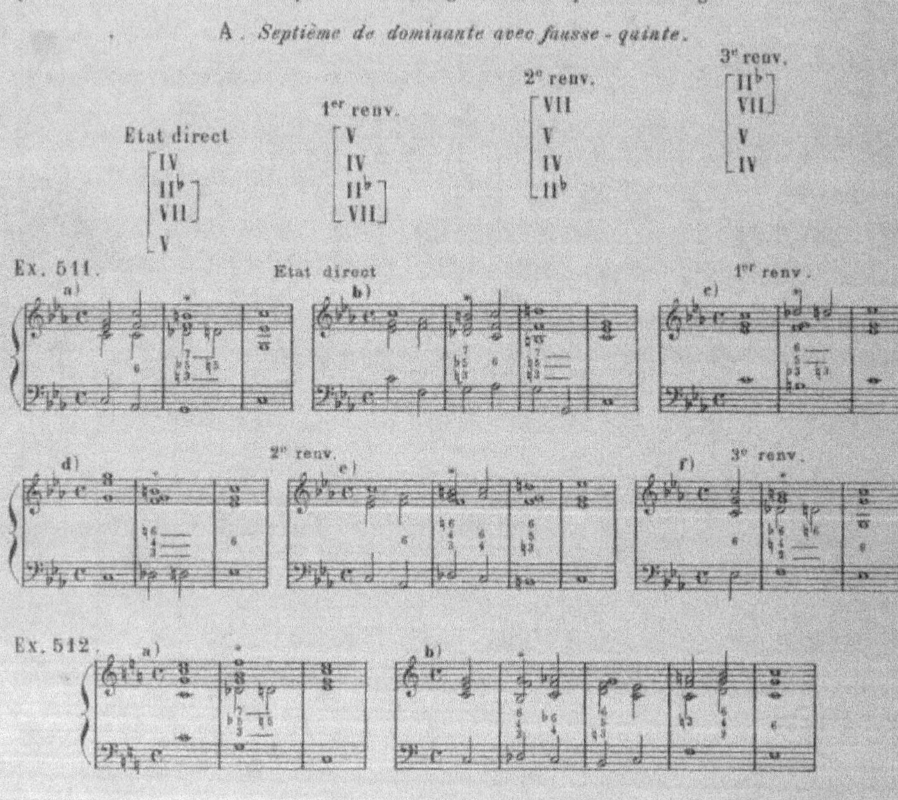

Ex. 511.

Ex. 512.

B . *Neuvième mineure de dominante avec fausse-quinte* ($V\_VII\_II^b\_IV\_VI^b$). Après avoir éliminé le son fondamental, la pratique utilise l'accord restant, *Septième diminuée avec tierce diminuée*, sous ses quatre aspects.

Cet accord est d'un usage beaucoup plus répandu que le précédent. En Majeur principalement il donne lieu à des harmonies d'une saveur très moderne.

§ 173. — De même que dans le Chromatique spécial au Majeur, *les accords altérés établis sur des degrés autres que V ou II n'apparaissent généralement en Chromatique mineur (ou commun) qu'aux endroits où s'engage une modulation introtonale.* Mais on remarquera qu'ils n'y sont pas aussi constamment indispensables. En effet le Majeur diatonique ne peut effectuer aucune de ses transitions intérieures sans recourir à l'élément chromatique (§ 165), tandis que, à l'aide des seuls éléments de leur échelle, le Mineur intégral et le Majeur mixte sont à même d'exhiber quatre toniques secondaires à gauche de la Tonique principale (§ 141, A): *quatre modulations introtonales où l'élément chromatique n'intercient que facultativement*, et à seule fin de donner plus de relief aux accords qui préparent l'avènement de la tonique momentanée. Les deux degrés extrêmes de la série chromatique du type 5 (II^b et $IV^{\sharp}$) suffisent à cet effet. Quant à $I^{\sharp}$ (type 4) et V^b (type 6), ils n'ont qu'un emploi accessoire.

A. *Modulation introtonale à la Sous-dominante mineure ou majeure* (cp. § 131, A; § 141, A, IV, IVbis). L'emploi du degré II^b procure à la tonique subordonnée des harmonies chromatiques en fonction de dominante, de sous-dominante etc.

Ex. 517.

Ex. 518. Choral *Wär' Gott nicht mit uns*

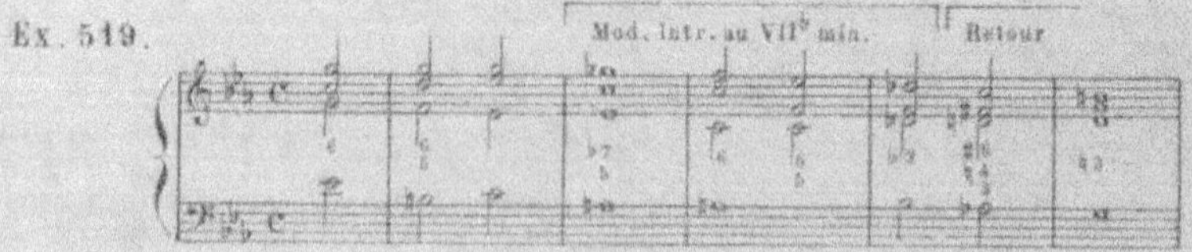

B. *Modulation introtonale au VIIe degré fléchi* (cp. § 131, B; § 141, A, III). Concurremment avec l'accord parfait majeur de la tonique subordonnée (VII^b), que nous avons déjà rencontré plusieurs fois, amené non-seulement par les harmonies mixtes du Majeur et du Mineur (§§ 131, 141), mais encore par celles du Majeur chromatique (§ 163, B), nous voyons se produire ici, grâce à l'intervention du degré II^b, et accessoirement du degré V^b, une variante mineure de cette transition. L'art moderne la pratique dans les deux modes.

Ex. 519.

Ex. 520.

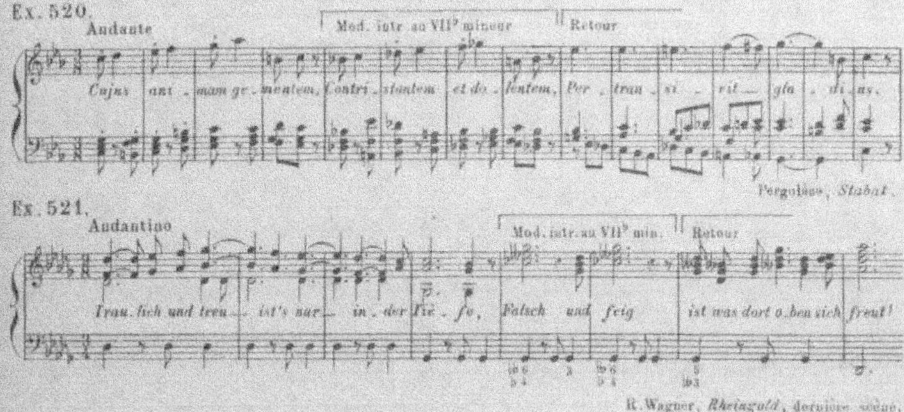

Ex. 521.

C. *Modulation introtonale au III♭*, relatif majeur de la Tonique mineure (cp. § 129, § 141, A, II). Quand les éléments polyphones du Mineur et du Majeur mixte ne lui suffi_sent pas, elle s'annexe l'altération intensive du IV⁰ degré, qui lui crée, au-dessus de sa dominante (VII♭), l'accord de quinte augmentée (VII♭_II_IV♯), et toute la famille I dont il est la souche.

Ex. 522.

La même note altérée (IV♯) fait apparaître sur le VI⁰ degré du Mineur (VI♭) une sixte aug_mentée avec Quinte, identique à l'accord de même nom décrit plus haut (§ 169ᵇⁱˢ, C, ex. 490 et suiv.), mais, au fond, différent de lui par l'origine et la fonction harmonique. L'accord de sixte augmentée qui se verra dans les deux exemples suivants est une altération du renversement qu'exhibe l'ex. 151 ; il se résout sur la triade consonante du relatif majeur, au premier renversement ou à l'état direct.

Ex. 523.

Ex. 524.

208

D. *Modulation introtonale au VI$^\flat$*. En Mineur normal nous avons vu son harmonie de dominante à l'état primitif: un simple accord parfait majeur, III$^\flat$_V_VII$^\flat$ (§ 128,B). Nous l'avons
rencontrée ensuite comme triade de quinte augmentée, III$^\flat$_V_VII (§ 134,B et ex. 372). Maintenant, en Mineur chromatique, elle acquiert, grâce à l'addition du degré rémissif II$^\flat$, la faculté d'ajouter sa septième,—voire sa neuvième—aux deux triades susdites.

Ex. 525.

Ex. 526. Dans le Choral *Warum betrübst du dich?*

§ 174. — *Le Mineur coloré complète le nombre de ses toniques subordonnées* (6) *égal à
celles du Majeur* (§ 166,E), *par deux modulations intérieures qui nécessitent l'intervention des degrés chromatiques du 5e type*, IV$^\sharp$ et II$^\flat$, escortés parfois des deux altérations
extrêmes du groupe mineur, I$^\sharp$ et V$^\flat$ (§§ 147, 149).

A. L'une d'elles est la plus importante de toutes les transitions épisodiques: *celle
qui fait de la Dominante principale une tonique momentanée* et convertit par là les harmonies
du IIe degré en accords de dominante (§ 165, A). *En Mineur l'aboutissant est, à volonté, la triade mineure ou la majeure*. Au dernier cas la modulation tend à se confondre avec la demi-cadence, à moins qu'on ne lui donne une signification décisive
en élargissant la formule résolutoire.

Ex. 527.

Ex. 527bis. Choral *Du, o Schönes Weltgebäude*

Ex. 528.

B. La seconde modulation introtonale de cette catégorie a sa *tonique sur le II*^e *degré fléchi* ($II^\flat$), remplaçant du IIe degré diatonique (II), qui en Mineur normal porte, non pas une triade consonante, mais un accord de fausse-quinte (§ 118). Une semblable substitution a lieu en Majeur chromatique, où $VII^\flat$ tient la place de VII comme tonique subordonnée (§ 166, E). *La nouvelle triade consonante du Mineur chro-matique* ($II^\flat$_IV_$VI^\flat$), que nous avons déjà apprise à connaître comme avant-courrière de la Dominante centrale (§ 170), se crée une Septième de dominante en prenant la der-nière altération rémissive ($V^\flat$), qu'elle emploie aussi comme note fondamentale de sa triade de sous-dominante.

$$
\begin{array}{ll}
\left[\begin{array}{l} V^\flat \\ III^\flat \\ I \\ VI^\flat \end{array}\right. &
\left[\begin{array}{l} II^\flat \\ VII^\flat \\ V^\flat \end{array}\right.
\end{array}
$$

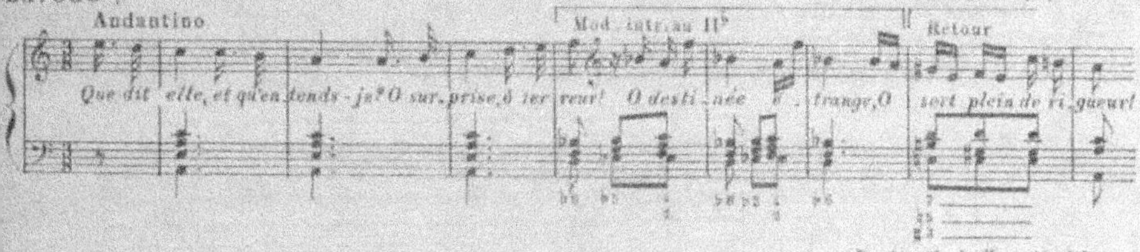

Ex. 529.

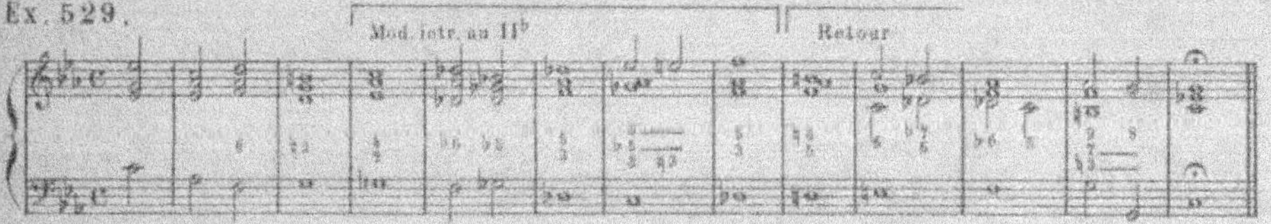

Ex. 530.

Ex. 530bis

Amenée par la *cadence rompue*, la transition au IIe degré abaissé est particulièrement apte à traduire la sensation de l'inattendu.

Ex. 530 ter

Mozart, *Don Giovanni*, Sestetto.

Chez les maîtres de l'époque moderne cette modulation se produit et s'étale dans un milieu majeur, aussi bien qu'en Mineur.

Ex. 531.

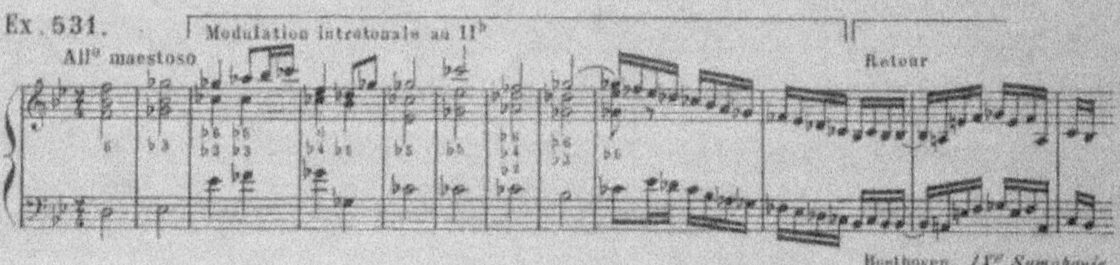

Beethoven, *IXe Symphonie*.

Probablement le plus ancien spécimen d'une pareille transition en Majeur est le sui_vant, tiré d'une oeuvre très connue du grand J. S. Bach.

Ex. 532.

Toccata pour Orgue.

Dans le passage suivant la modulation introtonale au IIb s'indique seulement par ses triades morcelées de tonique et de sous-dominante, qui se succèdent pendant que la Tonique principale, résonnant dans les profondeurs du clavier, ne cesse de se rappeler à l'auditeur.

Ex. 533.

Liszt, *Un sospiro* (oeuvre de piano).
Leduc Bertrand et Cie, Édit.-prop.

C. En réunissant ces deux dernières modulations aux quatre comprises dans le domaine du Mineur intégral et du Majeur mixte, la polyphonie moderne a élaboré son habituelle *formule d'accompagnement pour la gamme du Chromatique commun*, exécutée dans l'étendue en_tière de l'Octave.

Ex. 534 .

a) *En Mineur*, Vers l'aigu, type 5 .

§ 175. — De même que le Majeur chromatique a pu, sans sortir de son domaine spécial, se créer une *septième* modulation introtonale sur la note sensible, remplaçant facultati_ vement la transition passagère au VIIᵉ degré fléchi (§ 167), de même *le Chromatique com_ mun s'est fait à côté de sa transition épisodique sur* II♭ (§ 174, B), *une modulation supplémen_ taire sur le IIᵉ degré inaltéré* (triade majeure ou mineure), en se servant des altérations in_ cusives du type 4 (IV♯ et I♯).

Ex. 536

A. Grâce à cette nouvelle modulation, la polyphonie chromatique dispose d'une double halte provisoire sur le IIe degré, et s'enrichit d'une variante dans l'harmonisation de la gamme du Chromatique commun (particulièrement en Majeur).

CINQUIÈME SECTION

La polyphonie du Chroma intégral

§ 176. — Elle réunit les deux catégories d'accords traitées séparément dans les sections précédentes. En d'autres termes elle met en œuvre, *sous l'hégémonie d'une Tonique majeure*, tout le matériel polyphone contenu dans les 17 sons de la série chromatique complète (§ 143). Nous avons là l'organisme harmonique le plus complexe que notre art ait réussi à créer autour d'un centre unique (§ 12, B), et nous nous trouvons sur le terrain où le génie musical de notre époque peut se déployer en toute liberté pour réaliser ses plus audacieuses innovations.

A. Le mélange de toutes les harmonies diatoniques et chromatiques dans un même milieu tonal s'effectue par deux procédés :

1° *emploi successif d'accords pris dans les deux régions opposées du domaine chromatique intégral*;

2° *emploi simultané de sons appartenant à des types chromatiques différents*, autrement dit, formation d'accords qui dépassent la limite assignée aux agrégations colorées *normales*: 10 Quintes (§ 157).

Le premier procédé, déjà mis en pratique aux temps des Bach et des Händel, a pris une extension démesurée depuis le milieu du XIXe siècle. Quant au second procédé, il n'a été jusqu'à présent que l'objet d'une seule tentative réelle, peu remarquée et néanmoins imposée à l'attention par les observations intéressantes qu'elle suggère.

§ 177. — C'est la musique des instruments qui a donné naissance à la polyphonie colorée en général ; c'est elle aussi qui, la première, a entrepris d'amalgamer les divers accords compris dans les six types des gammes chromatiques. Mise en usage au XVIIe siècle, à l'imitation du contrepoint vocal, art régulièrement cultivé depuis la fin du moyen âge, la polyphonie instrumentale des maîtres classiques a continué de se conformer à beaucoup de prescriptions fondées originairement sur les propriétés spéciales de la mélopée chantée. Elle évite notamment les intonations inaccessibles ou difficiles à l'organe humain, lorsqu'il est privé de tout guide extérieur (§ 146). Relativement au sujet qui nous occupe ici, sa règle essentielle peut se formuler en ces termes: *Pendant la durée entière d'une succession d'accords, non divisée par un arrêt quelconque, chacun des dessins mélodiques dont se forme l'ensemble est tenu de rester dans les limites d'un seul type chromatique. Lorsque deux ou plusieurs des parties vocales ou instrumentales parcourent des types différents*, fait que nous ont montré les gammes chromatiques exécutées en tierces et en sixtes (§ 150, B), *les sons altérés distants de plus de 11 Quintes doivent se faire entendre à des parties différentes.*

Ex. 540.

Contralto au 3e type, ténor et Basse au 4^e
la succession parcourt 12 Quintes (VII♭—VI♯).

Ex. 540bis

Soprano au 2e type, Baryton au 4^e
la succession parcourt 13 Quintes (VII♭—II♯).
Moderato (app.)

Sous réserve de ces conditions, rarement enfreintes par les anciens maîtres, la promiscuité des harmonies alanguies et exacerbées s'étale sans entrave et donne parfois lieu à des suites d'accords d'une saveur étrange. *Les successions polyphones du Chroma intégral gravitent le plus souvent autour des types 3 et 4, lesquels oscillent entre le Majeur et le Mineur* (§ 147, A).

Ex. 541

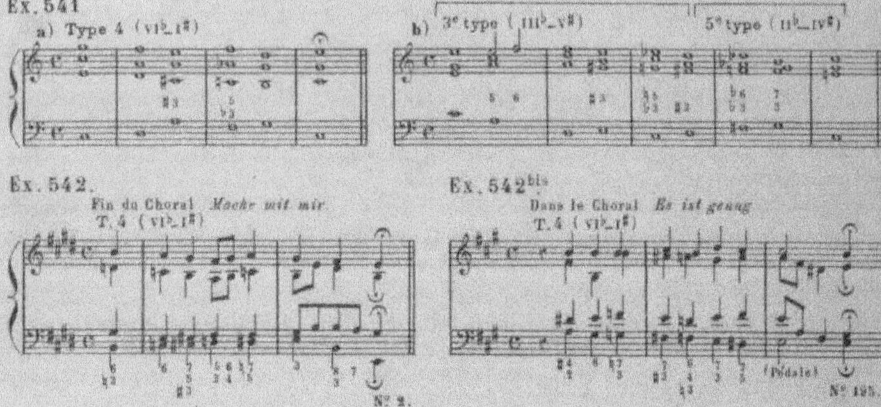

Ex. 542.

Ex. 542bis

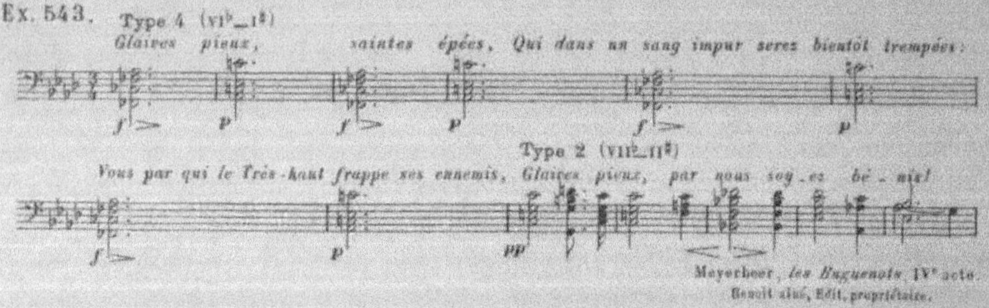

L'usage commun des éléments polyphones appartenant aux deux systèmes de tonalité s'étend à leurs modulations intérieures, qui, dans la même période, passent, à volonté et sans préparation, de la région sombre à la région claire ou réciproquement.

Ex. 543.

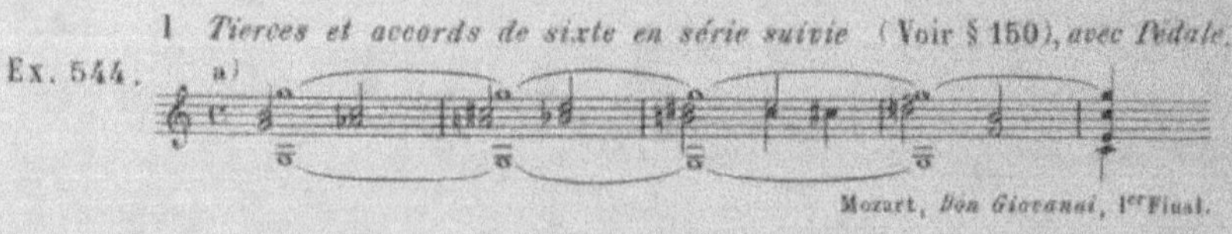

A. Un assez grand nombre de successions continues et de progressions, propres au genre coloré et très usitées, ne peuvent guère se prolonger sans le concours successif de plusieurs types chromatiques qui leur permette de parcourir la série entière des sons altérés. Passons en revue les principales formules de cette espèce.

1 *Tierces et accords de sixte en série suivie* (Voir § 150), *avec l'édale.*

Ex. 544.

II. *Septièmes de première espèce en série suivie.* A chaque mouvement vers un repos (final ou momentané) la triade de tonique est supprimée, ou, — si l'on veut — sous-entendue : remplacée par un nouvel accord de septième. Cela se continue ainsi jusqu'à la rentrée dans les harmonies qui mènent droit à la Tonique souveraine, en sorte qu'une modulation introtonale se montre et disparaît à chaque accord de la progression. Celle-ci s'emploie dans ses divers renversements.

Ex. 545.

III. *Marche descendante de Septièmes diminuées alternant avec des triades majeures.*
Ex. 546.

IV. *Septièmes diminuées en série suivie.* Elles procèdent régulièrement à la façon des accords de septième, première espèce, sur un mouvement continu des fondamentales descendant de Quinte.
Ex. 547.

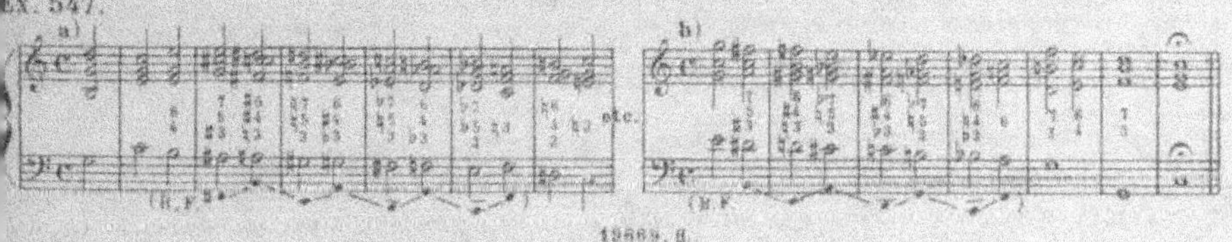

V . *Marche descendante de Sixtes - augmentées - avec - triton* (§ 169bis, ex. 480) résolues sur une dominante momentanée.

Ex. 548.

§ 178. — De nos jours la polyphonie vocale se trouve généralement associée à un accompagnement d'orchestre qui suggère aux chanteurs les intonations difficiles ; aussi *les compositeurs contemporains ne se font pas scrupule d'enfreindre les règles traditionnelles concernant la conduite mélodique des parties individuelles de l'ensemble* (§ 177, p. 213), *en réunissant dans un dessin chantant, non divisé, deux ou plusieurs types chromatiques.* J. S. Bach, toujours en avance sur son siècle, a inauguré cette hardiesse dans un choral accompagné.

Ex. 549.

Dans la pratique de l'époque actuelle deux cas de cette espèce sont particulièrement à remarquer.

A . *Deux demi - tons chromatiques se suivent en montant ou en descendant, irrégularité qui implique la répétition du même degré à trois hauteurs différentes et la transition d'un type chromatique à un autre distant de trois unités.*

4ᵉ type 1ᵉʳ	5ᵉ 2ᵉ	6ᵉ 3ᵉ
VI$^\flat$ — VI — VI$^\sharp$	II$^\flat$ — II — II$^\sharp$	V$^\flat$ — V — V$^\sharp$
1ᵉʳ 4ᵉ	2ᵉ 5ᵉ	3ᵉ 6ᵉ
VI$^\sharp$ — VI — VI$^\flat$	II$^\sharp$ — II — II$^\flat$	V$^\sharp$ — V V$^\flat$

Les successions d'accords renfermant des passages mélodiques de ce genre ne sont pas très communes.

Ex. 550.

Cette dernière suite d'harmonies chromatiques a fourni au grand poète - musicien de la tétralogie des *Nibelungen* un de ses *Leitmotive* les plus saisissants : "le sommeil magique de la Walkyrie."

Ex. 551.

B . *Deux degrés équisonants qui se succèdent produisent le faux - unisson*, intervalle contenu cinq fois dans la série du Chroma intégral, et intonation inaccessible au chant non accompagné (§ 144).

$$\mathrm{VI}^{\sharp} - \mathrm{VII}^{\flat} \quad | \quad \mathrm{II}^{\sharp} - \mathrm{III}^{\flat} \quad | \quad \mathrm{V}^{\sharp} - \mathrm{VI}^{\flat} \quad | \quad \mathrm{I}^{\sharp} - \mathrm{II}^{\flat} \quad | \quad \mathrm{IV}^{\sharp} - \mathrm{V}^{\flat}$$

$$\mathrm{VII}^{\flat} - \mathrm{VI}^{\sharp} \quad | \quad \mathrm{III}^{\flat} - \mathrm{II}^{\sharp} \quad | \quad \mathrm{VI}^{\flat} - \mathrm{V}^{\sharp} \quad | \quad \mathrm{II}^{\flat} - \mathrm{I}^{\sharp} \quad | \quad \mathrm{V}^{\flat} - \mathrm{IV}^{\sharp}$$

Bien qu'il y ait ici simplement transition au type chromatique immédiatement voisin, l'absence d'un son intermédiaire, commun aux deux échelles intéressées, rend la succession brusque et singulière, même dans la musique des instruments à clavier, où la touche, tout en ne rendant qu'un son unique pour les deux notes, suggère à notre sens harmonique deux intonations parfaitement distinctes par l'influence des accords ou intervalles qui ont précédé.

Ex. 553.

R. Wagner, *Lohengrin*, IIIe acte.
A. Durand et Fils, Édit.-propriétaires.

Cet emploi du faux-unisson à l'intérieur du domaine tonal n'a rien de commun avec l'usage des accords dits *enharmoniques*, où deux agrégations équisonantes se conjoignent étroitement afin de produire à l'improviste une transition extratonale (ci-après § 183).

C . Grâce à l'insertion d'un faux-unisson se combinant avec une légère _ et très fréquente _ déviation dans la marche de la Basse-fondamentale (fausse-quinte remplaçant la Quinte) , on peut continuer indéfiniment la progression descendante des Septièmes de dominante dont la résolution est esquivée (ex. 545).

Ex. 554.

§ 179. _ Jusqu'à ce jour les intervalles qui débordent le cadre d'une échelle chromatique (11 Quintes) n'ont guère joué de rôle dans la formation des accords. Un seul couple dépassant la limite de l'équisonance (12 Quintes) a parfois un emploi réel dans les néologismes polyphones : *la fausse-quinte diminuée (= triton augmenté)*. Cette dissonance *ultra-chromatique*, actuellement l'*ultima Thule* du monde des accords, embrasse 13 Quintes et est conséquemment contenue *quatre* fois dans la série des 17 sons.

Elle a donné naissance à un échelonnement d'intervalles, un seul, qui ne s'écarte pas de la règle observée dans la structure des accords chromatiques (§ 157, D) ; c'est une agrégation de *neuvième mineure avec tierce majeure et quinte augmentée*. Nous nous en occuperons tout à l'heure.

Pour ce qui est des trois doubles intervalles plus compréhensifs encore que renferme la série intégrale du chromatique, à savoir :

la *prime doublement augmentée*, l'*octave doublement diminuée* (14 Quintes, 3 positions);

la *quinte doublement augmentée*, la *quarte doublement diminuée* (15 Quintes, 2 positions);

la *seconde doublement augmentée*, la *septième doublement diminuée* (16 Quintes, *une* position),

aucun d'eux, dans l'état actuel de l'art, ne semble susceptible d'un emploi rationnel, ni comme élément d'accord, ni comme inflexion mélodique.

§ 180. L'unique genre d'accord dont nous avons à exposer ici l'usage peut être considéré en pratique comme la *flexion mineure de la Neuvième de première espèce avec quinte augmentée* (§ 154, A, p. 170). Il établit sa fondamentale sur les quatre degrés fixes de l'échelle mineure (§ 107).

a)	b)	c)	d)
III♭	VI♭	II♭	V♭
I	IV	VII♭	III♭
VI♯	II♯	V♯	I♯
IV♯	VII	III	VI
II	V	I	IV

Les 5 notes renferment 6 dissonances: 2 diatoniques, 7ᵉ et 9ᵉ mineures; 3 chromatiques quinte augmentée, 7ᵉ et 3ᶜᵉ diminuées; une *ultra-chromatique*, fausse-quinte diminuée.

A. Des quatre accords individuels existant en théorie, deux seulement, sans être d'un usage fréquent, ne sont pas inconnus des compositeurs de l'époque actuelle et méritent de nous occuper: en premier lieu *celui qui a pour fondamentale la Dominante* (b), en second lieu *celui qui est posé sur le IIᵉ degré* (a). La réalisation pratique des deux accords est conforme à celle du prototype de chacun d'eux (§ 162, D, § 164ᵇⁱˢ), sauf la suppression du son fondamental, qui ne souffre pas d'exception. Après cette disparition, l'accord qui subsiste est une *Septième diminuée avec tierce majeure*, lequel s'emploie à l'état direct (apparent), au 2ᵉ et au 3ᵉ renversement.

Ex. 555.   1. *Fondamentale harmonique sur la Dominante.*

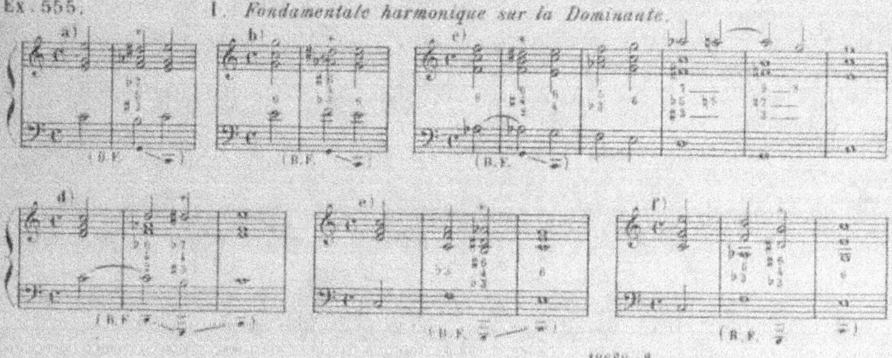

Ex. 556.

Ex. 557. (Cp. ex. 445 bis) II. *Fondamentale harmonique sur le II° degré.*

§ 181 .— On peut se demander au premier abord comment il se fait que l'oreille accepte d'emblée un accord contenant trois dissonances (les trois autres ont disparu avec la fondamentale), alors que parfois une seule note dissonante entraine la nécessité de la préparation, ou n'est tolérée qu'en note de passage. La raison de cette anomalie apparente réside dans la propriété spéciale des dissonances chromatiques, sommairement indiquée plus haut (§ 119.A), mais qu'il importe d'envisager ici de plus près.

A . *Chaque couple d'intervalles embrassant plus de six et moins de douze Quintes devient, par l'effet du tempérament, homœophone ou équisonant avec deux intervalles embrassant moins de six Quintes*, c'est à dire deux intervalles diatoniques (§ 15.A).

7 Quintes (ou Quartes) donnent le *demi-ton chromatique* (octave diminuée), équisonant avec la *seconde mineure* (=septième majeure) contenant 5 Quintes (7 + 5 = 12):

8 Quintes (=Quartes) donnent la *quinte augmentée* (= quarte diminuée), équisonante avec la *sixte mineure* (=tierce majeure) contenant 4 Quintes (8 + 4 = 12):

9 Quintes (=Quartes) donnent la *seconde augmentée* (=septième diminuée), équisonante avec la *tierce mineure* (= sixte majeure) contenant 3 Quintes (9 + 3 = 12):

10 Quintes (=Quartes) donnent la *sixte augmentée* (= tierce diminuée), équisonante avec la *septième mineure* (= seconde majeure) contenant 2 Quintes (10 + 2 = 12):

11 Quintes (=Quartes) donnent la *tierce augmentée* (= sixte diminuée), équisonante avec la *Quarte* (= Quinte), c'est à dire l'unité (11 + 1 = 12):

12 Quintes (=Quartes) donnent la *fausse octave homœophone* ou l'équisonance; sur les instruments l'*octave consonante ou l'unisson* (12 = 0).

On aura remarqué que l'addition des Quintes comprises dans un intervalle chromatique et son équisonant diatonique donne invariablement pour total le chiffre 12, ce qui cessera d'étonner si l'on se rappelle que le tempérament a précisément pour but d'annuler l'intervalle produit par un enchaînement de 12 Quintes § 9, p. 5).

On aura constaté également que, seuls entre tous dans le Chromatique intégral *les deux intervalles neutres, embrassant 6 Quintes, sont équisonants l'un de l'autre* (6 + 6 = 12). *La fausse-quinte*, II—VI♭, est l'équisonance du *triton*, II—V♯.

B. Pour ce qui est des *intervalles au-delà de 12 Quintes*, 12 équivalant à 0, *il suf-fit d'annuler le chiffre 12 pour trouver leur équisonant diatonique*.

13 Quintes : le *triton augmenté* sonne comme une *Quinte* (0+1);

14 Quintes : la *prime doublement augmentée* sonne comme une *seconde majeure* (0+2);

15 Quintes : la *quinte doublement augmentée* sonne comme une *sixte majeure* (0+3);

16 Quintes : la *seconde doublement augmentée* sonne comme une *tierce majeure* (0+4).

C. Il résulte des observations précédentes que, *par l'effet du tempérament, les 16 in-tervalles compris dans la série du Chromatique intégral se trouvent physiquement réduits sur nos instruments usuels aux six couples d'intervalles diatoniques* (§ 15). À la vérité notre instinct musical restitue mentalement aux intervalles chromatiques leur individualité *propre, quand leur rapport harmonique avec les sons entendus précédemment lui reste sai-issable*. Toutefois ces impressions subjectives ne laissent pas d'être influencées par la sonorité matérielle. Or le tempérament, outre qu'il atténue l'âpreté des dissonances autres que le demi-ton et son renversement, assimile la plupart des dissonances chromatiques à des consonances. Dans l'agrégation ultra-chromatique traitée en dernier lieu (§ 180, A), un seul des intervalles non-diatoniques, la tierce diminuée, a une équisonance dissonante. De plus, l'accord entier, frappé isolément sur un instru-ment à clavier, fait entendre une agrégation diatonique de quatre sons aussi peu dissonante que possible, la *Septième de troisième espèce*.

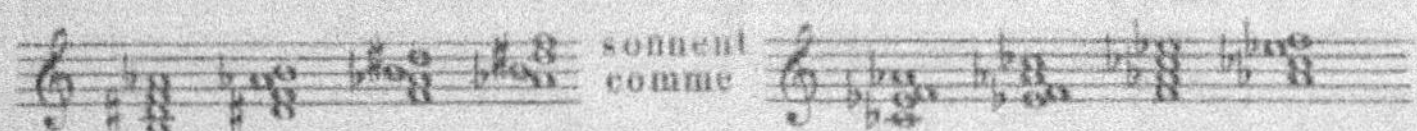

Tout cela nous explique pourquoi notre oreille ne regimbe pas devant la triple dissonance chromatique, *quand elle est réalisée par des sonorités instrumentales*. Exécutée par des voix chantant sans accompagnement, il n'en serait plus de même; *l'organe humain, lorsqu'il n'a pour guide que le seul sentiment, ignore l'équisonance et ne peut entonner que des intervalles harmoniques*. Dans un chœur non accompagné les accords ultra-chromatiques seraient franchement discordants.

§ 182. — Si l'équisonance, résultat du tempérament, a grandement étendu de nos jours le champ de la polyphonie chromatique, s'il a donné à l'art instrumental de l'époque actuelle son plus merveilleux outil de modulation, par contre son usage fréquent a eu pour effet de susciter chez les compositeurs une sorte d'in-différence à l'égard de la notation harmonique des sons et des accords. De là une foule de *déviations graphiques, consistant tantôt à donner une notation chromatique à des intervalles ou accords diatoniques, tantôt à opérer le changement inverse*: irré-gularités qui se justifient plus ou moins selon le ton mis en œuvre (cp. § 150, A). Nous nous contenterons d'examiner ici les trois cas les plus saillants.

A. *Les gammes chromatiques en tierces mineures montrent par endroits une se-conde augmentée*. De même leur renversement exhibe quelquefois, au milieu des *sixtes majeures*, une *Septième diminuée*.

Ex. 558.

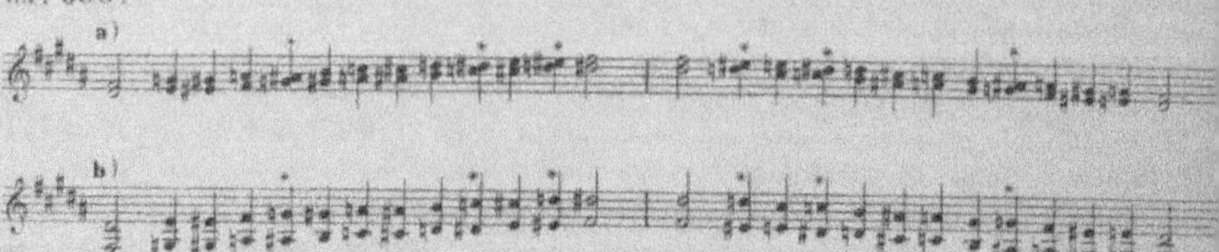

Le même mélange a lieu dans toutes les échelles chromatiques polyphones qui se forment à l'aide d'accords originairement issus d'une superposition double ou triple de tierces mineures ou majeures.

I. *Échelle chromatique en tierces mineures et sixtes majeures* (premiers renversements de l'accord de fausse-quinte).

Ex. 559.

II. *Échelle chromatique en accords de septième diminuée* à leurs divers renversements (cp. § 120, A).

Ex. 560.

III. *Échelle chromatique en accords de quinte augmentée* à leurs divers renversements. Innovation d'une époque très récente.

Ex. 561.

Comme les successions de cette espèce se libèrent à volonté de toute dépendance à l'égard des mouvements de la Basse-fondamentale (elles sont souvent bâties sur une Pédale de Tonique ou de Dominante), *il n'y a pas de raisons pour s'abstenir de semblables graphies*, qui, en éliminant les signes altératifs les moins usités, simplifient la lecture des accords dans les tons chargés d'accidents.

B. Nous n'en dirons pas autant d'une catégorie d'irrégularités graphiques qui se rencontrent, souvent sans aucune raison visible, dans des successions soumises aux conditions ordinaires de l'enchaînement des sons et des harmonies. Pour reconnaître clairement la suite des accords, déguisée par la notation, le lecteur-harmoniste est obligé de rétablir l'orthographe rationnelle du passage.

Parfois *les notes irrégulières se trouvent dans la ligne mélodique elle-même*,

562.

La véritable notation n'est pas douteuse.

assez fréquent : *la notation exhibe un accord ultra-chromatique* (c.-à-d. dépassant Quintes), *alors qu'on se trouve réellement en présence d'une agrégation contenue dans limites normales de la polyphonie colorée* (10 Quintes).

563.

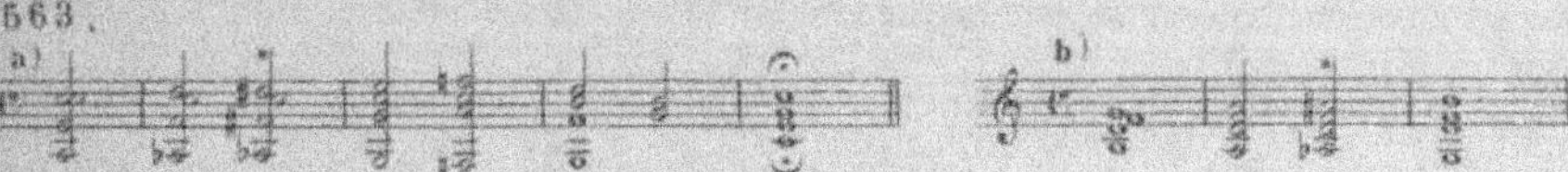

le premier exemple l'écriture nous montre un accord contenant le *triton augmen-* VI♭—II♯ (13 Quintes), tandis que l'agrégation réelle n'est autre que celle vulgai- ment dite *Sixte-augmentée-avec-Quinte* (§ 169bis, C, ex. 492^c), employée en Ma- tout comme en Mineur. Le second exemple produit un *accord réunissant en une* ssion *unique deux altérations divergentes du même degré*, VI♭—VI♯ (14 Quintes), ce constitue un *non-sens harmonique*. L'orthographe correcte des deux passages nous voir les successions les plus communes.

564.

deux graphies fautives, qui exagèrent indûment le chromatisme de la succes- n, ont leur origine dans la théorie enfantine des vieux harmonistes, d'après la- lle les sons diésés doivent monter, les sons bémolisés doivent descendre. La ple inspection d'une gamme chromatique ascendante et descendante met à jour auité d'une telle doctrine.

3.—Moins simple et plus digne d'attention est un procédé graphique de tendance opposée : *une harmonie chromatique rendue par une notation diatonique*. Souvent partitions modernes présentent des accords de septième de première espèce utissant brusquement, sans liaison apparente, à une modulation assez éloignée.

Ex. 565.

En réalité *la Septième de dominante* (marquée par *) contient un second accord, n[on]
exprimé par la notation, lequel sert de médiateur entre les deux tonalités. L'acco[rd]
sous-entendu est un équisonant de la Septième de première espèce, obtenu par la tran[s-]
formation de la tierce mineure située à l'aigu de l'accord en une seconde augmenté[e];
ré — fa (II — IV) devient *ré — mi♯* (III♭ — IV♯). Grâce à cette mutation harmonique,
Septième de dominante du ton initial devient dans le ton subséquent un accord [de]
sixte augmentée posé sur le VI° degré fléchi (VI♭), et la transmission des foncti[ons]
tonales s'opère ainsi :

$$
\begin{array}{ccc}
\text{en UT} & & \text{en SI} \\
\left.\begin{array}{c} \text{IV} \\ \text{II} \\ \text{VII} \\ \text{V} \end{array}\right\} & \text{devient} & \left\{\begin{array}{c} \text{IV♯} \\ \text{III♭} \\ \text{I} \\ \text{VI♭} \end{array}\right.
\end{array}
$$

Ex. 566.

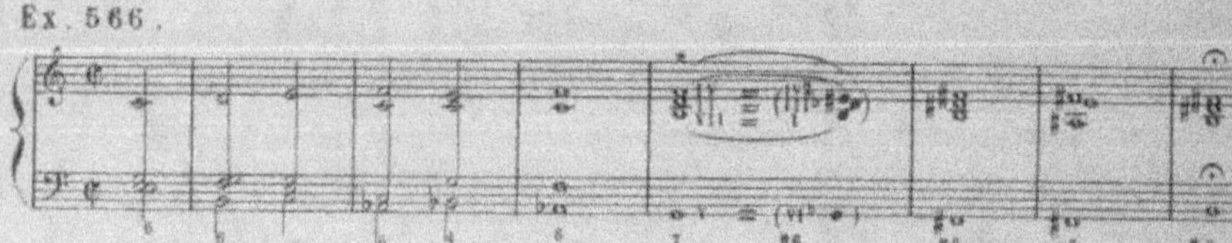

§ 184. — Ce procédé technique, lequel, il y a un demi-siècle, ne trouv[ait]
guère d'autre application que le cas noté dans le précédent exemple, s'e[st]
adapté depuis lors à de nombreuses agrégations et a conquis une impo[r-]
tance capitale dans l'art de l'époque actuelle. Nous allons analyser i[ci]
une semblable succession de création récente, une formule modulante pa[r]
laquelle l'illustre auteur de *Parsifal* a caractérisé, au cours de son œuv[re]
symbolique, un des personnages les plus saisissants de l'action.

A. Dans la plupart des passages transcrits ci-après la succession se m[on-]
tre sous l'aspect d'*une Septième de troisième espèce sur le II° degré, lequel de[s-]
cend, par demi-ton chromatique, sur une harmonie de dominante, triade majeu[re]
ou Septième*[1]. Il se produit en conséquence *une modulation subite à la fauss[e]
quinte aiguë* (= triton grave).

---

[1] Les notes marquées d'un astérisque dans la partie mélodique des exemples ci-après sont des *appoggiatu[res]*
ou des notes de passage.

N° 567.

partout ici le médiateur occulte, l'équisonant chromatique de la Septième de troi-ième espèce, se produit *par le changement de la tierce mineure fondamentale* (II_IV) *à la seconde augmentée* (VI♭_VII), ce qui fait apparaître *le 3e renversement d'un accord e Septième diminuée dont la fausse-quinte est affectée d'une altération intensive.*

$$
\begin{bmatrix} \text{I} \\ \text{VI}^\flat \\ \text{IV} \\ \text{II} \end{bmatrix} \text{devient} \begin{bmatrix} \text{IV}^\sharp \\ \text{II} \\ \text{VII} \\ \text{VI}^\flat \end{bmatrix} \text{3}^e \text{ renversement de} \begin{bmatrix} \text{VI}^\flat \\ \text{IV}^\sharp \\ \text{II} \\ \text{VII} \end{bmatrix}
$$

Or cette Septième diminuée n'étant en réalité qu'une *Neuvième mineure de domi-nante avec septième haussée et fondamentale* (V) *omise*, la résolution sur la triade de la dominante s'opère sans que la Basse-fondamentale bouge, et uniquement par le mouvement mélodique des deux degrés étrangers à l'accord diatonique pri-mitif (IV♯ et VI♭)

Les deux premiers passages (a b) de l'exemple précédent, qui serviront de modèle pour tous les autres, doivent conséquemment s'interpréter ainsi au point de vue harmonique.

La preuve que c'est bien là l'agrégation chromatique que le compositeur a partout entendue en imagination, c'est qu'aux endroits où l'accord apparaît dans un autre milieu tonal, il lui donne son orthographe légitime.

Ex. 568.

B. Nous signalerons dans la même œuvre une variante remarquable de la formule modulante analysée ci-dessus. En descendant sur la Dominante, *la Basse*, au lieu de recevoir au-dessus d'elle une triade ou une Septième à l'état direct, reçoit une Sixte-et-Quarte qui reste sans résolution, ce qui n'empêche pas la succession de se reproduire en guise de progression descendante.

Ex. 569.

C. Il ne nous reste plus qu'à dire pourquoi nous n'avons pas mentionné précédemment l'accord altéré dont Wagner a tiré un parti si frappant : la *Septième diminuée avec
aggravation intensive de la fausse - quinte* ; au point de vue théorique la *Neuvième mineure
dominante avec septième majeure.*

$$\left[\begin{array}{c} VI^{\flat} \\ IV^{\sharp} \\ II \\ VII \end{array}\right.$$

Fondamentale (V)

La raison c'est qu'un tel accord chromatique, bien que praticable dans ses renversements, ne réunit pas les conditions exigées des agrégations normales. En effet : 1° *la
septième de la fondamentale harmonique est un degré altéré*, contravention aux règles observées dans la formation des accords colorés (§ 157, D) ; 2° par suite de cette structure
anormale, l'accord est frappé d'une seconde incapacité : *il est empêché de se modeler sur
son prototype, quant au mouvement résolutoire de ses sons* (§ 159). Nous le rangeons conséquemment parmi les *accords anormaux*. D'autres agrégations irrégulières ,mais de formation
différente, se rencontreront encore plus loin .

Ne voulant pas dépasser les termes de notre programme , nous arrêtons là notre exploration didactique du Chromatique polyphone, domaine sans limites . La digression
précédente a eu pour but de montrer que les plus étonnantes successions harmoniques
du chef génial de l'école actuelle peuvent s'analyser et s'expliquer par les mêmes thé-
ories que les créations des anciens maîtres de la période classique .

§ 185 . — Avant d'entamer l'étude des accords mêlés d'éléments mélodiques, il
est bon de revenir un moment sur les principaux accords réels construits d'après
le principe théorique de la musique européenne, et de résumer les possibilités de
leur usage pratique en déterminant les diverses places que chacun d'eux est apte à
prendre dans le système tonal le plus étendu : le Chromatique intégral .

A. On sait qu'il en est des accords comme des intervalles (§ 145, C) : moins se
prolonge la série génétique des sons qu'ils embrassent, et plus s'accroît le nombre
de leurs positions dans l'intérieur d'un système tonal .

B. Toutefois *il y a lieu de faire à cet égard une importante distinction entre les
accords qui ont à leur base harmonique une tierce majeure et ceux qui reçoivent immédiatement au-dessus de leur son fondamental sa tierce mineure. Les premiers seuls*,— et l'on
sait que tous les accords chromatiques par nature appartiennent à cette catégorie (§ 157,C),
ont à leur disposition la série intégrale des 17 sons comprise entre $V^{\flat}$ et $VI^{\sharp}$.

1. *La triade majeure embrasse 4 Quintes ; elle est donc apte à occuper 13 places dans un
système intégral* (4+13=17), soit à titre d'accord diatonique, soit comme accord chromatique par position . (Les deux positions extrêmes ,marquées par *,sont rarement employées

*						Tonique						*
II♭	VI♭	III♭	VII♭	IV	I	V	II	VI	III	VII	IV♯	I♯
VII♭	IV	I	V	II	VI	III	VII	IV♯	I♯	V♯	II♯	VI♯
V♭	II♭	VI♭	III♭	VII♭	IV	I	V	II	VI	III	VII	IV♯

228

II. *La Septième de première espèce embrasse* 6 *Quintes ; elle occupe conséquemmen* dans un *système intégral* 11 *places* (6 + 11 = 17), toutes, sauf la principale, à titr d'accords chromatiques par position.

Dominante

V♭	II♭	VI♭	III♭	VII♭	IV	I	V	II	VI	III
III♭	VII♭	IV	I	V	II	VI	III	VII	IV♯	I♯
I	V	II	VI	III	VII	IV♯	I♯	V♯	II♯	VI♯
VI♭	III♭	VII♭	IV	I	V	II	VI	III	VII	IV♯

III. *L'accord de quinte augmentée, chromatique par nature, embrasse* 8 *Quintes* il a donc 9 *places* (8 + 9 = 17). Voir § 153, B.

IV. *L'accord de neuvième et septième mineures avec tierce majeure, chromatique par nature*, réalisé le plus souvent sous l'apparence d'une *Septième diminuée, embrass* 9 *Quintes, et est capable par conséquent d'occuper* 8 *places* (9 + 8 = 17). Voir § 153, C.

V. *La Septième de première espèce avec quinte augmentée*, ainsi que la *Septième mi* neure avec fausse - quinte et tierce majeure, et de même les *accords de neuvième qui e* proviennent, tous chromatiques par nature et *embrassant uniformément* 10 *Quintes* n'occupent en conséquence que 7 *places* (10 + 7 = 17). Voir § 154, A, B.

C. *Les agrégations fondées sur une tierce mineure ne comptent parmi elles aucu* accord chromatique par nature (§ 157, C); de plus *elles ne forment des accords chro* matiques par position qu'au moyen des altérations rémissives, un seul cas except (§ 152, II♭). *Toute cette classe d'accords perd donc quatre degrés haussés à l'ex* trême droite des 17 sons (I♯, V♯, II♯, VI♯), et *la série chromatique est limitée pou* elle entre V♭ et IV♯. Il s'ensuit de là que, si l'on veut savoir combien de posi tions tonales sont accessibles à un accord bâti sur la tierce mineure, il fau évaluer le nombre de Quintes qu'il embrasse, et ajouter le chiffre voulu pou atteindre 13, lequel donnera la quantité cherchée.

I. *La triade mineure comprend* 4 *Quintes ; elle compte dans le système int* gral 9 *positions* (4 + 9 = 13).

Tonique

VII♭	IV	I	V	II	VI	III	VII	IV♯
V♭	II♭	VI♭	III♭	VII♭	IV	I	V	II
III♭	VII♭	IV	I	V	II	VI	III	VII

II. Pareillement *la Septième de deuxième espèce, comprenant* 4 *Quintes, éta* blit son siège sur 9 *degrés du Chromatique intégral* (4 + 9 = 13).

II♭	VI♭	III♭	VII♭	IV	I	V	II	VI
VII♭	IV	I	V	II	VI	III	VII	IV♯
V♭	II♭	VI♭	III♭	VII♭	IV	I	V	II
III♭	VII♭	IV	I	V	II	VI	III	VII

III. *La Septième de troisième espèce, renfermant 6 Quintes, n'occupe que 7 positions* (6 + 7 = 13).

VII♭*	IV	I	V	II	VI	III*
V♭	II♭	VI♭	III♭	VII♭	IV	I
III♭	VII♭	IV	I	V	II	VI
I	V	II	VI	III	VII	IV♯

D. *Le nombre de sièges qu'un accord quelconque est apte à occuper dans un système tonal est nécessairement égal au nombre des tons dans lesquels il peut trouver place.* Exemple : la *Septième diminuée*. Elle occupe *huit places* en Chromatique intégral (ci-dessus B, IV). Un accord donné de septième diminuée aura donc sa place dans *huit tonalités* intégralement chromatiques. Si l'on veut savoir *quelles* sont ces tonalités, voici la méthode la plus expéditive pour le découvrir. Soit l'accord

On cherchera tout d'abord les deux sons de l'accord qui, dans la chaîne des Quintes, se trouvent à la plus grande distance l'un de l'autre; ici c'est *si* ♭ à gauche et *ut* ♯ à droite. Comme il s'agit d'un accord chromatique *par nature*, partant employé dans l'étendue entière de la série (de V♭ à VI♯), il faudra ensuite découvrir dans quel ton *si*♭ est V♭, et *ut*♯ est VI♯. Or *ut*♯ est VI♯ en MI♭; d'autre part *si*♭ est V♭ en MI♯. On saura par là que l'accord *ut*♯_*mi*_*sol*_*si*♭ entre *dans chacun des huit tons allant de* MI♭ *à gauche jusqu'à* MI♯ *à droite*.

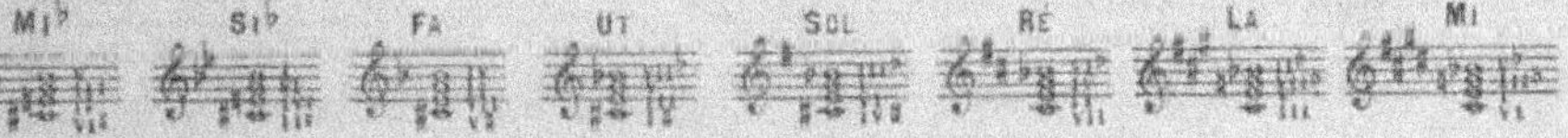

E. *Les accords basés sur la tierce mineure, ne disposant pour leur formation que d'une série chromatique réduite de 17 à 13 degrés, et comprise entre V♭ et IV♯ (ci-dessus C), le nombre des tonalités accessibles à un accord déterminé de cette catégorie se trouve également diminué de quatre unités.* Mais la méthode pour découvrir ces tonalités reste la même. Prenons pour exemple une *septième de troisième espèce*. Sachant qu'un tel accord embrasse 6 Quintes et occupe 7 positions (ci-dessus C, III), voyons quelles sont les sept tonalités où l'agrégation  s'emploie régulièrement. Le son le plus à gauche est *mi*♭, V♭ en LA♯; le son le plus à droite est *la*, IV♯ en MI♭. En conséquence l'accord en question occupe une place dans les 7 tons allant de MI♭ à gauche jusqu'à LA♯ à droite.

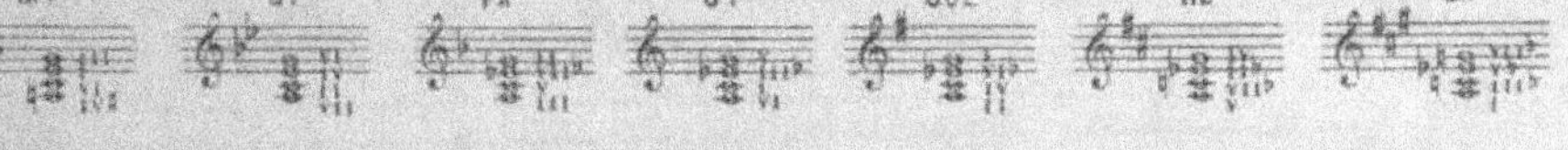

F. *Nous n'avons ici en vue que les accords employés conformément à leur expression graphique.* Quant à leurs équisonants, qui ouvrent à chacun d'eux une ou plusieurs séries de nouvelles tonalités, nous aurons à nous en occuper dans la dernière Étude, consacrée aux modulations extratonales.

SEPTIÈME ÉTUDE

Accords mêlés d'éléments spécialement mélodiques

§ 186. — Il est rare qu'une cantilène harmonisée, même très simple, se compose uniquement de sons *radicaux* : nous appelons *radical* tout son de l'échelle diatonique ou chromatique formant, avec les sons qui vibrent en même temps que lui, une agrégation régulière. La succession mélodique fait entendre d'habitude, parmi les sons appartenant à l'accord d'accompagnement, d'autres sons qui lui restent étrangers et dissonnent avec lui. Chacun de ces degrés adventices est normalement contigu, du moins *dans l'échelle diatonique*, avec le son radical qui le précède ou le suit. Il se fait accepter de l'oreille en vertu du *mouvement mélodique par degrés conjoints*, le merveilleux passe-partout à l'aide duquel les plus âpres dissonances et les intervalles les plus insolites s'insinuent dans l'harmonie simultanée.

Les sons adventices, que nous qualifierons souvent de *latéraux*, peuvent occuper dans l'organisme rythmique d'une œuvre musicale deux situations diamétralement opposées, et par là ils se répartissent en deux grandes classes.

A. *Tantôt le son adventice se trouve sur un temps faible de la mesure ou du rythme*, et ne s'attaque pas avec l'accord sur lequel il se fait entendre. Il se range alors dans la classe des *sons passagers* et *ornementaux*.

B. *Tantôt le son latéral tombe sur un des temps forts de la mesure ou du rythme*, et s'attaque avec l'accord même auquel il se mêle. Il appartient alors à la classe des *sons d'appui* ou *appoggiatures*.

La présente Étude sera entièrement consacrée à la première espèce de sons mélodiques. Nous ne mentionnerons et nous ne marquerons par un signe distinctif que ceux qui introduisent une dissonance momentanée dans l'accord d'accompagnement.

PREMIÈRE SECTION

Les sons passagers simples, diatoniques et chromatiques

§ 187. — Les degrés latéraux que la ligne mélodique touche en passant d'un son radical à un autre son pareil, se divisent en trois catégories de sons bien caractérisées, dont la deuxième comporte elle-même plusieurs variétés.

A. *Les notes de passage* ou *sons transitoires* forment la première catégorie. *Une note de passage est destinée à remplir, par une succession mélodique continue et directe, l'espace compris entre deux sons radicaux non contigus.* Nous désignerons les notes de passage par un astérisque (*).

Ex. 570.

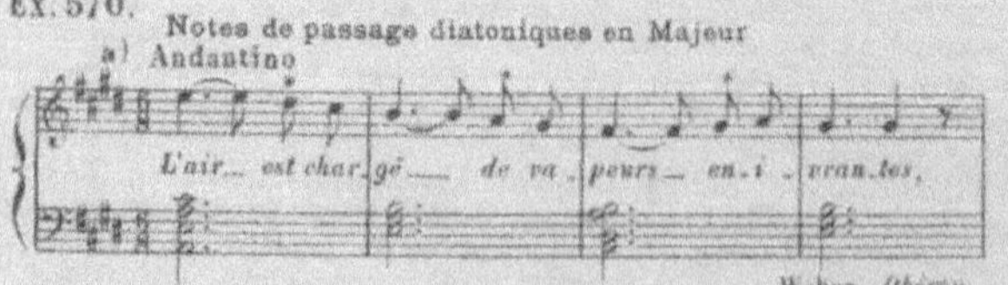

En Majeur diatonique et en Mineur normal les précédents exemples nous montrent les sons ra_dicaux échelonnés le plus souvent de tierce en tierce, rarement à distance de Quarte. Il suffit donc d'insérer une seule note de passage, deux tout au plus, entre deux sons radicaux voisins, pour obtenir partout la continuité de la succession par degrés conjoints. En Chroma les sons intermédiaires se trouvent doublés; chaque intervalle de ton en contient déjà un, la tierce mineure deux, la tierce majeure trois. Mais il est à remarquer que les degrés chromatiques ne se produisent que par intermittence. En matière de mélodie le diatonique donne la ligne, que la couleur peut vivifier, mais non pas remplacer.

Dans la composition de la cantilène les notes de passage se conforment à la doctrine tra_ditionnelle, qui veut qu'elles soient prises et quittées par degrés conjoints.

B. La deuxième catégorie de sons passagers comprend les *notes d'ornement*, lesquelles se produisent à côté ou autour des sons radicaux occupant une position saillante dans la phrase mélodique. Nous n'avons pas à distinguer ici moins de quatre variétés de notes or_nementales que nous appellerons 1° *amplificatives*, 2° *introductoires*, 3° *séparatives*, 4° *anticipatives*. Les trois premières variétés présentent une particularité commune. *Lorsque la note d'orne_ment se pose sur le degré situé immédiatement au-dessous du son radical vers lequel elle tend, le goût moderne désire qu'elle ne fasse avec lui qu'un intervalle de seconde mineure*, ce qui la met le plus souvent sur un degré chromatique.

I. *Notes amplificatives* (signe distinctif ○). Ce sont en quelque sorte des *excroissances ornementales qui se produisent autour du trone mélodique et encadrent le son radical. Elles se posent sur les deux degrés attenant à ce son radical, l'un vers le grave, l'autre vers l'aigu.*

Ex. 571.

Au temps de Bach le goût dominant n'exigeait pas encore l'intervalle de demi-ton pour la note amplificative située au-dessous du son radical.

Ex. 572.

II. *Note introductoire* (signe distinctif (╱╲), *destinée à préparer l'attaque du son radical au début d'un trait mélodique* ou après un arrêt du dessin chantant. Elle se prend un degré au-dessus ou une seconde mineure au-dessous du son radical vers lequel elle se dirige. On peut la définir: une note amplificative non précédée du son radical.

Ex. 573.

III. *Note séparative* (signe distinctif ‡). *Elle s'interpose entre deux sons radicaux différents, de même que la note de passage, mais non pas, comme elle, en passant invariablement de l'un à l'autre par degrés contigus. Tantôt elle est prise, tantôt elle est quittée par degrés disjoints, et le plus souvent elle fait un détour mélodique pour aller trouver le son radical.* En raison de ses dispositions diverses par rapport aux deux sons radicaux qui l'encadrent, la dissonance séparative donne lieu à une grande variété du contour mélodique.

Ex. 574.

Ex. 577. Note séparative *quittée* par degrés disjoints.

IV. *Note anticipative* (signe distinctif <). *Elle devance l'attaque du son radical vers lequel
elle se dirige,* en se faisant entendre pendant que l'accord dont elle s'est détachée résonne encore.

Ex. 580.

C. Nous réunissons dans la troisième catégorie de sons passagers, sous la dénomination générale de *broderies* ou *fioritures*, les successions mélodiques destinées à s'exécuter rapidement, et
formées par la juxtaposition, le mélange ou le développement des types simples d'ornementation sonore. Une description détaillée de cette seconde végétation mélodique, réservée à la musique des
instruments, sortirait du cadre de cet ouvrage et ne présenterait aucune utilité pour l'étude de la
technique polyphone. Disons toutefois que les broderies, quand elles forment des phrases entières,
ont pour support ordinaire un *thème*, une cantilène simple, et portent le nom de *Variations*: au XVIIIe
siècle on disait *Doubles*.

Ex. 581.

D. La *variation*, c'est-à-dire la paraphrase mélodieuse d'une cantilène simple, préalablement exposée ou connue par tradition, a constitué de tout temps le procédé universel de la composition homophone. Ainsi que nous l'avons démontré dans un autre ouvrage [1], l'immense recueil des mélodies antiphoniques de l'Église latine, base de notre art occidental, repose sur une cinquantaine de thèmes-modèles. Ainsi l'antienne *Asperges me*, reproduite plus haut comme ex. 9 (p. 16), n'est autre chose qu'une variation sur le nome primitif:

Mais il est à remarquer que dans la musique strictement homophone les sons radicaux étant fixés par la structure même de l'échelle modale (§ 36), les sons latéraux restent également immuables aussi longtemps que le mode persiste. Dans la musique polyphone, au contraire, la qualité harmonique des sons se déplace à chaque changement d'accord.

§ 188. — Les vieux maîtres de l'école florentine (1600 - 1620), créateurs de la cantilène expressive associée à une harmonie instrumentale, ont laissé l'ornementation mélodique presque exclusivement au dessin vocal. La Basse - continue, seule partie de l'accompagnement explicitement fixée par les notes musicales, ne renfermait guère à l'origine que des sons radicaux, exception faite des tenues de la mélodie chantée, pendant lesquelles la Basse se mouvait parfois sur un accord prolongé dans les parties supérieures.

Au cours du XVIIᵉ siècle le *Continuo* s'essaya graduellement à former des dessins mêlés de sons passagers; et, dès le début du siècle suivant, l'œuvre des maîtres nous présente souvent des chants mesurés se déployant sur une Basse revêtue d'une riche figuration mélodique.

---

[1] *La Mélopée antique dans le chant de l'Église latine*, p. 57.

[2] Traduite et commentée dans l'*Annuaire du Conservatoire de Bruxelles*, année 1881.

J. S. Bach, *Actus tragicus*.

Quand, en certains cas, la polyphonie des violes et des violons se joignait à l'accompagne.
ment de la Basse-continue, ce qui se voit déjà dans un passage monodique de l'*Orfeo* de Monteverde
(1608), le mouvement mélodique gagna peu à peu les parties supérieures de l'harmonie instru.
mentale et se ralentit d'autant au grave. Mais il arriva souvent, même après que le clavecin eût
disparu de l'orchestre, que les cantilènes à voix seule fussent uniquement harmonisées par des
accords, soit plaqués, soit décomposés en sons successifs (arpèges, batteries, etc.). Des exem.
ples de cette manière primitive se rencontrent encore en abondance de nos jours, tant dans la
musique vocale de chambre que dans les cantilènes théâtrales.

X. 585.

Beethoven.

cp. au dernier acte de *Tannhäuser* la prière d'Elisabeth, partiellement reproduite ci-dessus,
X. 180, ainsi que le *Lied* de Wolfram, l'*Étoile du soir*.

§ 189. — Quant au chant polyphone, la musique à plusieurs mélodies simultanées, elle a,
dès ses origines les plus lointaines (§ 42), admis dans chacune des voix individuelles les
sons passagers, comme un élément essentiel de ce genre de composition. C'est par eux que le
contrepoint figuré se distingue du *Faux-bourdon*. Déjà le précurseur de Jean van Okeghem
montre à cet égard une technique qui n'a rien dont puisse s'offusquer un harmoniste de nos jours.

X. 586.

Guillaume Dufay (vers 1445).

Le mélange des éléments harmoniques et mélodiques, dans un ensemble où l'on n'aperçoit pas d'accompagnement proprement dit, produit un effet particulier : les intonations passagères acquièrent une efficacité sonore qu'elles ne sauraient posséder dans une cantilène unique dominant le jeu polyphone des instruments. Ici en effet les accords se détachent nettement du dessin vocal, isolé par le timbre saisissant de la voix humaine (¹), et les notes de passage dont la mélodie est parsemée se superposent à l'harmonie sans s'y mêler ; là, au contraire, les sons qui vibrent ensemble, et d'une manière continue, se fondent en un tout ; l'adjonction d'une note passagère aux sons radicaux fait entendre des agrégations plus ou moins anormales, soit par la manière dont elles se présentent, soit par l'échelonnement fondamental de leurs intervalles. D'autre part, l'ornementation mélodique dispersée au grave comme à l'aigu ne comporte pas la même légèreté que dans une voix seule planant au-dessus d'une harmonie d'accompagnement. Aussi les éléments principaux de la polyphonie figurée, les notes de passage, ont généralement une durée plus grande que dans la monodie. Pour ce qui est des notes d'ornement rapides et des broderies en général, leur milieu rationnel n'est pas le style polyphone.

A. Avec des harmonies plus riches et plus variées, avec une liberté plus consciente dans l'usage du matériel sonore, mais aussi avec un emploi plus discret des artifices du contrepoint, la nouvelle polyphonie qui s'est développée depuis le XVII° siècle a gardé les principes essentiels de la technique établie par les polyphonistes du moyen âge finissant. Le but du présent ouvrage nous dispense d'explorer tous les recoins d'un domaine dont la connaissance détaillée ne peut s'acquérir que par une étude ultérieure et spéciale : celle du *contrepoint rigoureux*. Dans les pages suivantes nous ne nous occuperons que des éléments mélodiques qui amènent des agrégations accidentelles dignes d'être signalées au jeune harmoniste : accords passagers dont l'impression n'a rien de pénible quand ils reproduisent, naturellement ou par équisonance, des combinaisons sonores déjà connues en d'autres conditions.

B. À l'époque où les chiffres de la Basse-continue devaient suffire à exprimer tout l'accompagnement, aujourd'hui noté tout au long, les signes numériques indiquaient, là où il y avait lieu, les notes adventices tout comme les sons radicaux. Lorsque la note passagère se trouvait à la Basse, la continuation de l'accord à la main droite du claveciniste était marquée par une ligne horizontale. Aujourd'hui où chaque son prescrit à l'exécutant est traduit par une note, les chiffres sont devenus superflus dans la pratique. Néanmoins nous nous en servirons à l'occasion pour appeler plus particulièrement l'attention sur quelque accord accidentel.

§ 190._ Examinons tout d'abord les *agrégations qui se produisent par l'intervention des sons passagers appartenant à la gamme du Majeur diatonique ou du Mineur normal.*

A. *Notes de passage proprement dites* (§ 187, A). Employées dans une seule voix quelconque de l'ensemble polyphone, elles remplissent parfois l'espace de quarte (a-c), mais ordinairement celui de tierce (d-h), le plus fréquent entre deux sons radicaux voisins. Souvent, et surtout à la descente, elles font entendre, avant que l'accord précédent ait cessé de résonner, une des dispositions d'un accord de septième.

Ex. 587.

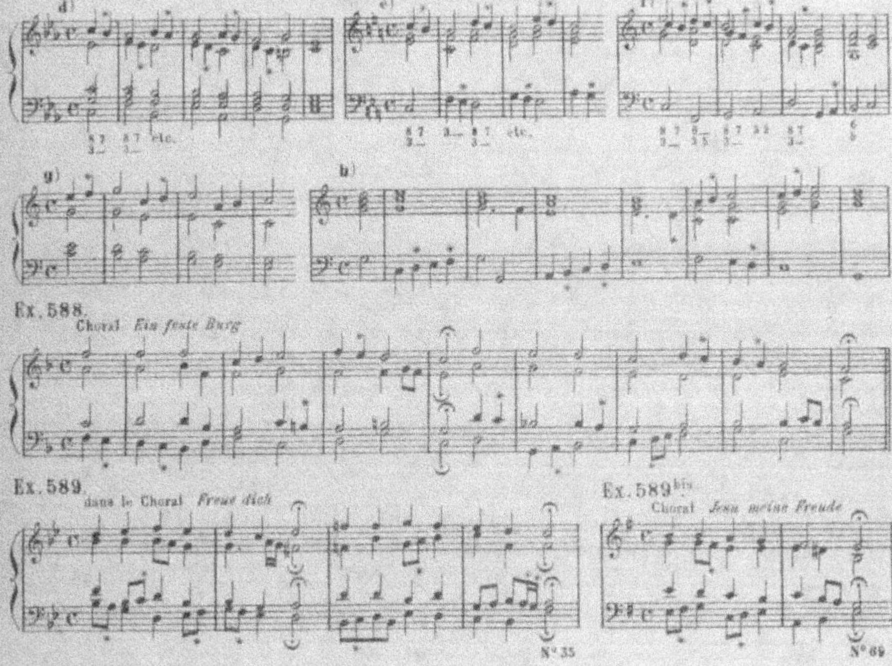

Il n'est pas rare qu'une note de passage s'étale sur une mesure entière. Cela se voit notamment à la Basse de l'accompagnement dans quelques formules harmoniques restées d'usage commun pendant deux siècles au moins.

B. *Notes amplificatives* (§ 187, B, 1). Produites isolément dans une des parties de l'ensemble polyphone, elles offrent peu d'intérêt harmonique et n'apportent guère de variété dans la succession des accords. Du reste le goût moderne a étroitement limité la possibilité de leur emploi hors du Chroma, en exigeant l'intervalle de demi-ton entre le son radical et la note amplificative inférieure. Le résultat de cette exigence c'est qu'en Majeur diatonique la Tonique et le IV° degré, en Mineur la Tonique, le III° et le VI° degré disposent seuls des deux degrés amplificatifs.

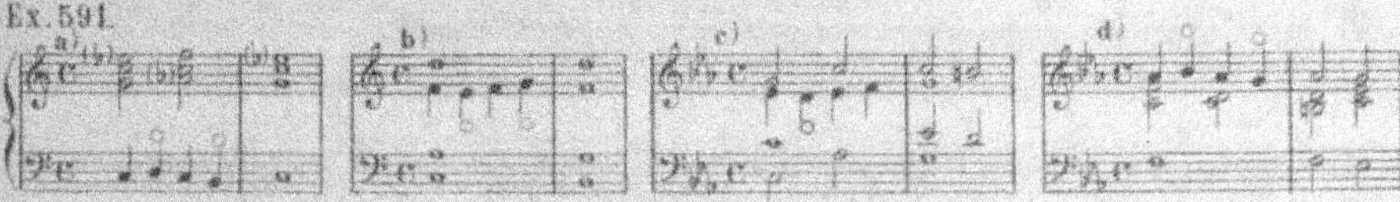

Au commencement du XVIIIe siècle la sensibilité mélodique n'avait pas encore la super-acuité d'aujourd'hui, et la note amplificative était admise à descendre d'un ton ou d'un demi-ton, suivant la succession de l'échelle diatonique.

Ex. 592.

C. *Note introductoire*. L'attaque inopinée d'une dissonance diatonique après le repos d'une des voix instrumentales est assez dure, mais se supporte aisément quand elle fait résonner à notre oreille un accord de 4 ou de 5 sons dont la résolution ne se fait pas trop attendre. Elle a particulièrement lieu dans les deux voix extrêmes de l'harmonie : Soprano et Basse. Même différence que ci-dessus entre le goût ancien et celui de notre temps en ce qui concerne la note d'ornement prise au grave du son radical.

Ex. 593.

Ex. 594.

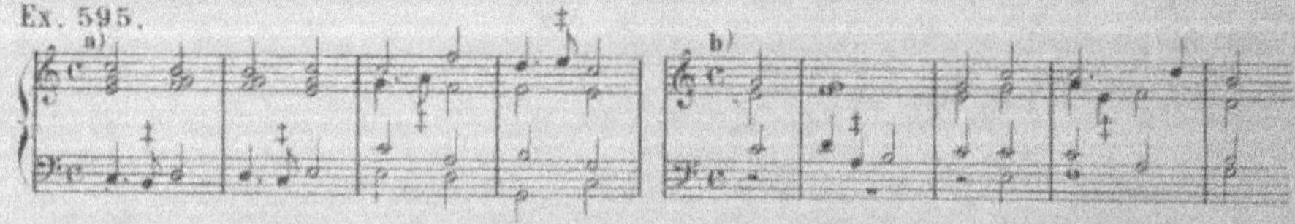

D. Il n'y a pas lieu de s'arrêter longtemps sur les deux dernières variétés de notes ornementales, dont le rôle dans l'ensemble polyphone est très secondaire.

I. La *note séparative* fait toujours partie d'un trait chantant qui se détache nettement de la masse harmonique et s'impose à l'auditeur par son individualité mélodique, quelle que soit sa situation dans l'ensemble.

Ex. 595.

II. À notre époque une *note anticipative* simple ne parait guère que dans un dessin mélodique prédominant placé à la partie supérieure ou à la Basse. J. S. Bach la produit aussi dans les parties intérieures.

Ex. 596.

§ 191.—Abordons maintenant les *sons transitoires simples empruntés aux diverses gammes chromatiques*, et consignons ici quelques importantes observations relatives à leur usage pratique dans l'harmonie simultanée.

A. À n'envisager que la succession mélodique, résumée dans les six types d'échelles colorées (§ 144), tous les degrés altérés ont qualité de notes de passage, puisqu'ils comblent l'espace entre deux sons diatoniques distants d'une seconde majeure.

Mais lorsque à la cantilène se joint un accompagnement harmonique,

il faut distinguer deux sortes de sons passagers. Les uns font partie d'un accord chromatique régulièrement construit et résolu. Tel est le *re* ♯ de la seconde mesure; il appartient à la *Septième de dominante avec quinte augmentée* (§ 162, B), et l'on aura déjà remarqué que les accords de la famille I se produisent volontiers sous l'aspect de notes de passage, (ex. 423, d, ex. 430, a, etc.). Les degrés passagers de la seconde sorte, en s'unissant aux sons propres de l'accord, engendrent avec eux une agrégation irrégulière, accidentelle. C'est là le cas pour l'*ut* ♯ de la première mesure, aucun accord normal ne faisant entendre simultanément le degré diatonique et l'une de ses deux altérations. Nous n'avons à nous occuper ici que de la seconde sorte de sons transitoires.

B . *La plupart des accords accidentels renfermant des éléments chromatiques se produisent par l'effet des altérations intensives*, tandis que les altérations rémissives fournissent en général des accords radicaux. Celles-ci ont conséquemment une fonction plutôt harmonique, tandis que *les degrés haussés, expression d'un sentiment surexcité, manifestent clairement leur origine mélodique; elles se plaisent surtout dans la voix aiguë, et se résolvent de préférence en montant.*

§ 192.—Les *notes de passage chromatiques* nous apportent abondamment la démonstration pratique des observations précédentes.

Ex. 598.

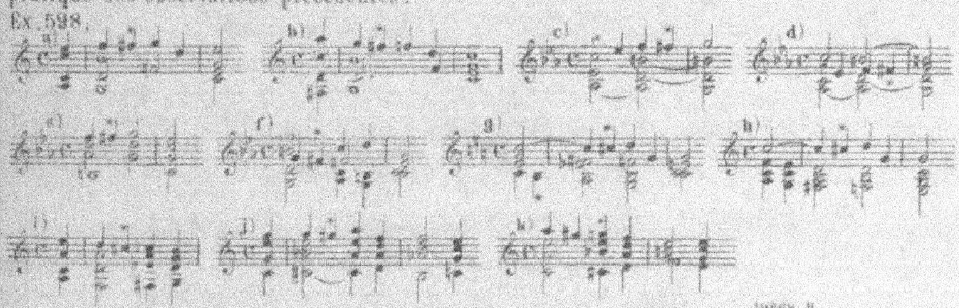

Ex. 598bis

Les degrés intensifs qu'exhibent les précédents exemples n'introduisent dans les agrégations accidentelles aucun des intervalles exclus de la formation des accords normaux (§ 153, 155). Toutefois *la prime augmentée* (en réalité sa réplique *l'octave augmentée*) ainsi que la *tierce augmentée* sont admises à fournir des sons passagers, moyennant le maintien strict de la double condition énoncée ci-dessus: *altération intensive mise à l'aigu et résolue en montant.*

Ex. 599.   I. Octave augmentée.

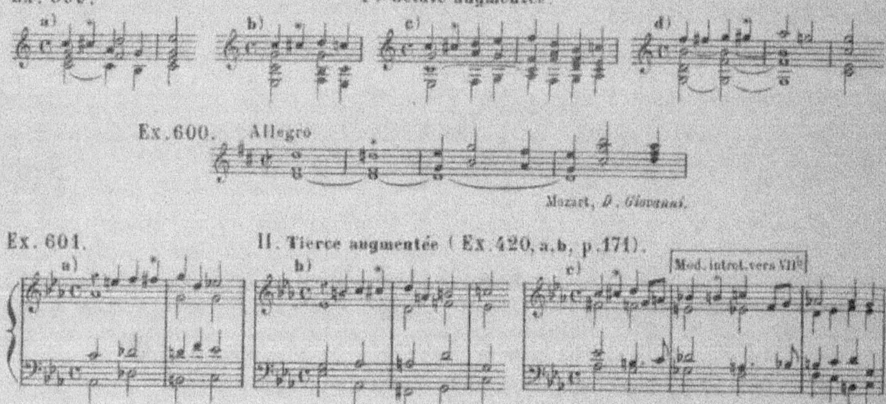

Ex. 600.   Allegro

Ex. 601.   II. Tierce augmentée (Ex. 420, a, b, p. 171).

Ex. 602.   And^te

III. L'intervalle ultra-chromatique de *triton augmenté* (= *fausse quinte diminuée*, voir § 179) est également apte à donner des notes de passage, sous des conditions identiques.

Ex. 603.

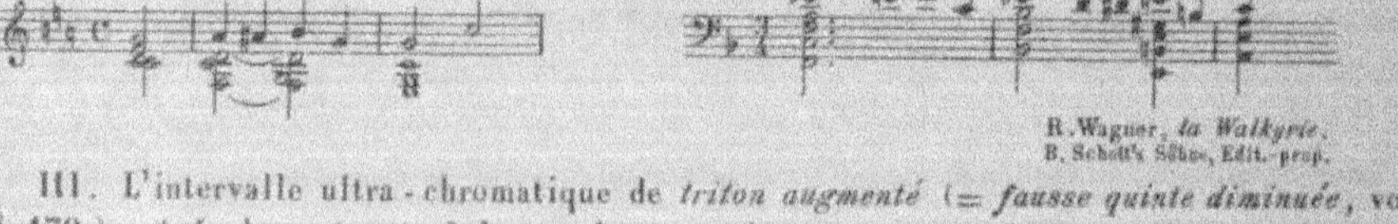

Même les trois doubles intervalles du chromatique intégral plus compréhensifs encore que le triton augmenté (§ 179) font parfois, sans inconvénient, une apparition inopinée dans ces conjonctions fugitives, qui ne font qu'effleurer l'harmonie sans la dénaturer. Voir ci-après, ex. 606^b la prime (ou octave) doublement augmentée VI^b—VI^♯.

B. *Sons d'ornement*. En raison du goût moderne, qui réclame dans les notes *amplificatives* et *introductoires* un intervalle de seconde mineure au-dessous du son radical (§ 187, B), le degré latéral inférieur est le plus souvent marqué par une altération intensive, même en l'absence de tout autre élément chromatique.

Ex. 604.

Ex. 605.

Greffée sur un accord chromatique, la note introductoire est particulièrement bien accueillie quand elle fait entendre une équisonance reproduisant un accord familier à notre oreille.

Ex. 606.

C. La *note séparative* prise sur le degré au-dessus du son radical n'est jamais affectée d'une altération intensive, mais l'accord d'accompagnement renferme parfois la même note haussée chromatiquement, ce qui donne un intervalle d'octave diminuée (= demi-ton chromatique). Il en est de même pour la note *amplificative* supérieure (cp. ex. 229, p. 103).

Ex. 607.

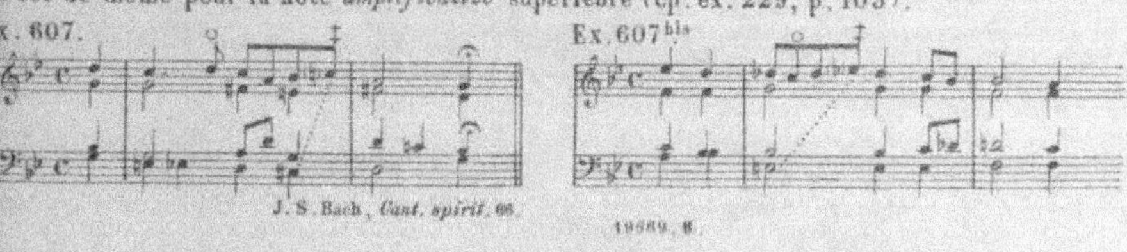

SECONDE SECTION

Sons passagers produits simultanément dans plus d'une partie.

§ 193. — L'intrusion momentanée de deux (parfois de trois) sons étrangers à l'accord qu'ils traversent a nécessairement pour effet de susciter des agrégations accidentelles plus marquantes que ne peut le faire l'introduction d'un son unique. Deux procédés s'offrent au compositeur pour réaliser les combinaisons dont nous avons maintenant à exposer le mécanisme :

1° Ou bien *les sons passagers suivent une marche parallèle* ;

2° Ou bien *ils marchent en sens contraire*.

§ 194. — Le premier procédé s'effectue à l'aide des éléments primordiaux de notre polyphonie ; les tierces (= sixtes) consonantes, qui possèdent le pouvoir de transformer la mélodie en harmonie. Nous avons vu que le chant en tierces appartient à la musique populaire des nations européennes (§ 44). Dès le XVIIe siècle, revêtu d'une harmonie instrumentale, il a pénétré dans la musique de théâtre, et de nos jours encore les duos de femmes où les voix chantent le plus souvent à la tierce n'ont pas disparu du répertoire des cantatrices. Les accords de l'accompagnement nous font distinguer clairement les tierces transitoires qui passent en montant et en descendant, par degrés conjoints, à travers l'accord stable.

Ex. 608.

Toute notre musique de caractère chantant, vocale ou instrumentale, emploie librement les tierces en série continue, soit soutenues par une simple pédale (ex. 71, 72, 73), soit accompagnées par des accords pleins.

Ex. 609.

Si l'on excepte les passages où elle prend un caractère mélodique très marqué, notre pratique polyphone ne s'en tient pas à cette manière primitive. Dans la succession ordinaire des accords, les tierces et les sixtes consécutives apparaissent au grave ou au milieu de l'ensemble tout aussi bien qu'à l'aigu. Les consonances géminées se répartissent entre des parties voisines ou non voisines.

A. C'est en tant que *doubles notes de passage* que les tierces et les sixtes parallèles ont en Majeur diatonique et en Mineur normal l'emploi le plus étendu. De même que la note de passage simple est en général précédée et suivie d'un son radical, la tierce et la sixte transitoires se trouvent normalement entre deux tierces ou deux sixtes faisant partie de l'accord d'accompagnement.

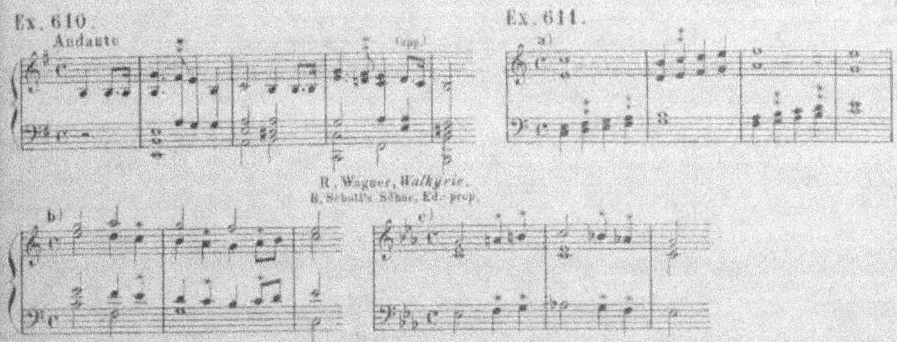

Grâce à l'interposition symétrique de la double note de passage dans les progressions de triades (§ 60 et suiv.), ces successions uniformément consonantes acquièrent une sonorité plus variée et plus robuste. Le résultat harmonique de l'insertion est un accord accidentel de neuvième qui, après la disparition de la fondamentale, se produit dans plusieurs renversements.

Des tierces passagères s'interposent aussi dans les progressions fondées sur l'alternance d'une triade et d'un accord de septième.

Nulle part l'élève harmoniste ne rencontrera d'aussi nombreux et d'aussi beaux exemples des notes de passage en tierces parallèles que dans les admirables chorals liturgiques harmonisés à 4 parties par J. S. Bach.

B. Comme *notes d'ornement redoublées*, les tierces et les sixtes parallèles apportent peu de richesse harmonique et peu de variété. Contrairement aux sons latéraux simples, elles sont souvent employées diatoniques chez les modernes, tant au grave qu'à l'aigu du son radical.

III. Séparatives.　Ex.621.　　　　　　IV. Anticipatives.　Ex.622.

§ **194**[bis]. — *L'accord de sixte et tierce*, premier dérivé de la consonance génératrice de notre polyphonie (§ 45, C), participe aux propriétés de l'accord de tierce simple, quant à son usage en échelle indéfiniment continuée au-dessus d'une Pédale, ou au-dessous d'une tenue sur la Dominante ou la Tonique (ex. 80, 80bis, 222[b]). Quand les trois sons de l'accord se meuvent tout d'une pièce à l'aigu de la Pédale immobile, leur disposition en Sixte-et-quarte est d'un effet bizarre, mais nullement déplaisant.

Ex. 623.　　　　　　　　　　Ex. 624.

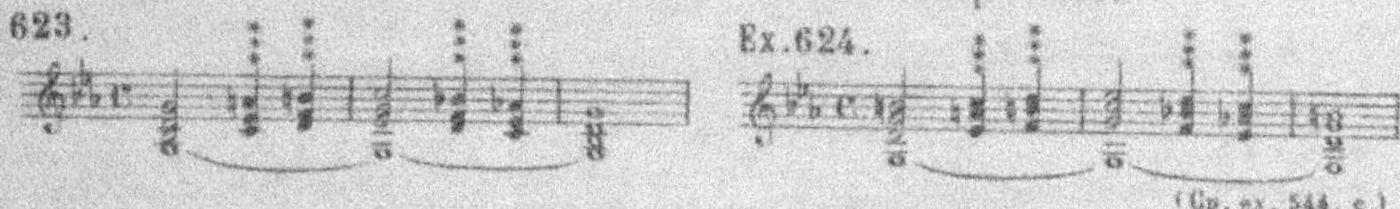

(Cp. ex. 544, c.)

Remplissant de ses trois notes l'ensemble ordinaire de l'harmonie simultanée, à une seule partie près, l'accord complet de sixte a une prépondérance trop marquée pour s'accommoder au mouvement régulier d'une Basse-fondamentale, aux inflexions capricieuses d'un dessin mélodique; aussi ne se rencontre-t-il pas, à titre de triple note de passage, dans l'harmonisation des chorals liturgiques. Partout où il apparaît en cette qualité, le son immobile, unique représentant de la base harmonique, fonctionne, soit au grave comme Pédale, soit à l'aigu ou à l'intérieur comme tenue.

Ex. 625.

Un illustre spécimen de ces accords passagers de sixte nous est fourni par le passage si célèbre de *Parsifal* : le cantique des enfants dans la coupole.

Ex. 626.

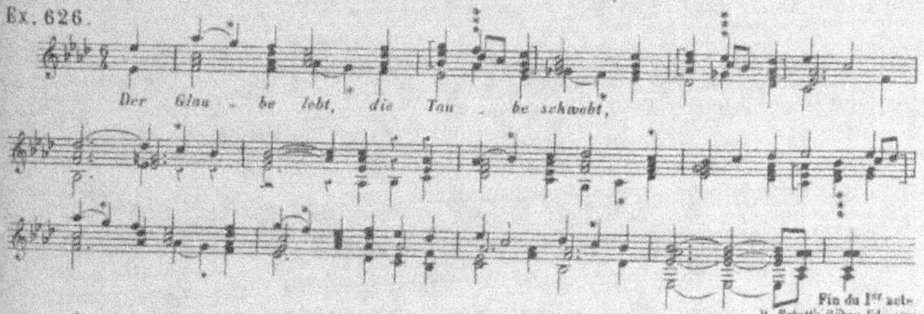

Tant en Mineur normal qu'en Majeur diatonique, les *triples notes d'ornement* en sixtes parallèles sont depuis longtemps familières à la pratique des maîtres.

Ex. 627.

Ex. 628.

Ex. 629.

§ 195. — *Des doubles et triples sons passagers : tierces (= sixtes) simples ou accords de sixte et tierce, dans leurs différentes positions, se produisent en succession chromatique et parallèle; mêlés aux accords diatoniques radicaux.* Ils sont soumis aux mêmes conditions générales que leurs prototypes diatoniques.

A. L'harmonisation chromatique des principaux *sons d'ornement* utiles à la composition polyphone (*notes amplificatives, introductoires*) n'est, au point de vue technique, qu'une reproduction plus ou moins intensément colorée du modèle diatonique.

Ex. 630.

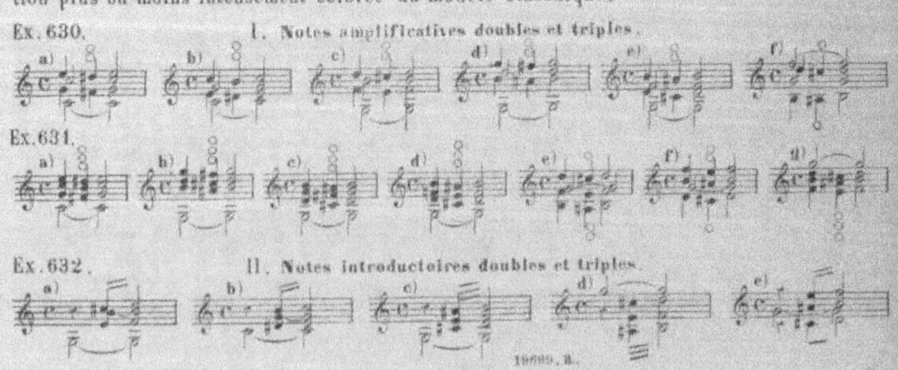

Ex. 631.

Ex. 632.

19990. R.

B. En ce qui concerne *la réalisation polyphone des notes de passage chromatiques, effectuée à l'aide des tierces et des sixtes parallèles*, il est nécessaire, pour en avoir une compréhension exacte, de la considérer dans ses deux modes caractéristiques.

I. *Échelles colorées, complètes ou fragmentaires, construites sur une base harmonique immobile.* Composées tantôt de tierces (= sixtes) simples (ex. 633, 634), tantôt d'accords de sixte et tierce (ex. 635), tantôt enfin d'agrégations issues originairement d'une superposition de deux ou de trois tierces mineures (ex. 636, ex. 637), ces successions continues montent ou descendent librement, sous l'unique condition de commencer et de terminer la série par un accord radical. *Tous les accords intermédiaires*, simples ou composés, *sont accidentels.*

Ex. 633 (Cp. p. 165).

Des échelles aussi violemment colorées, qui le plus souvent passent devant notre sens auditif, rapides comme les images fuyantes d'un cinématographe, sont réservées à des œuvres instrumentales de grand éclat, où le compositeur met en jeu la virtuosité individuelle ou symphonique.

II. *Doubles notes de passage dans les successions d'accords radicaux réglées par les mouvements de la Basse-fondamentale.* Ce mode d'emploi ne présente pas, au point de vue harmonique, une importance égale à celle du procédé similaire en diatonique (§ 194, A), et n'a pas laissé d'aussi abondants exemples chez les anciens maîtres. On voit assez rarement, dans leurs harmonies chromatiques, une agrégation accidentelle s'interposer isolément entre deux accords radicaux *différents*: procédé qui tient une large place chez les compositeurs de l'époque actuelle.

Mozart, D. Giovanni, ouverture.

248

Ex. 639.

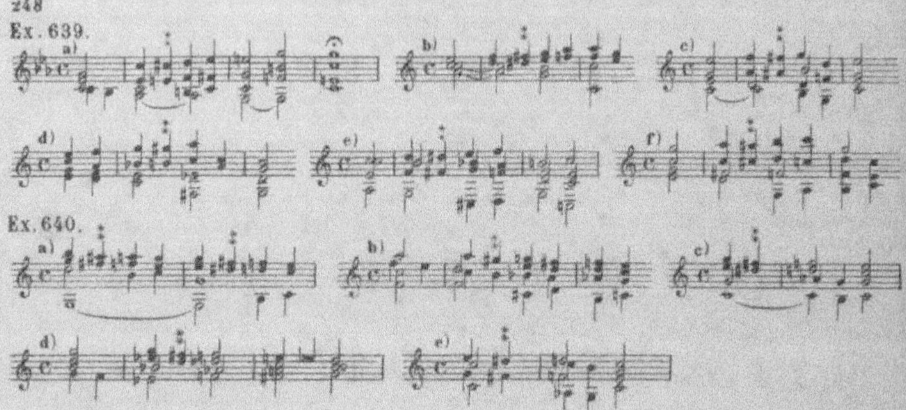

Ex. 640.

Ex. 641.

L'usage le plus commun des doubles notes de passage en chromatique consiste à faire suivre à la file deux ou plusieurs tierces (= sixtes) parallèles, fragments d'échelles colorées se produisant au-dessus ou au-dessous de deux (ou de trois) sons immobiles.

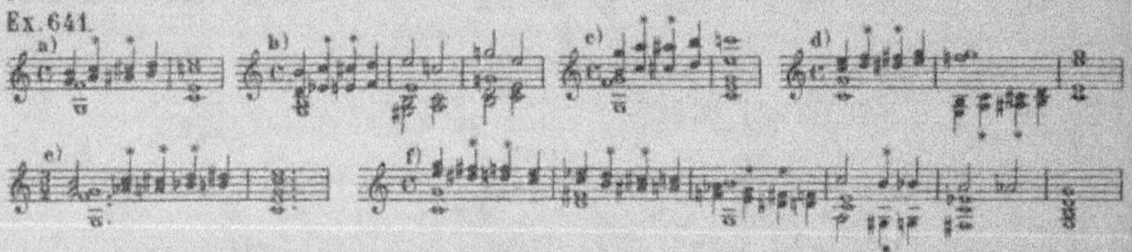

§ 196. — Le second procédé à l'aide duquel on fait mouvoir simultanément deux sons passagers, — *leur attaque et leur aboutissement en sens inverse* (§ 193), — est, dans son emploi isolé, moins souvent mis en oeuvre que le précédent. Quand les degrés transitoires sont *tous deux chromatiques*, l'un est ordinairement intensif, l'autre rémissif, et les deux *se meuvent normalement par seconde mineure* (b, c, d, e). Toutefois il arrive aussi que le compositeur réunit deux altérations intensives (f), et que les *notes de passage*, usant de la liberté dont la gamme chromatique leur donne l'exemple (§ 146, A, p. 158), *se résolvent par demi-ton chromatique* (f, g).

Ex. 642.

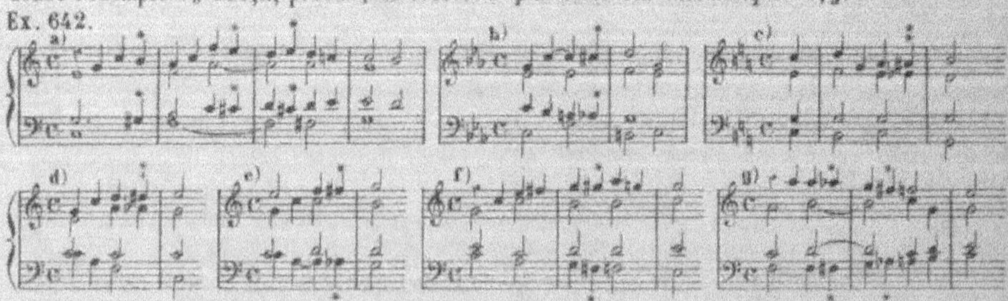

Quand deux *notes de passage diatoniques* procèdent simultanément en sens inverse, elles se rencontrent souvent sur le même degré de l'échelle, à une ou deux octaves de distance; et en ce cas le résultat harmonique du double mouvement de la mélodie se réduit à un échange de position entre deux parties de l'ensemble.

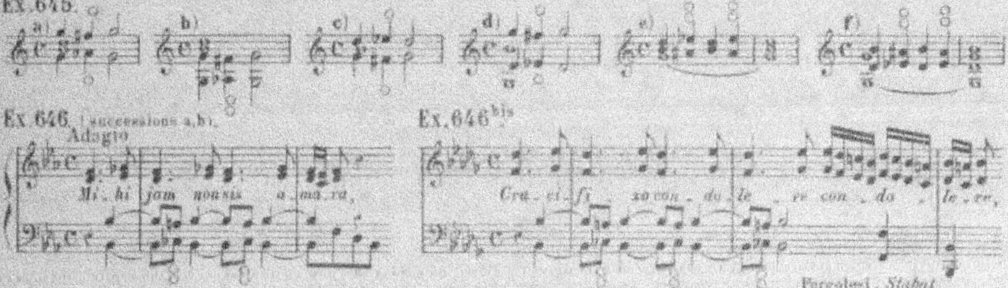

A. Les *doubles notes amplificatives* de cette catégorie forment, au moyen des degrés chromatiques situés à l'aigu et au grave de leurs sons radicaux, des agrégations accidentelles qui reproduisent communément, par équisonance, un accord diatonique, Septième ou triade.

Ex. 646. [successions a, b]

Adagio

Ex. 646 bis

Les successions marquées e, f coïncident pratiquement avec une suite d'accords radicaux bien connue, presque banale de nos jours (§ 141, D, p. 152).

Ex. 647.

B. *Doubles notes introductoires.*

Ex. 647 bis

§ 197. — *En réunissant les deux procédés* grâce auxquels un accord radical se laisse traverser par des sons passagers, — *mouvement parallèle, mouvement contraire*, — on donne lieu à quelques autres catégories d'agrégations accidentelles. Nous distinguerons deux catégories bien caractérisées.

A. Étant donné le quatuor normal de l'ensemble polyphone, *deux parties marchent en tierces* (= sixtes) *parallèles*; *la troisième partie se meut isolément en sens inverse, tandis que la quatrième partie reste sur le son qui, seul, continue à représenter l'accord radical.* Des spécimens de *triples notes de passage* ainsi produites ne sont pas communes, même en diatonique.

Ex. 648. Dans Nun komt der Heiden Heiland

Ex. 648 bis

Adagio

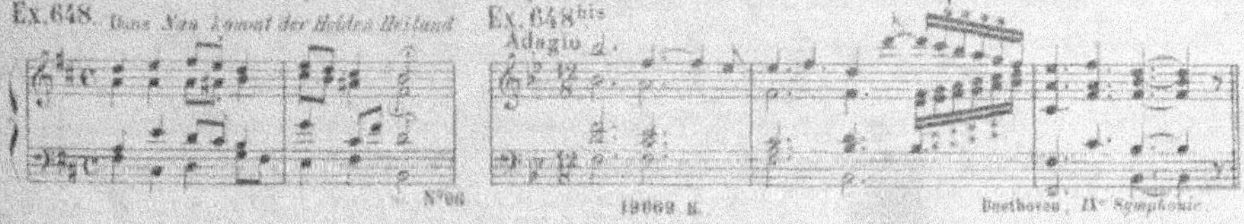

Ex. 649.   Ex. 649bis

Ex. 650.

Les plus fréquentes agrégations accidentelles de cette espèce, les *amplificatives*, présentent en général l'aspect d'une des dispositions de l'accord de septième diminuée, soit inaltéré, soit affecté d'une
altération rémissive (tierce diminuée), ce qui donne une équisonance de la Septième de première espèce.

Ex. 651.

Un autre accord semblable employé comme amplificatif (on l'a vu accord de passage dans l'ex. 649)
est équisonant avec la Septième de deuxième espèce.

Ex. 652.

B. *Les quatre parties de l'ensemble polyphone se scindent en deux groupes. Chacun d'eux individuellement marche en tierces ou sixtes parallèles, tout en suivant la direction opposée à celle que suit le groupe
adverse. Les quatre parties bougent donc à la fois*, et, pendant leur mouvement, aucune des notes de l'accord radical ne subsiste dans l'agrégation accidentelle. Celle-ci, *dépourvue de toute base harmonique*,
*n'a d'autre justification musicale que le mouvement conjoint de la ligne mélodique dans chacune des
parties du quatuor* (§ 186).

Des successions ainsi faites contiennent rarement des accords chromatiques. Ma mémoire ne me
fournit en ce genre que deux agrégations amplificatives.

Encore la première s'est-elle déjà présentée antérieurement comme un accord réel, sinon normal (§ 180);
quant à la seconde, je ne l'ai trouvée que dans un morceau inédit composé il y a quelque cinquante ans.

En compensation le procédé dont il s'agit s'est fait une place importante dans la pratique polyphone des *notes de passage diatoniques*. Les exemples les plus abondants ne datent pas de l'époque

moderne, mais des temps de Bach et de Händel. Ils consistent généralement en progressions dont les accords radicaux sont séparés par un intervalle de Quinte, de Quarte ou de tierce. L'espace compris entre les divers sons des deux accords radicaux successifs est rempli par une, deux ou trois agrégations accidentelles qui résultent uniquement de la rencontre fortuite de deux tierces procédant par degrés conjoints en sens inverse. Ce mouvement divergent amène parfois deux ou trois dissonances consécutives, et des plus âpres.

C. Mentionnons en terminant une variante du procédé B, laquelle fournit aussi des accords amplificatifs composés de quatre sons latéraux. *Trois parties marchent parallèlement en accords de sixte et tierce, une seule se meut en sens inverse.* Les spécimens intéressants de cette combinaison sont rares. Nous n'en montrerons que deux, fortement chromatisés. Le premier (a,b) est équisonant avec la Septième de 2ᵐᵉ espèce; le second accord accidentel (c,d), abstraction faite de la Pédale sur laquelle il aime à s'appuyer, sonne comme une Septième de 3° espèce. Celui-ci se rencontrera encore plus loin, employé par R. Wagner d'une manière saisissante sous forme d'*appoggiature*.

A propos du dernier couple d'exemples, disons qu'il n'y a pas lieu de s'offusquer de l'émission simultanée de l'intervalle ultra-chromatique *fa♭-la♯* (14 Quintes) dans une agrégation dépourvue de base harmonique.

HUITIÈME ÉTUDE

Accords mêlés d'éléments spécialement mélodiques (Suite) : Sons d'appui

PREMIÈRE SECTION

Appoggiatures et retards dans la mélodie; règles générales de leur emploi polyphone.

§ 198. — Ainsi que nous l'avons vu, les sons passagers, qui se glissent dans la succession polyphone pendant que les accords radicaux sont au repos, enrichissent et ornent le dessin mélodique de la cantilène harmonisée. Les sons d'appui, dont nous allons étudier l'usage, se heurtant avec l'accord au moment même de son attaque, augmentent l'énergie expressive de la mélopée unie à son accompagnement instrumental. Dans la musique vocale, où elle a pris naissance, l'*appoggiature* frappe la syllabe tonique des mots significatifs mis en évidence par leur position dans le vers (rime, césure, etc). Son effet est particulièrement intense lorsqu'on entend l'attaque simultanée de la note d'appui à la partie vocale, et du son radical à l'aigu de la partie d'accompagnement. Ce choc assez rude, que beaucoup de jeunes compositeurs et d'accompagnateurs timorés s'efforcent, à tort, d'éviter, Mozart, le parangon de la mélodie idéalement suave, l'affronte tranquillement.

Ex. 659.

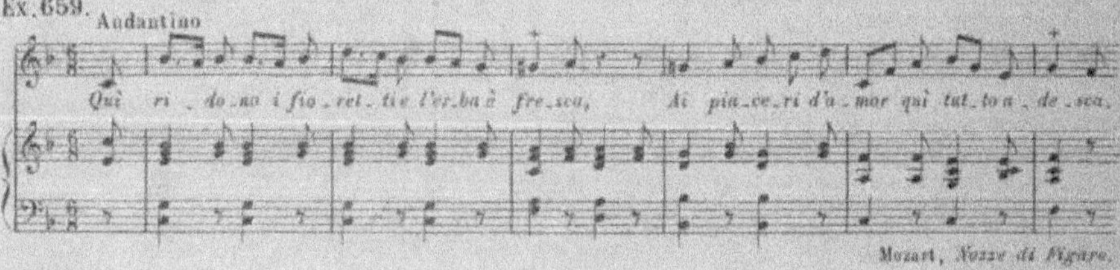

§ 199. — Par rapport à la position de leur son radical et à leur mouvement mélodique, on distingue deux catégories de notes d'appui : 1° l'*appoggiature supérieure, descendante*, 2° l'*appoggiature inférieure, ascendante*. Un signe unique, une petite croix (+) suffira pour les deux, qui se différencient d'elles-mêmes par leur direction divergente.

A. L'*appoggiature descendante ou supérieure*, la plus riche en ressources harmoniques et la plus fréquente, *est un accent emphatique, exalté, posé normalement sur le degré diatonique (ton ou demiton) au-dessus du son radical*.

Ex. 660.

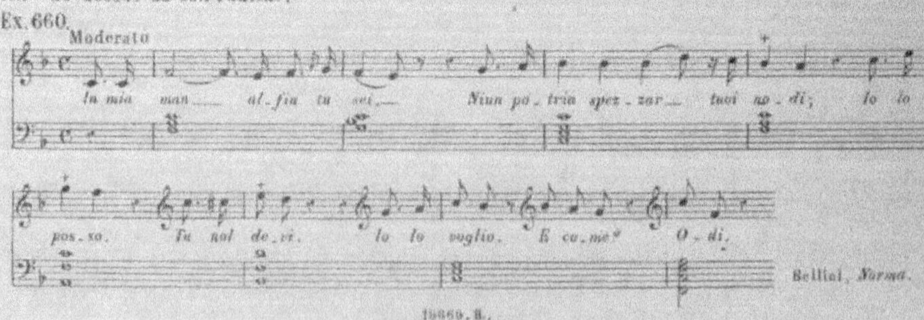

Ex. 661.

Ex. 662.

On sait que le VI[e] degré du Mineur normal (VI[b]) n'a d'autre note d'appui à l'aigu que VII[b], même sur les harmonies de la Dominante, qui toutes contiennent la Sensible (cp. § 109, A, ex. 229 et 277bis). Un seul degré engendre au-dessus de lui une note latérale chromatique : la tonique peut avoir II[b] comme appoggiature aiguë.

Ex. 663.   Largo

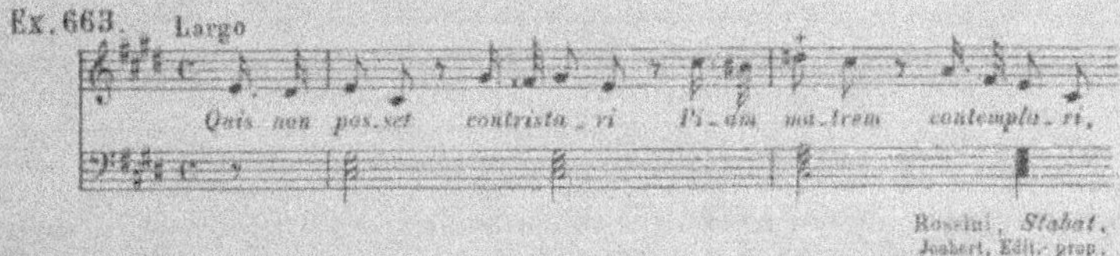

B. *Appoggiature ascendante ou inférieure*. De même que les notes d'ornement ajoutées au grave du son radical (§ 187, B), *la note d'appui qui se porte vers le son radical supérieur occupe généralement aujourd'hui le degré situé une seconde mineure plus bas, qu'il soit chromatique aussi bien que diatonique*. L'appoggiature ascendante a un accent expressif très pénétrant.

Ex. 664.

Ex. 665.

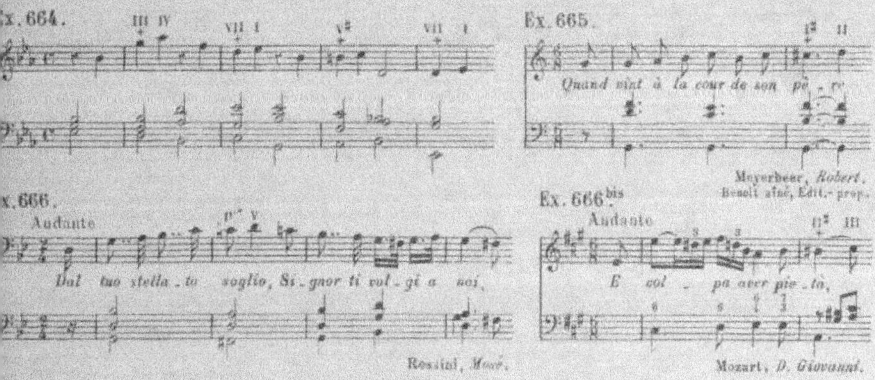

Chez Gluck et ses devanciers *l'appoggiature inférieure ne répudie nullement le degré diatonique* (voir ci-après l'ex. 668), *sauf au-dessous de la Dominante*, où anciens et modernes mettent unanimement, comme son latéral, IV[#] et non pas IV.

C. Très souvent *l'appoggiature*, soit descendante, soit ascendante, *est préparée*, c'est-à-dire entendue avec l'accord précédent, auquel elle appartient.

Ex. 667.

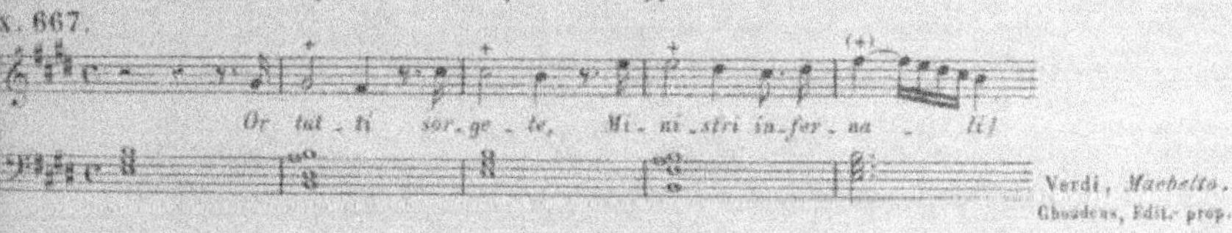

D. L'appoggiature, telle qu'elle se produit dans les chants des modernes et dans les mélodies instrumen.tales qui se sont modelées sur eux, doit son existence à l'accent tonique de la langue italienne (¹); intonation dont le caractère mélodieux est flagrant, même dans le parler ordinaire. Dès les commencements de la musique à voix seule avec accompagnement, le *son d'appui* devient un important élément d'expression dans les cantilènes monodiques du Drame en musique ; il s'implante, avec cette création du génie italien, dans la mélopée vocale des peuples occidentaux : Allemagne, France, Angleterre, Espagne. Pendant la prédominance presque deux fois séculaire de l'opéra italien en Europe, les compositeurs, en notant leurs airs ou leurs récitatifs, n'avaient pas, comme aujourd'hui, l'habitude de transcrire explicitement les appoggiatures, ni de leur imposer, comme aux autres sons de la mélopée, une durée précise. C'est là une innovation d'origine orchestrale qui ne s'est établie définitivement qu'au XIXe siècle. Quand ils traduisaient le son d'appui par l'écriture musicale, c'était sous forme de petite note (croche ou noire), non comprise dans le compte des durées de la mesure, et dont ils abandonnaient la détermination précise au bon goût du virtuose-chanteur.

Dans les récitatifs et les airs déclamés en chant syllabique, où les mots significatifs réclament impérieusement un accent très intense, le maestro italien s'épargnait volontiers le soin d'écrire les notes d'appui supérieures, usuelles, que le chanteur ne manquait pas d'exécuter par tradition.

(¹) Chez les anciens Hellènes l'accentuation exerçait une influence de même genre dans la mélopée des chants destinés à l'exé.cution individuelle. L'analyse des restes musicaux découverts depuis une vingtaine d'années a permis de formuler une règle valable pour tous les morceaux appartenant à la susdite catégorie ; « La note placée sur la syllabe accentuée d'un mot ne peut être surpassée en hauteur par aucune note dans le même mot. » Voir la Conférence que j'ai faite à la "Société pour le progrès des sciences philologiques ; dans l'*Annuaire du Conservatoire royal de Bruxelles*, année 1890.

Il en fut de même à Paris, lorsque, avec Gluck et Piccini, les formules et cadences du récitatif italien, créées par les maîtres napolitains, eurent remplacé l'ancienne déclamation musicale de l'opéra français, issue originairement du récitatif archaïque des compositeurs vénitiens du XVIIe siècle.

Ex. 675.

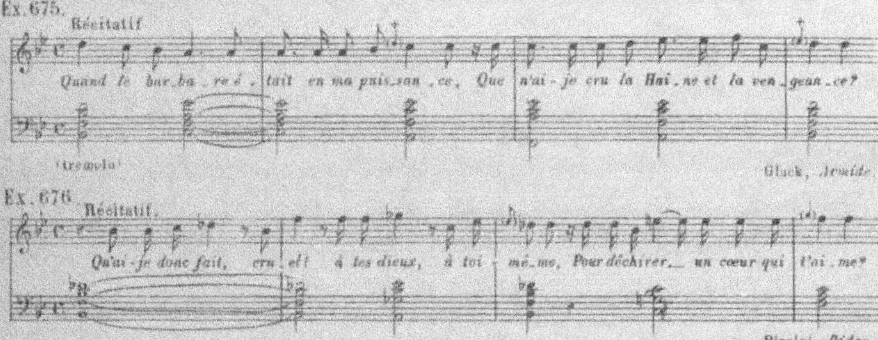

Ex. 676.

On voit par là l'erreur de beaucoup d'excellents musiciens de l'époque actuelle, qui, sous prétexte de res_pecter le texte des maîtres, veulent que l'interprète s'en tienne exclusivement aux notes, telles qu'elles se li_sent aujourd'hui dans la partition. C'est comme si l'on voulait réciter devant un auditoire les poèmes mé_diévaux sans ajouter la ponctuation, le texte hébreu de l'Ancien Testament sans ajouter des voyelles, sous prétexte que les anciens manuscrits ne marquent pas la division des phrases, ni les points-voyelles. Chanter des phrases de récitatif débordantes de passion sans y faire vibrer la note d'appui dissonante, c'est en faire une mélopée sans accent et sans nerf.

Une autre erreur, trop répandue chez nos contemporains, est de supposer que la tradition du style vocal de la fin du XVIIIe siècle soit entièrement perdue. Les musiciens aujourd'hui vivants qui avaient vingt ans en 1848, — et celui qui écrit ces lignes est du nombre, — ont pu entendre, pendant des années encore, de célèbres chanteurs qui étaient les élèves des interprètes primitifs de Gluck et Piccini [1].

§ 200. — Outre leur usage normal et caractéristique, les sons d'appui du chant monodique com_portent quelques applications secondaires que nous rangerons en deux catégories :

A. *Appoggiatures ascendantes et descendantes qui se produisent au cours de la période mélo_dique*, à la façon des sons passagers et souvent mêlées avec eux. Quelle que soit la rapidité de leur succession, les deux espèces de sons se distinguent nettement entre elles par la présence ou l'absence de l'accent rythmique.

Ex. 677.

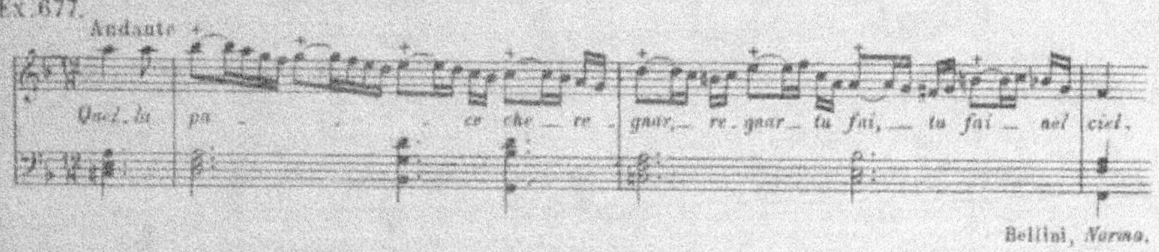

[1] Ceux qui désirent s'initier à la connaissance des anciens *ornements du chant*, trouveront les renseignements indispensables : pour la monodie vocale, dans le *Traité complet de l'art du chant*, de Manuel Garcia, Paris, Troupenas, 1842 (Garcia est mort récemment à Londres, plus que centenaire ! il était né en 1805) ; pour la musique instrumentale, dans les *Préliminaires* du *Trésor des pianistes*, de Farrenc, Paris, 1860.

B. *Appoggiatures supérieures ou inférieures séparées de leur note résolutoire par des sons in-terposés.* Quand l'intonation séparative fait un écart de plus d'une tierce, elle doit faire partie de l'accord d'accompagnement.

Ex. 678.

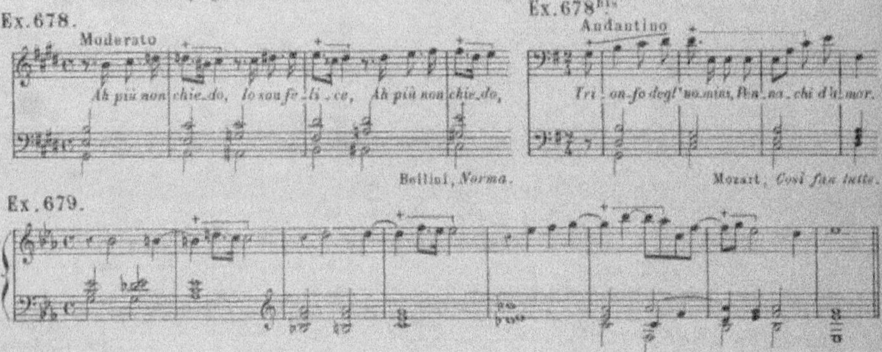

Ex. 679.

Toute cette catégorie de sons d'appui étant en grande partie confinée dans la mélopée mono-dique, nous n'avons pas à nous en occuper ici davantage. Nous bornerons notre examen aux ap-poggiatures et retards qui jouent un rôle marquant dans l'harmonie, et ont accès aux diverses parties vocales ou instrumentales d'un ensemble polyphone.

§ 201. — *Employée dans une des voix du chœur polyphone, l'appoggiature préparée* (§ 199, C) *prend le nom de retard ou prolongation* (autrefois *suspension*), puisqu'elle fait attendre son abou-tissement prévu, le son radical. La dissonance accidentelle est d'autant plus sensible dans un en-semble formé de timbres homogènes, que les retards, comme les notes passagères, y prolongent ordinairement leur durée.

A. Les appoggiatures ou retards interrompent pour un moment l'échelonnement fondamen-tal des agrégations régulières, en introduisant parmi les tierces constitutives de l'accord fon-damental des dissonances nouvelles et spéciales. Chacun des sons d'une triade ou d'un accord de Septième offre à l'harmoniste le choix entre une appoggiature sur le degré contigu, soit vers le haut, soit vers le grave.

B. *De même que les sons radicaux de l'accord, les dissonances accidentelles provenant de l'intervention d'une note d'appui peuvent, en principe, occuper une partie quelconque de l'ensemble polyphone. Les accords de neuvième modifiés par une appoggiature ou une prolongation ne devien-nent renversables qu'après s'être débarrassés de leur fondamentale* (§ 48). Ils se comportent alors, en ce qui concerne les retards, comme des accords fondamentaux de septième.

C. Fortement influencée par l'exemple de la monodie harmonisée, la pratique polyphone des modernes donne de préférence le retard à la principale ligne mélodique, au Soprano, ou du moins à l'une des parties supérieures. *Le retard du son fondamental n'affecte pas ordinai-rement la fondamentale au grave, mais sa réplique, son octave aiguë.* Les dispositions les plus communes du retard sont donc celles-ci :

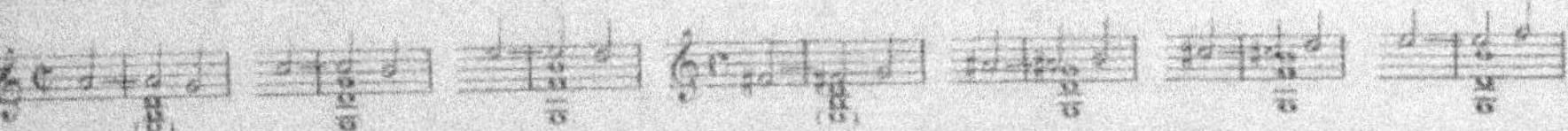

§ 202. — On voit que les retards supérieurs se résolvent en descendant sur leur son radical, imitant en cela les dissonances diatoniques des accords normaux (§ 81,C). Les retards inférieurs ont une résolution spéciale; ils montent vers leur son radical.

Dans leurs basses chiffrées les anciens maîtres indiquent les sons d'appui de la même manière que les sons radicaux, et sans leur adjoindre aucun signe distinctif.

A. D'après les théoriciens harmonistes, notre polyphonie n'admet que des appoggiatures dûment préparées, des retards proprement dits; mais la pratique moderne a depuis longtemps fait fléchir la rigueur de la règle. Aujourd'hui une préparation *sous-entendue* est jugée suffisante. Parfois même on produit *ex abrupto*, au début du morceau, une appoggiature des plus âpres.

B. Les contrepointistes médiévaux, qui ne connaissaient les accords dissonants que sous l'aspect de notes de passage ou de *prolongations descendantes*, retardaient régulièrement la tierce de l'accord de dominante précédant la triade de tonique dans les formules terminales.

§ 203 — Dans une monodie accompagnée l'attaque simultanée de la note d'appui par la voix et du son radical immédiatement voisin par l'harmonie instrumentale engendre un effet piquant qui n'a rien de désagréable (§ 198). Mais quand une réunion de sonorités homogènes fait entendre les deux sons contigus à la fois, le choc est très dur. Aussi les compositeurs prennent-ils généralement le parti, dans ce cas, d'éloigner les deux sons, *de mettre entre eux la distance d'une septième ou d'une neuvième*. D'autre part les théoriciens harmonistes ont établi en règle que *l'appoggiature, préparée ou non, doit toujours se trouver à l'aigu de la note radicale*.

(1) Il serait actuellement téméraire de vouloir indiquer la source où les patriarches de notre art ont puisé l'idée du retard. Jusqu'à présent on ignore la signification précise des termes désignant les ornements du chant chez les écrivains musicaux du XIIIe et du XIVe siècle. L'érudit de Coussemaker assimilait la *plique* à notre appoggiature (*Hist. de la Musique au moyen-âge*, p. 191 et suiv.), et j'ai autrefois adopté cette hypothèse (*Mélanges d'histoire musicale*, dans l'*Annuaire du Conservatoire de Bruxelles*, 1881, p. 171). Aujourd'hui, après avoir relu les textes de Jean de Muris et consorts, je la trouve singulièrement aventurée.

258

La double règle a jusqu'à notre époque gouverné l'usage ordinaire. Mais pour ce qui est de la dernière condition, *J. S. Bach ne s'y est conformé qu'au cas de retard*. Il ne se fait nul scrupule, dans une succession mélodique procédant par degrés conjoints, d'attaquer en passant l'appoggiature au grave, alors que le son radical s'entend à l'aigu.

Ex. 684.

§ 204. — *Lorsque l'appoggiature ou le retard arrive à se résoudre sans que l'accord radical subisse un changement, la résolution sera dite plane* (voir les exemples 680, 682, 683). Mais assez souvent *la résolution mélodique, tout en étant parfaitement régulière, coïncide avec l'attaque d'un nouvel accord*, qui donne au son radical un rôle harmonique différent de celui qui s'annonçait au début du retard.

Ex. 685.

A. On s'explique très simplement cette pratique *en supposant une ellipse harmonique*, c'est à dire *en intercalant mentalement une résolution plane entre l'accord accidentel et sa résolution effective*, que nous qualifierons d'*elliptique*.

Ex. 685bis

Le procédé est sanctionné par l'usage à la double condition: 1° de donner à l'appoggiature son régulier aboutissement mélodique; 2° de ne pas perdre de vue les antiques restrictions relatives au mouvement des Quintes et des Octaves, les seules règles traditionnelles, peut-être, qui soient encore universellement observées par ceux qui tiennent à se montrer corrects dans leur écriture.

B. Parfois *la résolution elliptique descendante inaugure elle-même une nouvelle appoggiature*, qui suit la voie régulière dans la direction du grave.

Ex. 686.

C. Il est inutile de supposer une résolution elliptique lorsque le mouvement des parties de l'ensemble harmonique a simplement pour résultat d'amener une autre disposition de l'accord frappé avec le retard

Ex.687.

§ 205. — Deux sons d'un même accord situés à distance de tierce ou de sixte sont à même de recevoir simultanément une note d'appui supérieure ou inférieure. Ces doubles appoggiatures sont d'usage courant dans les duos populaires en tierces, chantés avec l'accompagnement d'un instrument à cordes, et naturellement aussi dans les chœurs d'opéras appartenant à ce style vulgaire.

Ex.688.

L'art polyphone s'est également approprié les notes d'appui accouplées; il élargit leurs durées rythmiques pour en former des retards doubles montant ou descendant en tierces (= sixtes) parallèles. Il arrive même chez les maîtres modernes que les deux espèces de sons d'appui, redoublées chacune en tierces, se conjoignent dans une émission commune et engendrent ainsi des retards quadruples.

Pas plus que nous n'avons prétendu plus haut mettre sous les yeux du disciple toutes les combinaisons harmoniques fournies par les altérations chromatiques ou les sons passagers, nous n'essaierons ici de montrer les innombrables aspects sous lesquels le retard harmonisé est apte à se présenter dans la succession des accords. Au lieu d'accabler inutilement le jeune harmoniste par une série interminable d'exemples, nous nous bornerons à ceux que nous croyons nécessaires pour lui indiquer les directions nombreuses où lui-même pourra exercer ses facultés imaginatives. Nous écarterons systématiquement les retards explicables (ou déjà expliqués précédemment) par les seuls accords radicaux.

DEUXIÈME SECTION

Appoggiatures et retards supérieurs (descendants) dans la succession polyphone

§ 206. — *La dissonance accidentelle et spéciale que le retard supérieur introduit dans la succession des accords est engendrée, au point de vue de la structure théorique des accords, par la collision du son d'appui avec le degré contigu de l'échelle ascendante* (§ 201, A). Dans la pratique le choc de seconde s'amortit ordinairement en la dissonance moins âpre de septième majeure ou mineure (§ 201, ...

Les accords diatoniques de trois et de quatre sons donnent lieu à trois retards descendants d'un emploi très étendu :

1° *Fondamentale retardée par la seconde* qui heurte la tierce : dans l'usage ordinaire *Octave du son fondamental retardée par la neuvième* qui heurte la dixième (§ 201, C). Cette prolongation n'affecte guère que les triades.

2° *Tierce du son fondamental retardée par la quarte* qui heurte la quinte : dissonance accidentelle commune aux accords de trois comme à ceux de quatre sons ;

3° *Quinte du son fondamental retardée par la sixte. La note d'appui ne devient dissonante que dans les accords de plus de trois sons, où elle heurte la septième.*

Un motif célèbre de Gluck, présenté tour à tour en Majeur et en Mineur, contient les deux retards supérieurs qui introduisent une dissonance accidentelle dans les accords de trois sons.

Procédons à l'examen méthodique des retards supérieurs, en prenant successivement pour points de départ les échelons, distants d'une tierce, dont se composent les accords normaux à leur état direct.

§ 207. — *L'octave du son fondamental retardée par la neuvième.* Bien qu'il n'ait pas d'emploi utile hors des accords de trois sons, ce retard, le plus fécond de tous, peut-être, en variantes harmoniques, se réalise sous deux aspects dissemblables qu'il convient d'étudier séparément et en détail.

1° *Le son d'appui n'est pas accompagné au grave par la fondamentale de l'accord.*

2° *Le son fondamental de la triade se fait entendre avec la note d'appui dès l'attaque de l'accord accidentel.*

Nous commençons par le premier mode d'emploi. *L'absence du son fondamental dans la triade accidentelle dont il s'agit laisse debout un premier renversement où la sixte est retardée par la septième.*

Ex. 691.

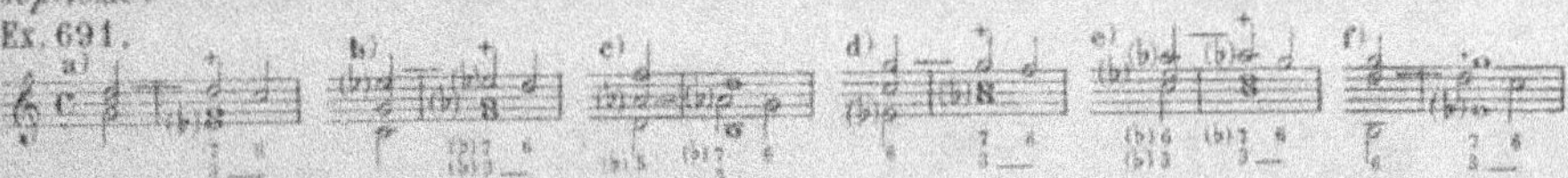

A. Nous voyons par ces exemples que les réalisations les plus simples du retard de septième avant sixte ne nécessitent que trois parties réelles. *Pour obtenir une harmonie pleine à quatre parties, on ajoute fréquemment sous la note d'appui*, et de préférence au Ténor (cp. § 66), *la quinte de la note de basse*, ce qui a pour résultat d'assimiler l'accord accidentel à une agrégation fondamentale de septième, dont il ne se distingue que par sa résolution spéciale. *La quinte complémentaire est libre de ses mouvements et prend à l'occasion une altération intensive.*

Ex. 691bis.

La quinte complémentaire apparaît déjà abondamment chez les contrepointistes italiens, allemands et espagnols du XVIIe siècle. Il est douteux que l'on puisse en trouver des exemples chez Palestrina et ses contemporains.

Ex. 692.

B. La prolongation de la septième sur l'accord de sixte et tierce, universellement pratiquée depuis le XVIe siècle, vient se greffer sur les échelles polyphones composées d'accords diatoniques de sixte descendant parallèlement. Au lieu d'une suite d'accords simplement juxtaposés et se mouvant tout d'une pièce (ex. 79, 80), nous avons une chaîne harmonique dont les accords consécutifs sont soudés entre eux par le retard et ont des mouvements alternés.

Ex. 693.

I. Dans une succession parallèle d'accords de sixte sans retards, la situation respective des trois parties individuelles ne comporte pas de changement; déjà l'interversion des deux voix supérieures amènerait une suite de Quintes. Mais quand chaque sixte est séparée de la suivante par une appoggiature de septième, le parallélisme prohibé disparaît, et les Anciens ne se font pas scrupule d'échanger la position des deux parties aiguës.

Ex. 694. Allegro

II. L'insertion de la quinte complémentaire sous chacun des retards contribue efficacement à diversifier et enrichir l'harmonisation de ces échelles polyphones.

Ex. 695.

III. *Tout en maintenant imperturbablement la suite des retards en Majeur diatonique ou en Mineur normal, on peut colorer la ligne mélodique des deux autres parties essentielles par des teintes plus ou moins assombries, en faisant un mélange de tierces mineures et majeures comprises dans le Chromatique commun aux deux modalités* (§ 150, C, § 168). Il en résulte un enchaînement de retards résolus par ellipse (§ 204), une succession descendante exprimant la dépression du sentiment.

Ex. 696.

Ex. 696bis

Avec la quinte complémentaire

Ex. 697.

Ex. 697bis

Avec la quinte complémentaire

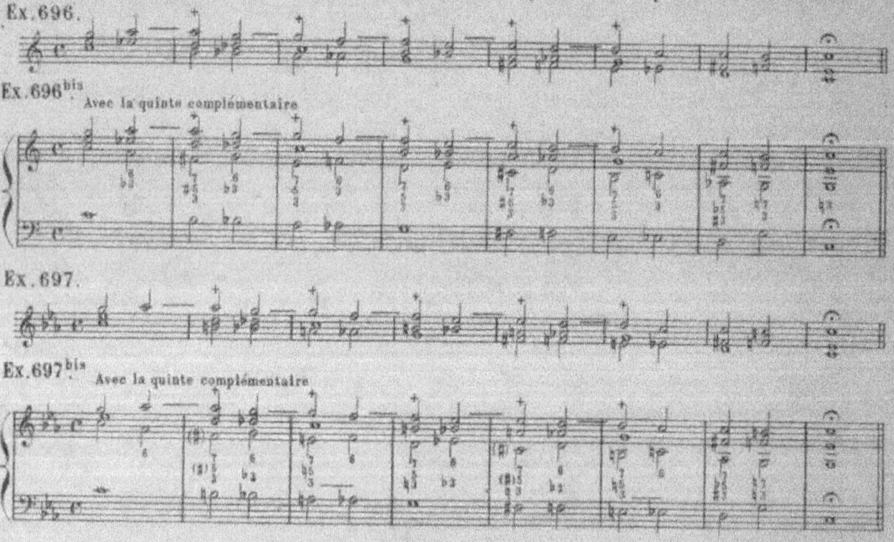

La première moitié de cette suite d'accords a servi de thème harmonique à des centaines de cantilènes plaintives et d'œuvres de musique instrumentale composées sur une *Basse contrainte* (Cp. § 127, D), la plupart en rythme ternaire, de 1640 à 1750. Le chef d'œuvre définitif du genre est le *Crucifixus* de la Grand' messe de J. S. Bach (inséré dans mon *Cours méthodique d'orchestration*, pp. 318 – 321).

IV. *Si le compositeur veut donner un éclat plus violent au coloris de la succession harmonique, il remplacera, dans les deux parties essentielles chantant sous la ligne des retards, le mélange des tierces majeures et mineures par une série descendante et continue de tierces majeures, ce qui aura*

pour effet de transporter le thème diatonique des retards dans le riche domaine du Chroma inté_
gral, régi par le Majeur (§ 176). L'effet surprenant de la succession a pour cause l'équisonance de
de l'agrégation accidentelle avec un accord de septième de première espèce, résolu d'une manié-
re imprévue.

Ex. 698.

Ex. 698bis

Mozart, qui paraît avoir découvert l'usage de cet accord apparent, en a laissé des spécimens remarquables
dans deux compositions de genre fort différent.

Ex. 699.

Ex. 699bis

§ 207bis.— Voyons à présent comment se comporte le *retard de l'octave par la neuvième du son
fondamental, quand la base harmonique elle-même apparaît sous la dissonance accidentelle*. La prolongation de neuvième s'ajoutant à une triade majeure ou mineure dissonne à la fois avec la fonda_
mentale et avec la tierce de l'accord. Cette dernière dissonance est seule essentielle et caracté_
ristique du retard dont il s'agit (§ 206), puisqu'elle se maintient quand le son fondamental est
absent, comme nous venons de le constater abondamment.

A. La prolongation de neuvième se produit dans les trois dispositions propres aux accords de
trois sons. Au premier et au second renversement le son radical se fait entendre dans une partie intermédiaire, à la neuvième au-dessous du son d'appui (§ 203).

Ex. 700. État direct

264

B. Les maîtres d'harmonie restés fidèles à la tradition n'admettent le retard de neuvième à la Basse que sous la condition expresse de ne pas apercevoir le son radical dans une des parties supérieures de l'harmonie.

Ex.702.

Cette règle n'est pas une de celles qui méritent d'être observées dans toute leur rigueur, puisque J.S.Bach la transgresse lorsque l'*appoggiature* n'est pas préparée (Ex.684). Il est aujourd'hui peu de professeurs qui condamneraient des passages comme ceux-ci :

Ex.703.

C. Parmi les retards descendants, ceux de neuvième sont les plus fréquents dans les *résolutions par ellipse* (§ 204).

Ex.704.

Ex.705.

Ex.705bis

Ex.705ter

D. Surajouté aux accords diatoniques de septième, le retard dont nous nous occupons ici ne donne aucun nouvel échelonnement d'intervalles, puisqu'il fait entendre simplement un accord normal de neuvième. Au point de vue pratique le résultat est également négatif. Les progressions notées ci-dessus, ex. 205 et 206, sont considérées le plus naturellement, ainsi que nous l'avons fait, comme des successions symétriques d'accords de neuvième avec ou sans fondamentale.

Il est inutile de parler d'un retard de neuvième dans les accords de cinq sons. L'énonciation de la chose suffit pour en dénoncer l'impossibilité, la neuvième d'un son fondamental ne pouvant être à la fois un son radical et une *appoggiature*.

§ 208.— *Tierce majeure ou mineure du son fondamental retardée par la quarte.* La dissonance accidentelle se produit par la collision de la note d'appui avec la quinte de l'accord radical :

quarte et quinte se résout en tierce et quinte.

A. *Retard de la tierce par la quarte dans les triades*. Son usage est en tout conforme à celui de l'accord radical pur et simple employé dans ses diverses dispositions et fonctions harmoniques.

Ex. 706.

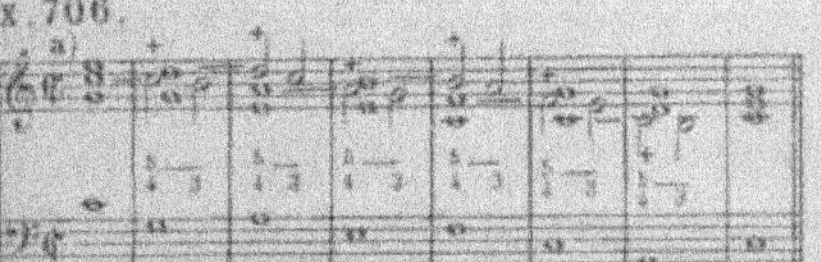

Résolutions elliptiques

I. Le retard $\overset{5}{4}\overset{}{3}$ est assurément la plus ancienne dissonance dont les créateurs de notre polyphonie ont établi et fixé l'emploi dans tous les genres de composition. Depuis Jan van Okeghem jusqu'à Jean Sébastien Bach, et depuis Caccini jusqu'à Gluck, la note d'appui rehausse la tierce de l'accord de dominante immédiatement avant la consonance finale de la période ou du morceau entier (Ex. 682).

Ex. 707.

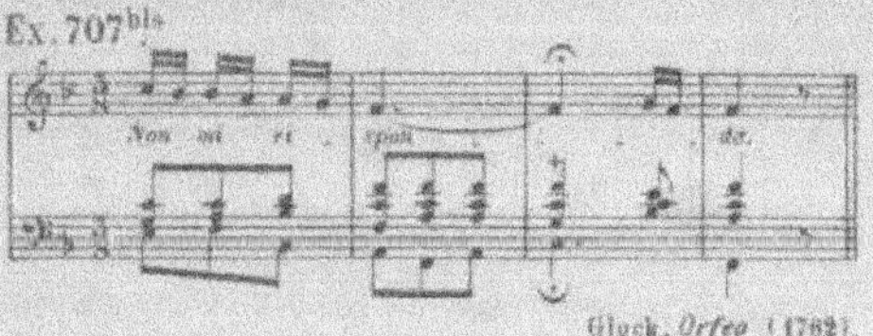

Caccini, *Nuove musiche* (1600).

Gluck, *Orfeo* (1762).

Grâce à ce retard ou harmonise, sans choquer l'oreille, les cadences terminatives du Mineur diatonique et des autres modes liturgiques dépourvus d'une note sensible.

Ex. 708.
(Mode de *La*)

Ex. 708bis

J. S. Bach, *Toccate d'orgue*.

Psalmodie du VIIIe mode.

II. Souvent la prolongation de quarte se montre sur les renversements de l'accord parfait. Elle-même ne se fait pas faute de paraître à la Basse.

Ex. 709.

B. *Retard de la tierce par la quarte dans les accords de septième*. Il a un emploi assez étendu, mais peu varié. La Septième de première espèce et ses altérations chromatiques lui permettent les dispositions les plus diverses ; dans les autres accords de quatre sons, la note d'appui laisse apercevoir clairement son origine mélodique par sa tendance impérieuse à prendre la place la plus aiguë de l'ensemble polyphone.

Ex. 710.

Un prélude émouvant du *Clavecin bien tempéré* montre, dans une Septième de dominante (fondamentale omise) le retard de la note sensible au grave, tandis que la Sensible elle-même s'étale à l'aigu : sujet de scandale pour les professeurs puristes.

Ex. 711.

I. Parmi les agrégations chromatiques de quatre sons, la Septième de la famille II, avec fausse-quinte et tierce majeure, accord posé principalement sur le II° degré (§ 169bis, p. 195) et accessoirement sur la Dominante (§ 172, p. 203), donne lieu à quelques retards dignes d'être notés.

Ex. 712.

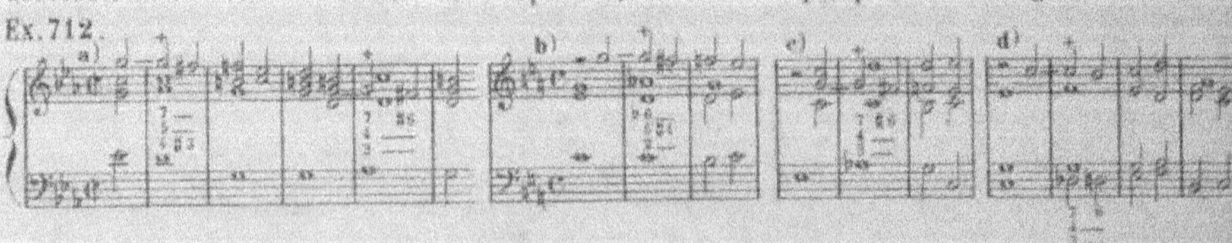

C. *Retard de la tierce par la quarte dans les accords de neuvième majeure ou de neuvième mineure ayant leur siège principal sur la Dominante et le II° degré*. Cette note d'appui se montre peu féconde ; les agrégations de cinq sons dont elle fait partie ne lui fournissent guère l'occasion de se produire utilement. En effet le son supérieur de l'accord de neuvième majeure, possédant par tradition le privilège d'occuper la partie aiguë de l'harmonie, empêche le retard de prendre cette place, qu'il brigue également, et le relègue dans les parties intermédiaires. La neuvième mineure, il est vrai, ne prétend se mettre, ni au-dessus du retard, ni à l'aigu des autres sons intérieurs de l'agrégation. Elle exige seulement qu'à l'état direct et intégral de l'accord, le son fondamental se trouve au-dessous d'elle.

Ex. 713.

I. Délestés de leur fondamentale, et par là devenus libres de modifier la position de leurs sons (§§ 90, 120), les deux accords, quand ils substituent momentanément la quarte à la tierce, exhibent une des faces de l'accord diatonique de septième (2ᵐᵉ ou 3ᵉ espèce);

et la résolution du retard avec tous les sons qui l'accompagnent est en tout conforme à celle d'un accord radical de septième. Nous n'avons donc pas à nous occuper davantage de ces dissonances accidentelles.

II. Une seule agrégation de cinq sons, employée sans sa fondamentale (II), apporte un retard de quarte avant tierce duquel nous ferons mention, bien que lui aussi soit équisonant avec un accord diatonique de septième. C'est la Neuvième de la famille chromatique I, en apparence une Septième diminuée avec tierce diminuée sur IV♯ (§ 169ᵇⁱˢ, C), accord dont le premier renversement est vulgairement connu sous le nom de *Sixte augmentée avec Quinte* (ex. 488, 489, 492, 494 et 495).

Ex. 714.

Le même accord de sixte augmentée théoriquement posé sur la Dominante (§ 172, B), et affecté d'un retard identique, ne se différencie pas dans sa notation de l'accord de septième greffé sur la triade du IIᵉ degré abaissé (§ 170, B).

§ 209. — *Quinte du son fondamental retardée par la sixte majeure ou mineure.* Même préparée, la note d'appui a un caractère essentiellement mélodique. Elle se met volontiers à l'une des deux parties extrêmes, de préférence à l'aigu, et s'attaque fréquemment d'emblée, en appoggiature.

A. Dans les triades consonantes et neutres la quinte étant le son le plus aigu, sa note d'appui ne heurte pas vers le haut un son dissonant et fait entendre ordinairement un simple accord de sixte et tierce (majeures ou mineures).

Ex.715

Ex.715bis

Gluck, *Armide*, fin du IIIe acte

L'appoggiature de sixte employée sur une triade ne devient dissonante qu'en deux cas: 1° lorsqu'elle se fait entendre avec sa note radicale, procédé exclusivement moderne;

Ex.716

2° lorsque, sixte mineure de la fondamentale, elle s'introduit dans une triade majeure. Au lieu de la dissonance spéciale du retard (§ 206), elle exhibe en ce cas une des faces de l'accord de quinte augmentée (§ 134).

Ex.717

Cp. la dernière mesure de l'ex. 369

B. *Dans les accords de quatre sons, dissonants par eux-mêmes, l'appoggiature de sixte se heurtant à la septième, entre en possession de sa dissonance spéciale, qui se présente ordinairement sous l'aspect d'une septième* (§ 206).

I. L'usage le plus fréquent de ces retards de sixte avant quinte se constate dans les *accords de septième établis sur une dominante centrale ou introtonale.*

Ex.718

II. L'accord de septième sur le II° degré du Majeur et du Mineur reçoit assez rarement l'appoggiature au-dessus de sa Quinte, et c'est toujours sans préparation.

Ex.719

C. Parmi les *accords de cinq sons*, la Neuvième majeure de dominante souffre encore moins l'appoggiature de sixte avant quinte que celle de quarte avant tierce (§ 208,C). Par contre *l'accord de Neuvième mineure établi sur une Dominante accepte la note d'appui en sa double qualité de sixte majeure et de sixte mineure*, et la produit même quand il est à son état direct et intégral.

Ex.720.

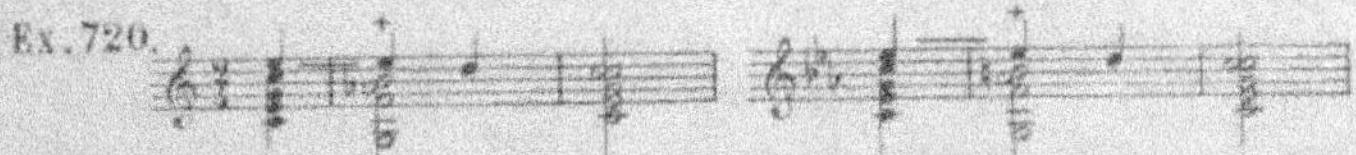

Mais les propriétés les plus remarquables de l'accord accidentel ne se révèlent à l'auditeur qu'après l'élimination du son fondamental.

I. *L'appoggiature de sixte mineure suscite sur le temps fort du rythme un accord accidentel, chromatique, équisonant avec la Septième diatonique de 3e espèce, et très usité à tous ses renversements.*

Ex.721.

Quelques exemples frappants de l'emploi des deux derniers renversements se présentent dans l'œuvre des maîtres.

Ex.722.   Ex.722bis.

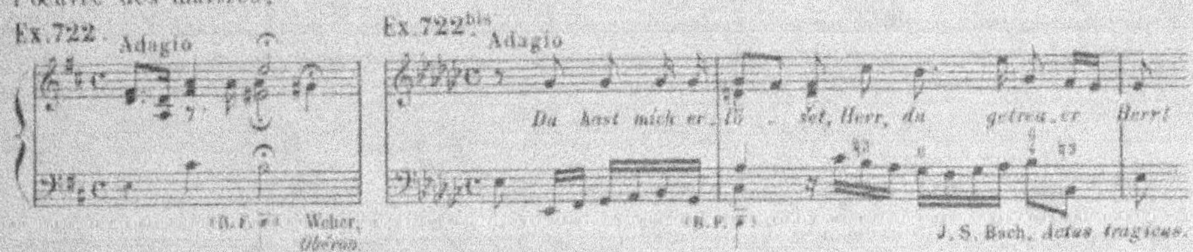

Wagner s'est approprié le 3e renversement de cet accord accidentel dans un des thèmes les plus saisissants de sa Tétralogie, dit *Schicksals-Motiv*: l'arrêt du Destin. Mais, chose digne de remarque, il ne produit l'accord, avec ses quatre sons, qu'à la fin du *Crépuscule des Dieux*, au moment où l'arrêt fatal reçoit son accomplissement (ci-après *a*). Dans les scènes antérieures du cycle dramatique, il laisse de côté la septième de la fondamentale sous-entendue, et crée par là une équisonance plus étrange: celle d'un accord consonant mineur (*b*).

Ex.723.

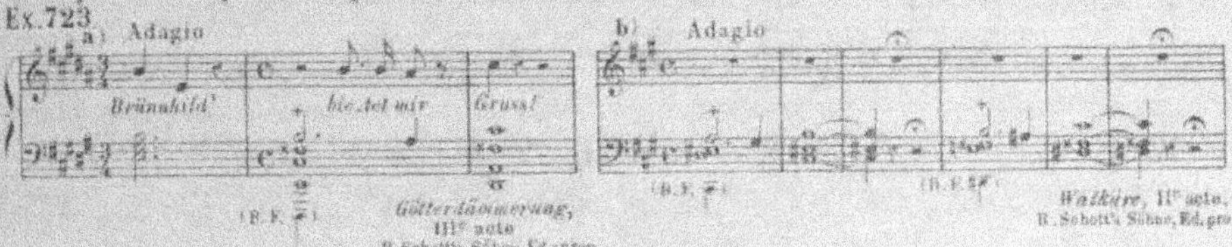

Ces passages suggèrent une observation assez importante. Leurs équisonances produisent une impression psychique d'autant plus profonde qu'elles transportent notre sentiment dans un milieu tonal plus éloigné. Pour qu'elles fassent sentir leur effet, deux conditions sont nécessaires: 1° *que l'accord équisonant ait une autre base harmonique que l'agrégation radicale affectée par les sons adventices*; 2° que la durée de l'accord équivoque soit suffisante pour déterminer une perception nette.

II. *L'appoggiature de sixte majeure dans l'accord de neuvième mineure de dominante* n'engendre pas une équisonance frappante, et par là même ne donne pas lieu à un usage très varié. La note d'appui se maintient ici généralement à sa place naturelle: la partie aiguë de l'ensemble.

D. Depuis Schumann les compositeurs modernes ne craignent pas d'omettre, comme virtuel-lement sous-entendue, la résolution de l'appoggiature dissonante de sixte dans l'accord de domi-nante (Septième ou Neuvième) qui amène après lui la triade conclusive de la Tonique.

§ 210. — Un seul des retards descendants simples, — praticable seulement dans les accords de cinq sons, — nous reste à étudier: *la septième du son fondamental retardée par l'Octave, laquelle heurte la neuvième*. Ici comme précédemment, la neuvième majeure, obstinément cramponnée à la partie supérieure de l'harmonie, est en pratique incompatible avec l'appoggiature d'octave ré-solue sur la septième. La neuvième mineure, au contraire, indifférente à sa position, quand la fondamentale est absente, favorise la réalisation d'une dissonance accidentelle qui se produit exclusivement à l'extrême aigu de la masse sonore.

A. C'est dans *l'accord de neuvième mineure établi sur la Dominante, et employé sous l'appa-rence de Septième diminuée*, que l'appoggiature d'octave se présente ordinairement chez les compositeurs de l'époque moderne.

B. *L'accord diatonique de neuvième mineure sur le IIe degré de l'échelle mineure* (§ 121), *allégé de la fondamentale* et souvent varié par les altérations du 5e type chromatique (§ 149, A), donne lieu à quelques applications de l'appoggiature d'octave qui ne sont pas encore devenues banales de notre temps.

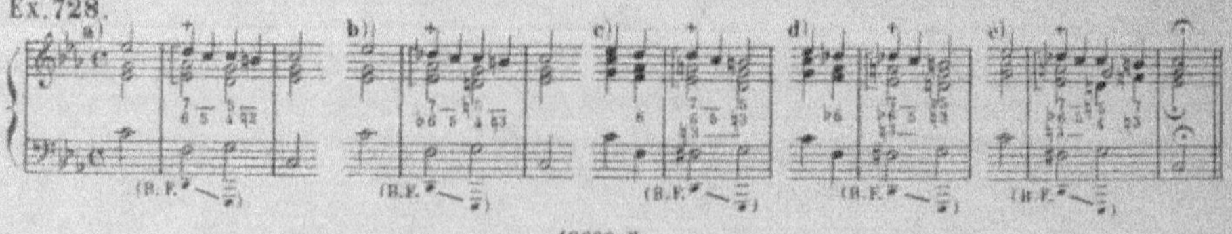

§ 211. — Les *retards doubles* se produisent par l'émission simultanée et le mouvement paral-lèle de deux notes d'appui préparées et situées à distance d'une tierce consonante (§ 205). Ceux qui se résolvent en descendant sont les trois suivants:

a) *Seconde et quarte* du son fondamental retardant celui-ci (ou sa réplique aiguë) en même temps que sa tierce;

b) *Quarte et sixte* du son fondamental retardant à la fois sa tierce et sa quinte;

c) *Sixte et octave* du son fondamental retardant sa quinte avec sa septième.

En ce qui concerne ses conditions d'emploi, la tierce dont se compose un double retard se si-gnale à l'impression sensorielle par des particularités importantes. Déjà douée d'une grande puis-sance sonore lorsqu'elle est entonnée à l'état consonant, en Duo (§ 44, B), la tierce, devenue double appoggiature dissonante dans un ensemble harmonique, croît encore en intensité par sa position sur le temps fort, par sa situation normale à l'aigu de la masse sonore. Par là elle s'isole jus-qu'à un certain point des sous radicaux qui vibrent avec elle, et elle crée pour la perception mu-sicale une dualité harmonique, un accord hybride. Au grave résonne l'harmonie principale, à l'aigu vibrent les deux sons d'appui qui dissonnent avec elle tant que dure le temps fort; au centre de l'agrégation entière la quinte de la fondamentale concilie les éléments opposés. Les deux premiers retards composés énumérés plus haut introduisent dans la succession polyphone *les accords à double fondamentale* (§ 53). *Le retard de seconde et quarte est en réalité un ac-cord de onzième, le retard de quarte et sixte un accord de treizième.* Les deux agrégations, qui ne vont apparaître ici tout d'abord qu'en partie, se verront plus loin mises en œuvre intégralement.

A. *L'agrégation de onzième* contenue dans le double retard de seconde et quarte est théori-quement engendrée par la conjonction de deux accords de septième distants d'une Quinte (§ 53, A), conception que la pratique réalise *en incorporant les deux sons accidentels dans un accord de septième établi sur le IIᵉ degré ou sur la Dominante du Majeur et du Mineur normal.* A l'attaque de la double dissonance on entend tous les sons de l'accord de onzième, la tierce seule exceptée.

Ex. 729

1. Mais ce n'est là ni l'usage unique, ni le plus fréquent. *L'accord de onzième se résout aussi par consonance*: le double retard descendant de seconde et de quarte est souvent suivi d'un accord parfait. Nous reconnaissons ici le procédé usuel, et même le seul possible lorsque l'aboutissant est la triade de *Tonique.* Dans l'harmonisation ordinaire, à quatre parties, chacun des deux accords de septième dont se forme l'accord de onzième perd sa tierce.

Ex. 730.

II. C'est dans leur disposition directe, présentée ici, que ces accords si énergiquement accentués gardent le mieux leur sonorité caractéristique. Interverties ou séparées, les doubles notes d'appui perdent plus ou moins de leur force expressive. *Lorsque la fondamentale ne paraît pas à la Basse,* ce qui n'est pas très commun, *elle s'y fait représenter par sa tierce,* fait notable que nous constaterons encore plus loin.

Ex. 732.

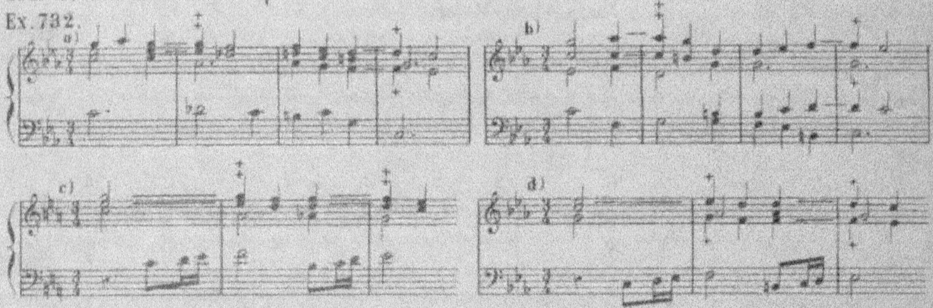

III. La succession usuelle contenant le double retard de onzième avec neuvième se continue à volonté sous forme de progression alternée par quinte descendante et quarte ascendante.

Ex. 733.

De même les accords de onzième résolus en dissonance ont la faculté d'amorcer les progressions semblables en Majeur et en Mineur. Mais elles ne peuvent se poursuivre longtemps sans être entraînées dans des modulations introtonales.

Ex. 734.

IV. *Souvent le double retard de seconde et de quarte greffé sur la Septième du IIe degré se résout immédiatement, par ellipse, sur la Septième de la Dominante,* ainsi que nous l'avons déjà montré au § 93 (p. 86), où toute l'agrégation accidentelle a été interprétée comme un accord normal résolu conformément au principe universel du mouvement harmonique: la succession des fondamentales par quinte descendante (§ 56, A).

B. *L'accord de treizième* (§ 53, B), *compris dans le double retard de quarte et sixte*, ne peut guère se réaliser à l'aide de la seule résolution descendante, sinon en posant sa base harmonique sur une Dominante, et en soudant, au moyen de la dissonance normale de septième (IV),les deux agrégations partielles dont il se compose (V—VII—II—IV IV—VI—I—III). La treizième (III), virtuellement contiguë avec la septième (IV), absorbe en elle toute la violence du choc et exige impérieusement la place saillante de l'ensemble: le *Soprano aigu*. En revanche la seconde des notes d'appui, la onzième (I), ne répugne pas à être séparée de sa compagne; elle se rencontre même à la Basse (e). Dans la pratique ordinaire de l'harmonie à quatre parties, on ne garde de l'accord partiel grave que les deux sous extrêmes (fondamentale et septième); de l'accord aigu on retranche la tierce (VI), neuvième du son fondamental.

Ex. 735.

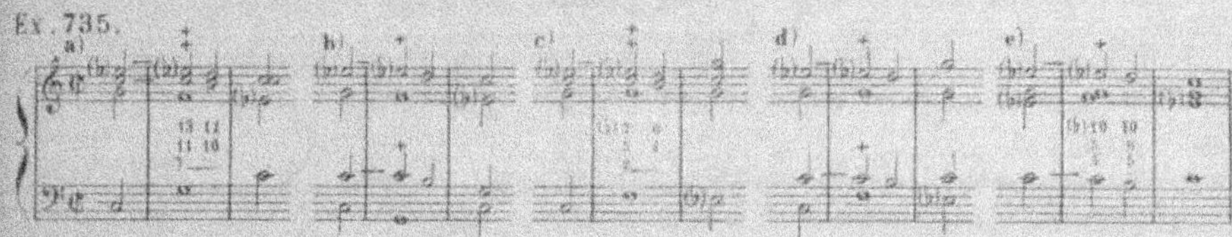

1. Quand on donne à la Septième de dominante une résolution en cadence rompue, on amorce une progression alternée par quarte descendante et seconde ascendante, formule apte à se continuer, et à se diversifier çà et là par une variante chromatique.

Ex. 736.

II. *La Septième de dominante*, la dissonance radicale, *se renforce volontiers par le concours de la neuvième mineure*; de là, en Mineur, un nouvel accord d'expression pathétique qui, en Majeur mixte, prend une intensité poignante.

Ex. 737.

C. *Le dernier double retard descendant, posé sur la sixte et l'octave du son fondamental*, présente beaucoup moins d'intérêt harmonique que les deux précédents, et son usage est étroitement limité. Il ne s'applique qu'à un seul accord, la Septième de dominante, et n'acquiert une saveur tant soit peu relevée qu'en Mineur, où il fait entendre une des dispositions de l'accord de quinte augmentée (§ 134).

Ex. 738.

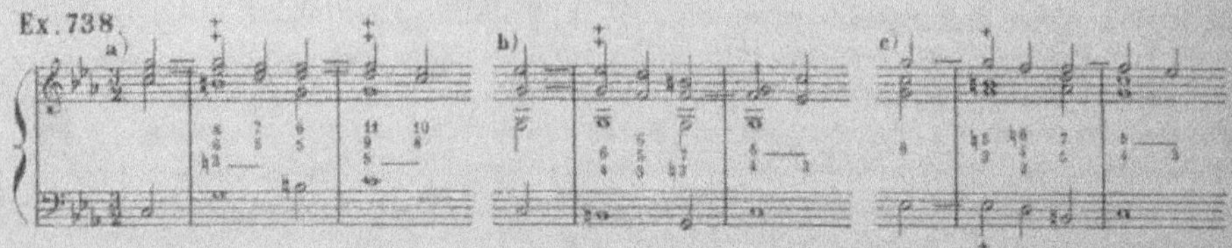

D. On aura remarqué au cours de ce paragraphe qu'*aucune des deux notes simultanément retardées ne se produit en même temps que son retard*, excepté lorsqu'elle fait fonction de Basse. Mais cette restriction ne s'observe pas dans les successions polyphones qui servent uniquement à accompagner un duo de voix ou d'instruments. En ce cas il s'établit entre les deux groupes sonores une séparation de timbres qui suffit pour amortir les chocs, en sorte que l'accompagnement fait entendre, sans froisser l'oreille, des accords entiers, tandis que les parties principales chantent leurs doubles retards en tierces ou en sixtes.

Ex. 738bis.

§ 211bis. — Disons encore, avant de passer à un autre point de cette Étude, que l'on réunit parfois en un *triple retard*, au-dessus de la fondamentale de l'accord radical, les trois sous latéraux de la triade consonante disposés en sixte et tierce (majeures ou mineures). La disposition des notes d'appui, comme celles des sixtes parallèles au-dessus d'une Pédale (ex. 624), comporte deux variantes.

Ex. 739.

De nos jours on ne craint pas de convertir de mineurs en majeurs tous ces accords de neuvième de dominante sans fondamentale.

TROISIÈME SECTION

Appoggiatures et prolongations ascendantes et mixtes dans la succession polyphone

§ 212. — Les accords accidentels que nous allons rencontrer ici sont loin d'avoir joué dans l'histoire et la technique de notre art polyphone un rôle aussi important que ceux dont il vient d'être question. Tandis que *la pratique du retard descendant, déjà commune au XVᵉ siècle, a fait découvrir peu à peu la totalité des agrégations dissonantes entrées dans l'usage moderne, le retard ascendant n'a eu aucune part à ce progrès.* Il n'apparaît pas chez les contrepointistes, et l'art actuel même ne lui concède qu'une place exiguë.

C'est que les dissonances spéciales issues de l'appoggiature ascendante se comportent au rebours des principes généraux qui régissent la théorie des agrégations inconsonantes et la succession mélodique des sons. (¹) En effet, quand il y a choc de deux degrés contigus, *la note dissonante n'est pas, comme dans le retard descendant, la plus grave* (§ 206), *mais la plus aiguë. Quand la seconde mineure ou majeure passe à la consonance, elle se résout en tierce, non par la descente du son grave, mais par l'ascension du son aigu* (§§ 201, 202).

Aussi dans l'ensemble polyphone le son d'appui ascendant est resté essentiellement un accent mélodique, intime, pénétrant, dont la place préférée est à l'aigu. Il se présente tantôt comme retard, tantôt comme appoggiature non préparée, et ceci particulièrement quand il occupe un degré chromatique. Or ce dernier cas étant le plus fréquent, le principal apport harmonique du retard ascendant consiste en des équisonances, dont l'effet est parfois des plus surprenants.

Comme nous l'avons fait pour les retards descendants, nous examinerons les appoggiatures et prolongations ascendantes en partant de leur son radical.

§ 213. — *La note fondamentale de l'accord, ou sa réplique à l'octave aiguë, retardée ou simplement appuyée par le degré plus bas d'un demi-ton*: procédé applicable aux triades et aux accords diatoniques de septième. En frappant le son radical au-dessous de la note d'appui attaquée en même temps, avec ou sans préparation, on convertit l'accord parfait ou la Septième de la Dominante en une dissonance des plus dures.

Ex. 740.

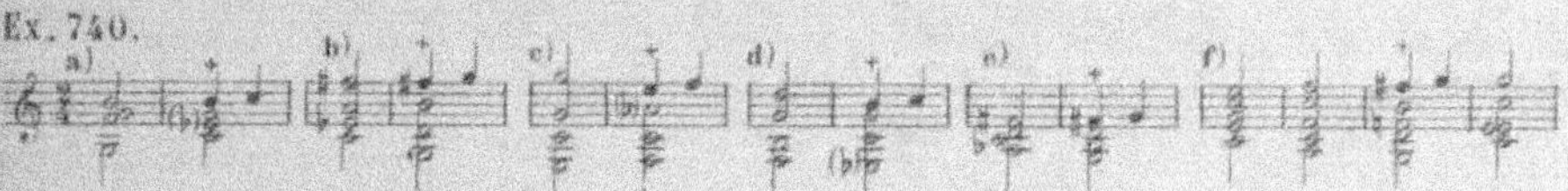

A. Dans les dispositions indirectes de l'accord accidentel on supprime d'habitude la percussion simultanée du son radical avec sa note d'appui.

Ex. 740ᵇⁱˢ

(¹) Dans son 33ᵉ problème musical Aristote demande : « Pourquoi la succession des sons est-elle plus satisfaisante de l'aigu au grave que du grave à l'aigu ? » Sa réponse est conforme à celle que nous suggère le sentiment moderne. Voir mon commentaire sur les écrits musicaux d'Aristote, p. 173 et suiv.

§ 214. — *La tierce du son fondamental d'un accord a au-dessous d'elle deux sons d'appui : l'un à la seconde mineure, l'autre à la seconde majeure*. Tous deux trouvent place dans les triades et dans les accords de Septième.

A. Devant une *tierce mineure* l'appoggiature n'a qu'à monter d'un demi-ton pour atteindre le son radical.

Ex. 741.

B. Devant une *tierce majeure* les maîtres anciens mettent ordinairement le son d'appui sur le degré diatonique situé un ton plus bas (ci-après a - d), tandis que les modernes préfèrent en général prendre la note intermédiaire, le degré chromatique (e - i).

Ex. 741bis

Sur nos instruments à clavier l'appoggiature chromatique au grave de la tierce majeure sonne à l'oreille comme une tierce mineure.

N'amenant aucun déplacement de la Basse-fondamentale, ces équisonances ne produisent qu'un effet vague et indécis (§ 209, C, II). Pour détruire l'équivoque et donner à l'altération inten- sive toute son âpreté, il suffit de frapper le son radical avec la note d'appui (ci-dessus f, g).

§ 215. — *La quinte du son fondamental d'un accord n'a d'autre son d'appui au grave que le degré situé une seconde mineure plus bas*, son noté presque toujours avec un signe d'altération intensive. Cette inflexion mélodique affecte les accords normaux de trois, de quatre et de cinq sons.

A. Dans les *triades majeures et mineures* elle n'a que la valeur d'un accent mélodique lorsque le son radical ne se fait pas entendre.

Ex. 742.

Ex. 742bis

B. Les *Septièmes de première et de deuxième espèce* acquièrent, grâce à l'intervention de l'appoggiature inférieure de leur Quinte, des équisonances intéressantes au point de vue harmonique, mais n'impliquant pas nécessairement un déplacement de la Basse-fondamentale, et par conséquent peu suggestives (§ 209, C, II).

C. La *Neuvième mineure de dominante*, débarrassée de sa fondamentale et affectée au-dedans par une appoggiature inférieure de la Quinte, produit une impression plus vive, en offrant au sens auditif une équisonance qui elle-même se réduit, par l'effet de notre tempérament instrumental, à un accord diatonique très familier à notre oreille : la Septième de première espèce, la plus généreuse de nos agrégations dissonantes.

§ 216 — *La septième mineure d'un son fondamental n'a, comme la Quinte, qu'une seule note d'appui au grave, située à la seconde mineure*, et tour à tour appoggiature ou retard. Ce son accidentel est immuablement destiné à la mélodie aiguë, et s'incorpore aux accords diatoniques de quatre et de cinq sons.

A. Usage de cette appoggiature dans la *Septième de la Dominante*.

Ex. 746.

Ex. 747.

B. *Dans l'accord de Septième mineure avec tierce majeure et fausse-quinte sur le IIᵉ degré* (§ 169ᵇⁱˢ B), la note d'appui au-dessous de la septième donne un accord accidentel très expressif, équisonant avec la Septième diatonique de troisième espèce, dont le son fondamental se trouve un triton plus haut, une fausse quinte plus bas.

Ex. 748.

Nous avons montré plus haut (p. 197, Ex. 484), l'effet prenant que Wagner a su tirer de cette dernière succession de deux appoggiatures ascendantes dans le thème principal de *Tristan et Yseult* : "l'incantation magique."

C. Dans la *Neuvième mineure de dominante* se produisant sans fondamentale, l'intervention de l'appoggiature ascendante devant la septième de la base harmonique produit une équisonance de l'accord de septième de première espèce, lequel a sa fondamentale une tierce mineure plus bas.

Ex. 749.

Ex. 750. avec la fondamentale de l'accord de neuvième.

§ 217. — La dernière note d'appui ascendante ne précède qu'une agrégation unique de cinq sons, *la Neuvième majeure de dominante*. *L'intonation accidentelle a sa place sur le degré chromatique situé immédiatement au-dessous du son supérieur de l'agrégation*, et fait entendre par conséquent l'octave augmentée de la base harmonique, appoggiature extrêmement dissonante qui ne devient acceptable pour l'oreille que lorsqu'elle est placée à la partie la plus aiguë de l'ensemble et loin de la fondamentale.

Ex. 751.

L'exemple suivant réunit deux des appoggiatures étudiées dans les paragraphes précédents, plus l'appoggiature d'une réplique aiguë de la Pédale intérieure.

Ex. 752.

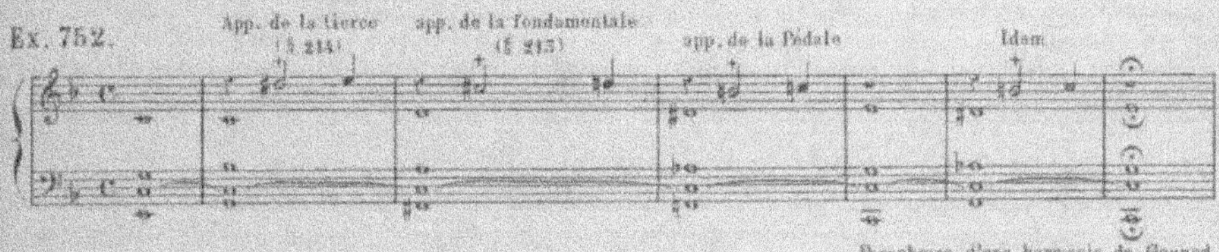

Paraphrase d'une harmonie de Gounod
(dans *Faust*; Cp.Ex.598bis)
Choudens, Édit.-prop.

§ 218. — Les *doubles appoggiatures (ou prolongations) ascendantes* (§ 205) sont entrées depuis assez longtemps dans la pratique polyphone des modernes. Elles y ont un emploi assez semblable à celui des appoggiatures simples qui se résolvent en montant; mais leur caractère est plus spécialement mélodique encore; elles se tiennent presque toujours dans les parties supérieures de l'ensemble et exhibent moins de retards que d'appoggiatures non préparées. Leur effet expressif est plus intense, plus pénétrant. Formées de deux appoggiatures simples distantes d'une tierce, elles se conjoignent, comme les descendantes, avec deux sons voisins appartenant à un accord de trois, quatre ou cinq sons.

Les doubles appoggiatures ascendantes sont au nombre de quatre; leurs sons d'appui accouplés ont pour aboutissants: a) la fondamentale et la tierce; b) la tierce et la quinte; c) la quinte et la septième; d) la septième et la neuvième.

A. *Fondamentale de l'accord et sa tierce précédées chacune de sa note d'appui inférieure*. En se dirigeant vers le son radical, l'appoggiature de la fondamentale monte invariablement d'une seconde mineure (§ 213); celle de la tierce procède tantôt par ton, tantôt par demi-ton (§ 214). L'intervention de cette double appoggiature est limitée en général aux triades consonantes.

Ex. 753.

Malgré l'octave discordante qu'elle suscite, la double appoggiature dont nous nous occupons ici a déjà commencé à se produire sur la Septième de dominante.

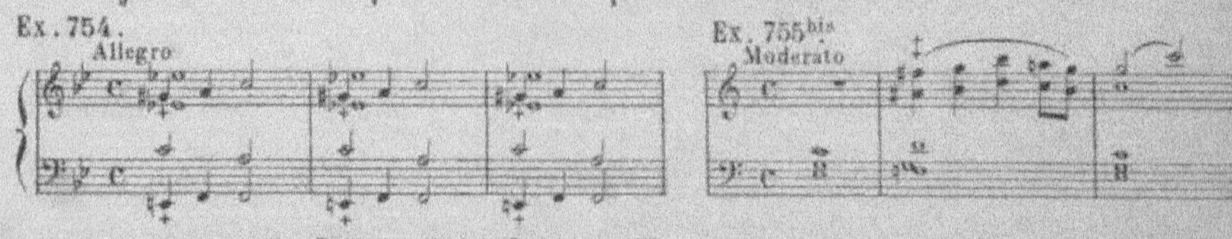

B. *Tierce et Quinte d'un son fondamental précédées de leur note d'appui inférieure.* La Quinte prend toujours son appoggiature un demi-ton vers le grave (§ 215), tandis que la tierce, comme on l'a vu tout à l'heure, la met parfois sur le degré diatonique, d'autres fois sur le degré chromatique au-dessous d'elle. Ce dernier choix est obligatoire quand la double appoggiature s'incorpore à un accord dont la tierce fondamentale est majeure.

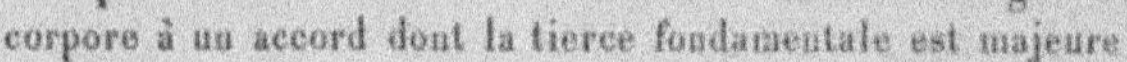

Introduite dans les accords dissonants, — Septième et Neuvième mineure de dominante (septième diminuée), — la double appoggiature chromatique (voire ultra-chromatique) engendre des harmonies plus riches en sons, susceptibles de renversement et suggérant des équisonances de bel effet.

C. *Quinte et septième d'un son fondamental précédées de leur note d'appui inférieure.* Comme la Quinte, la septième mineure met cette appoggiature un demi-ton au-dessous d'elle (§ 216); les deux sons accidentels montent donc ensemble d'une seconde mineure et se comportent à peu près comme dans la double appoggiature précédente.

Dans l'accord de neuvième mineure de dominante il se produit, après élimination de la fonda_
mentale, une équisonance intéressante (3ᵉ renversement d'une Septième de 2ᵈᵉ espèce).

D. *Neuvième majeure et septième de la Dominante précédées chacune de sa note inférieure*. Celle
de la neuvième est nécessairement chromatique (§ 217). La double appoggiature ne quittant guère
les parties supérieures de l'ensemble, les dispositions de l'accord accidentel comportent peu de variété .
Ex.759.

§ 219 . — *Triples appoggiatures ascendantes*. De même que les notes d'ornement triples, dont elles
diffèrent uniquement par leur position rythmique (§§ 194, 195), les sons latéraux ne se meuvent qu'en
tierces et sixtes parallèles au-dessus (rarement au-dessous) d'une pédale établie sur une Dominante ou une
Tonique .
Ex.760.

Il arrive que la fondamentale de l'accord radical reçoit elle-même une note d'appui , en sorte
qu'à l'attaque de la triple appoggiature les quatre sons de l'agrégation se trouvent tous retardés .
Ex.760ᵇⁱˢ Andantino

§ 220 . — Pas plus que les sons passagers émis ensemble, les doubles sons d'appui ne sont voués
exclusivement à la marche parallèle . Ils possèdent la faculté de se mouvoir et de se résoudre simul_
tanément dans une direction opposée, à condition de se conformer au principe souverain qui gouverne
les dissonances accidentelles : le mouvement mélodique par degrés conjoints (§ 186). Tous les accords
passagers, amplificatifs et introductoires, contenant à la fois des sons ascendants et des sons descen_
dants (§ 196, § 197) sont praticables sous forme d'appoggiatures doubles, triples ou quadruples . Il
suffit pour cela d'amener les agrégations accidentelles sur les temps forts du rythme .

A. *Appoggiatures doubles procédant en sens inverse* (cp. § 196, A.B.)
Ex.761.

B. *Appoggiatures triples : deux parties suivent une marche parallèle, une procède à l'inverse, la quatrième persiste sur le même degré* (Cp. § 197, A).

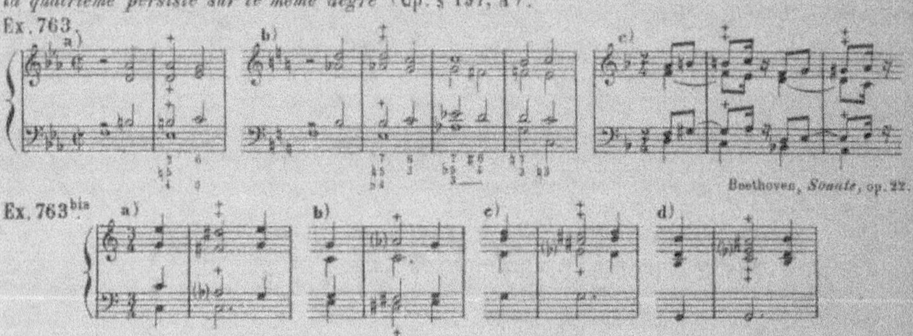

C. *Appoggiatures quadruples : trois parties procèdent parallèlement en tierces et sixtes, la quatrième marche à rebours.* Un seul spécimen suffira ici : la réalisation, sous forme d'appoggiature collective, d'un accord accidentel signalé plus haut comme amplification passagère de la Septième de dominante (§ 197, C, ex. 658, c, d). Les quatre notes d'appui posent sur une tenue du son fondamental de l'agrégation.

L'unique son descendant est la note d'appui de la réplique aiguë du son fondamental ronflant au grave, ou, si l'on veut, la neuvième mineure s'ajoutant au-dessus de la Septième de dominante, précédée de sa triple appoggiature ascendante. Nous reconnaissons là une transformation imprévue que Richard Wagner a fait subir à un thème marquant de sa Tétralogie, une variante sinistre du cri enthousiaste des ondines rhénanes.

§ 221 — Ce n'est que sous l'aspect d'appoggiatures triples et quadruples, résolues par le mouvement contraire de leurs notes d'appui, que les agrégations à double base, — *Onzièmes et Treizièmes* (§ 53, p. 46), — trouvent leur emploi effectif comme accords composés, et parviennent à faire entendre simultanément, sur le frappé de la mesure, les sons essentiels des harmonies de la Dominante et de la Tonique. *L'état direct de l'accord collectif, avec suppression de la tierce au-dessus de la fondamentale, est la disposition ordinaire des agrégations de six et de sept sons. En l'absence de la base harmonique, la tierce a qualité pour tenir sa place.*

A. Dans la pratique polyphone des modernes, *l'accord de onzième se présente normalement comme une Septième de dominante, résonnant au-dessus d'une triade de tonique au temps frappé, et s'absorbant dans la consonance au temps levé.* On obtient ce résultat en combinant le double retard descendant de seconde et quarte (§ 211, A) avec l'appoggiature simple montant vers l'octave du son fondamental (§ 213). Il ne faut pas moins de cinq parties pour obtenir la plénitude désirable.

Ex. 765.

À l'occasion, le tronçon supérieur de l'accord de onzième, c'est-à-dire la Septième de dominante, apparaît avec sa quinte affectée d'une altération intensive. L'agrégation accidentelle montre alors deux appoggiatures ascendantes et une descendante; l'altération intensive prend l'extrémité aiguë de l'ensemble.

Ex. 766. a)

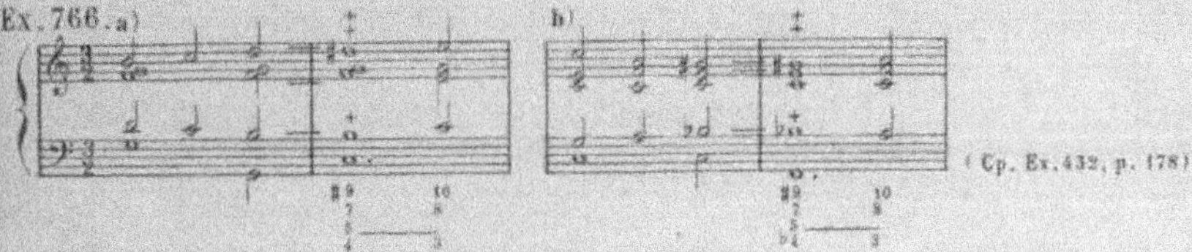

(Cp. Ex. 432, p. 178).

B. *L'agrégation de treizième, dans sa plénitude, se décompose harmoniquement en une Neuvième majeure ou mineure de dominante résonnant au-dessus d'une triade de tonique.* En pratique, l'accord résulte ordinairement de la conjonction d'un double retard descendant de quarte et sixte (§ 211, B) avec une double appoggiature montant à l'octave et à la dixième (§ 218, A). Comme la neuvième mineure n'est pas tenue de se trouver tout à l'aigu, elle laisse une certaine marge pour la disposition des nombreux sons de l'accord. Six parties sont nécessaires pour que l'harmonie soit suffisamment pleine.

Ex. 767.

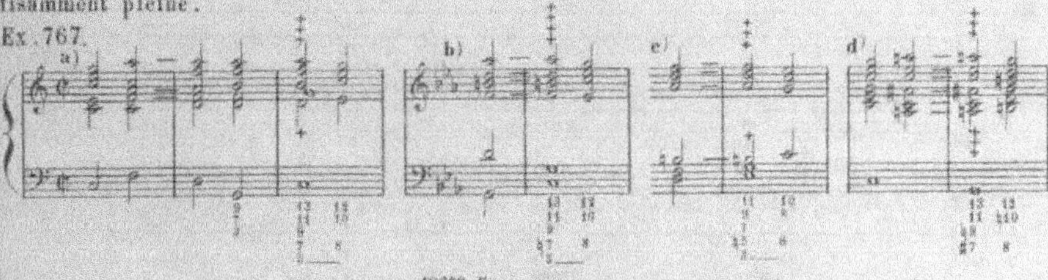

Ex.768.

J.S.Bach, *Prélude de la fugue en Sol mineur pour orgue.*

Beethoven n'a pas craint d'attaquer tous ensemble, sans préparation, les sept sons de l'accord de treizième, l'échelle entière du Mineur normal, au début de la partie chantée dans le Final de la IXᵉ Symphonie. L'accord de neuvième mineure de la Dominante posé sur le premier renversement de la triade de tonique.

Ex.769.

Et l'immortel symphoniste a effectué d'une manière plus naïve, mais très pittoresque, la résonance simultanée des accords de dominante et de tonique au moyen de deux doubles pédales simplement superposées.

Ex.770.

Début du final de la *Symphonie pastorale.*

C. Une *progression alternée d'accords de treizième et de onzième* se justifie parfaitement au point de vue harmonique.

Ex.771.

§ 222. — Il nous reste, pour compléter la partie de notre enseignement contenue dans cette Étude et la précédente, à jeter un rapide coup d'œil sur l'*emploi combiné des deux grandes classes d'éléments spécialement mélodiques,* — sons passagers et sons d'appui, — dans la succession polyphone.

A. *Sons passagers mêlés aux appoggiatures ou retards dans le dessin chantant d'une des parties de l'ensemble* (cp.§ 200). Un pareil mélange offre le plus d'intérêt harmonique quand il se produit à la Basse (ci-après a.b). Parfois une note de passage est jugée suffisante pour servir de préparation à un retard (c,d).

Ex. 772.

B. *Retards ou appoggiatures dont la résolution est différée par l'interposition d'un ou de plusieurs sons mélodiques* (Cp. 200, B). Quand les sons intercalés appartiennent à l'accord d'accompagnement, ils sont libres de leurs mouvements mélodiques; quand ils sont en dissonance avec lui, ils doivent être voisins immédiats du son radical.

Ex. 773.

Dans les retards et appoggiatures doubles, les sons intercalés se meuvent naturellement en tierces (=sixtes) parallèles, tout comme les sons radicaux.

Ex. 774.

C. *Appoggiatures greffées sur des sons faisant partie d'un accord amplificatif* (a), *ou accompagnées d'un accord introductoire* (b).

Ex. 775.

NEUVIÈME ET DERNIÈRE ÉTUDE

Les transitions d'un système tonal à un autre

PREMIÈRE SECTION

Théorie et classement des transitions

§ 223. — Jusqu'ici nous n'avons étudié que les successions enserrées dans un seul système tonal. Les modifications intérieures du système qui ont été précédemment observées par nous ne constituent pas un déplacement de son centre de gravité. Ni le passage du Majeur au Mineur de même base (ou vice versa), ni le mélange des deux avec le Chromatique n'amènent un changement de ton, ils constituent simplement un renfort des accents mélodiques de l'échelle, éléments essentiellement variables. Le fondement de l'harmonie ne bouge pas davantage dans les modulations que nous avons appelées *introtonales*, où chacune des triades appartenant au même système tonal peut être admise momentanément à exercer les fonctions de tonique, tout en restant sous la dépendance de la Tonique souveraine.

Les transitions dont nous avons à nous occuper maintenant, et que nous qualifierons parfois de *modulations extratonales, entraînent un déplacement du centre harmonique*, un transfert du système tonal au cours de l'oeuvre musicale. *La triade suzeraine, avec tout son cortège d'harmonies vassales, se porte sur un autre degré de l'échelle diatonique ou chromatique.* Toute relation avec le système abandonné a pris fin. La base harmonique du nouveau ton est tantôt un son sans fonction harmonique dans le ton antérieur, tantôt une des toniques subordonnées de celui-ci, laquelle, élargissant ses fonctions, s'établit Tonique autonome.

Dans la terminologie de la musique gréco-romaine, *transition* se disait *métabole*, mais le mot s'étendait aux changements intérieurs de la contexture rythmique aussi bien qu'à ceux de la succession mélodique. En ce qui concerne ces derniers, les théoriciens distinguaient : 1° la *métabole de système*, l'équivalent de notre modulation introtonale (ils n'en connaissaient qu'une seule : à la Sous-dominante). 2° la *métabole de ton*, identique avec notre transition tonale; 3° la *métabole de l'éthos*, du caractère expressif : changement de mode; 4° la *métabole de genre* : passage du diatonique au chromatique ou vice versa.

§ 224. — Contrairement aux modulations introtonales, qui ne nécessitent aucune préparation harmonique, *les transitions à une tonalité située hors du domaine tonal parcouru jusque là s'effectuent par l'intermédiaire* — réel ou latent — *d'un accord, ou au moins d'un son commun aux deux tons mis en contact. L'acte essentiel de la transition consiste à transformer les fonctions tonales de cet élément médiateur pendant sa durée, à lui imposer les fonctions qu'il remplira dans le ton subséquent.* L'accord ou le son commun est le *noeud* qui unit les deux systèmes successifs. La transition est virtuellement accomplie dès que le compositeur a mentalement substitué aux fonctions primitives de l'élément conjonctif celles qui lui appartiennent désormais; l'accord attaqué dans le ton antérieur est résolu dans le ton subséquent. Le nouveau système tonal abolit l'ancien et régit la succession harmonique jusqu'à un changement ultérieur.

Ex. 776.

A. *Si la transition aboutit à une Tonique laquelle, en d'autres circonstances, est subor-donnée à la Tonique d'où part la transition, — cas fréquent, — le changement peut s'engager comme modulation introtonale, et le nœud est censé se trouver alors à l'endroit où le nouveau ton s'affirme par une cadence ou des accords caractéristiques.*

Ex. 777. Cadence rompue, convertie en transition tonale.

Ex. 778. Modulation introtonale sur VII°, changée en transition.

§ 225. — Une transition tonale ne peut avoir lieu au moyen d'une succession rationnelle de sons ou d'accords, si les deux tons intéressés ne possèdent *dans leur gamme diatonique* aucun accord, aucun son en commun. En d'autres termes *il faut, pour que la transition di-recte soit régulièrement possible, que l'armure des deux tons mis en œuvre ne diffère pas de plus de six accidents.* Des échelles tonales plus éloignées l'une de l'autre dans le système général des sons ne peuvent entrer en contact harmonique que moyennant l'enchaî-nement de deux ou plusieurs transitions directes.

Notre théorie de la transition tonale n'est rien moins que nouvelle. À la fin du XIII° siècle le théoricien Marchetto de Padoue définit la chose en ces termes: "La muance est le changement de nom [partant de fonction], effectué sur une seule et même note." *Mutatio est variatio nominis vocis seu notae in eodem spatio, linea et sono.* Gerbert, *Script.*, t. III, p. 90. — Et douze cents ans auparavant le musiciste grec Cléonide avait déjà énoncé la condition essentielle de la métabole de ton: "Dans le passage d'un ton à un autre, quelque chose doit rester commun aux deux échelles, soit un son, soit un intervalle, soit un tétracorde (intervalle de Quarte diatoniquement décomposé en un ton, un ton, un demi-ton descendants). F.A.G. *Mus. de l'ant.*, t. I, p. 349.

§ 226. — La règle établie au § précédent détermine la série et le nombre des transitions immédiatement accessibles à chacun des tons aujourd'hui en usage. *Chaque Tonique majeure fondée sur un des 12 degrés d'une échelle chromatique du type 5 ou 6 (p. 155) peut se déplacer jusqu'à 6 Quintes à droite et 6 Quintes à gauche.* D'Ut majeur, le ton-modèle, on s'avance jusqu'au ton de Fa ♯, on rétrograde jusqu'au ton de Sol ♭. De La mineur on va jusqu'à Ré ♯ mineur à droite, jusqu'à Mi ♭ mineur à gauche. Au delà de cet écart, les échelles diatoniques des deux tons ne présentent plus aucun son commun. La double limite est infranchissable pour la musique vocale pure, dont les interprètes n'ont d'autre guide pour l'intonation que leur sentiment instinctif des vrais rapports harmoniques. Quant à la musique instrumentale, basée sur le système artificiel du *tempérament*, elle n'a pas de raison non plus pour pousser les transitions plus loin, puisque au bout de six Quintes la Tonique de droite et celle de gauche se rendent par les mêmes touches.

Le classement des transitions tonales se règle sur le nombre des Quintes impliqué dans le déplacement de la Tonique souveraine.

A. La *première classe* montre la Tonique se déplaçant *d'une Quinte* vers la droite (d'Ut à Sol), ou d'une Quinte vers la gauche (d'Ut à Fa) ;

La *deuxième classe* exhibe un déplacement de *deux Quintes* (= seconde majeure) vers la droite (d'Ut à Ré), ou de deux Quintes vers la gauche (d'Ut à Si ♭) ;

La *troisième classe* correspond à un déplacement de *trois Quintes* (= sixte majeure, tierce mineure) vers la droite (d'Ut à La), ou de trois Quintes vers la gauche (d'Ut à Mi ♭) ;

La *quatrième classe* fait voir un déplacement de *quatre Quintes* (= tierce majeure) vers la droite (d'Ut à Mi), ou de quatre Quintes vers la gauche (d'Ut à La ♭) ;

La *cinquième classe* implique un déplacement de *cinq Quintes* (= septième majeure, seconde mineure) vers la droite (d'Ut à Si), ou de cinq Quintes vers la gauche (d'Ut à Ré ♭) ;

Enfin la *sixième classe* présente un déplacement de *six Quintes* (= triton, fausse-quinte) vers la droite (d'Ut à Fa ♯), ou de six Quintes vers la gauche (d'Ut à Sol ♭).

B. *Chacune des six classes se divise en deux sections* : l'une comprend les transitions se dirigeant vers la droite et que nous qualifierons de *progressives* ; l'autre contient les transitions allant vers la gauche : nous les appelerons *régressives*.

Les sections comprises dans les trois premières classes comportent chacune quatre variétés modales. La transition a lieu :

> a) soit d'un ton Majeur à un autre ton Majeur ;
>
> b) soit d'un ton mineur à un ton mineur ;
>
> c) soit d'un ton Majeur à un ton mineur ;
>
> d) soit d'un ton mineur à un ton Majeur.

Pour rendre dans les tableaux et exemples suivants l'indication des modes plus frappante à l'œil, nous écrirons "Majeur" et "mineur", et nous conserverons la majuscule pour l'abréviation de "Majeur". Lorsque l'énonciation du ton ne sera pas suivie de "M" ou de "m" il s'agira du *Majeur intégral*, le mode universel de la musique polyphone, lequel contient tous les modes particuliers, anciens et modernes.

C. *Dans les trois dernières classes les changements de ton qui se combinent avec un change-ment de mode deviennent moins nombreux de moitié.* La cause en est patente. L'armure nor-male du mineur étant celle de son relatif Majeur, exhibe 3 bémols de plus ou 3 dièses de moins que le Majeur de même base.

Tous Majeurs	Ut♭	Sol♭	Ré♭	La♭	Mi♭	Si♭	Fa	UT	Sol	Ré	La	Mi	Si	Fa♯	Ut♯			
Tous mineurs	La♭	Mi♭	Si♭	Fa	Ut	Sol	Ré	LA	Mi	Si	Fa♯	Ut♯	Sol♯	Ré♯	La♯			

Si l'on déplace la Tonique de 4, 5 ou 6 Quintes à gauche ou à droite, et que l'on passe en même temps d'un mode à l'autre, il arrivera la moitié du temps que les deux échelles dia-toniques n'auront plus aucun son commun. Exemples : d'Ut mineur (♭♭♭) à Mi Majeur (♯♯♯♯), 4ᵉ classe ; — de Ré Majeur (♯♯) à Mi♭ mineur (♭♭♭♭♭♭), 5ᵉ classe ; — de Fa mineur (♭♭♭♭) à Si Majeur (♯♯♯♯♯), 6ᵉ classe.

Toutefois il y a lieu de se rappeler ici que *le Majeur, ayant conquis le privilège de s'anne-xer facultativement le Mineur, peut toujours se substituer à celui-ci.*

Cette réserve faite, nous nous bornons à donner *six* modèles seulement, au lieu de huit, pour les 3 dernières classes.

§ 227.— Les 42 transitions normales à partir d'une Tonique UT.

PREMIÈRE CLASSE : *la Tonique se déplace d'une Quinte* ;

    Section A : vers la droite, à la Quinte aiguë (Quarte grave).

        Modèle 1 : d'Ut Majeur ( ) à Sol Majeur (♯) ;

        Modèle 2 : d'Ut mineur (♭♭♭) à Sol mineur (♭♭) ;

        Modèle 3 : d'Ut Majeur ( ) à Sol mineur (♭♭) ;

        Modèle 4 : d'Ut mineur (♭♭♭) à Sol Majeur (♯).

    Section B : vers la gauche, à la Quinte grave (Quarte aiguë).

        Modèle 5 : d'Ut Majeur ( ) à Fa Majeur (♭) ;

        Modèle 6 : d'Ut mineur (♭♭♭) à Fa mineur (♭♭♭♭) ;

        Modèle 7 : d'Ut Majeur ( ) à Fa mineur (♭♭♭♭) ;

        Modèle 8 : d'Ut mineur (♭♭♭) à Fa Majeur (♭).

DEUXIÈME CLASSE : *la Tonique se déplace de 2 Quintes* ;

    Section C : vers la droite, à la seconde majeure aiguë (septième mineure grave).

        Modèle 9 : d'Ut Majeur ( ) à Ré Majeur (♯♯) ;

        Modèle 10 : d'Ut mineur (♭♭♭) à Ré mineur (♭) ;

        Modèle 11 : d'Ut Majeur ( ) à Ré mineur (♭) ;

        Modèle 12 : d'Ut mineur (♭♭♭) à Ré Majeur (♯♯).

    Section D : vers la gauche, à la seconde majeure grave (septième mineure aiguë).

        Modèle 13 : d'Ut Majeur ( ) à Si♭ Majeur (♭♭) ;

        Modèle 14 : d'Ut mineur (♭♭♭) à Si♭ mineur (♭♭♭♭♭) ;

        Modèle 15 : d'Ut mineur (♭♭♭) à Si♭ Majeur (♭♭) ;

        Modèle 16 : d'Ut Majeur ( ) à Si♭ mineur (♭♭♭♭♭).

TROISIÈME CLASSE : *la Tonique se déplace de 3 Quintes* ;

    Section E : vers la droite, à la sixte majeure aiguë (tierce mineure grave).

        Modèle 17 : d'Ut Majeur ( ) à La Majeur (♯♯♯);

        Modèle 18 : d'Ut mineur (♭♭♭) à La mineur ( );

        Modèle 19 : d'Ut Majeur ( ) à La mineur ( );

        Modèle 20 : d'Ut mineur (♭♭♭) à La Majeur (♯♯♯).

    Section F : vers la gauche, à la tierce mineure aiguë (sixte majeure grave).

        Modèle 21 : d'Ut Majeur ( ) à Mi♭ Majeur (♭♭♭);

        Modèle 22 : d'Ut mineur (♭♭♭) à Mi♭ mineur (♭♭♭♭♭♭);

        Modèle 23 : d'Ut mineur (♭♭♭) à Mi♭ Majeur (♭♭♭);

        Modèle 24 : d'Ut Majeur ( ) à Mi♭ mineur (♭♭♭♭♭♭).

QUATRIÈME CLASSE : *la Tonique se déplace de 4 Quintes* ;

    Section G : vers la droite, à la tierce majeure aiguë.

        Modèle 25 : d'Ut Majeur ( ) à Mi Majeur (♯♯♯♯);

        Modèle 26 : d'Ut mineur (♭♭♭) à Mi mineur (♯);

        Modèle 27 : d'Ut Majeur ( ) à Mi mineur (♯).

    Section H : vers la gauche, à la tierce majeure grave.

        Modèle 28 : d'Ut Majeur ( ) à La♭ Majeur (♭♭♭♭);

        Modèle 29 : d'Ut mineur (♭♭♭) à La♭ mineur (♭♭♭♭♭♭♭);

        Modèle 30 : d'Ut mineur (♭♭♭) à La♭ Majeur (♭♭♭♭).

CINQUIÈME CLASSE : *la Tonique se déplace de 5 Quintes* ;

    Section I : vers la droite, à la septième majeure aiguë (seconde mineure grave).

        Modèle 31 : d'Ut Majeur ( ) à Si Majeur (♯♯♯♯♯);

        Modèle 32 : d'Ut mineur (♭♭♭) à Si mineur (♯♯);

        Modèle 33 : d'Ut Majeur ( ) à Si mineur (♯♯).

    Section J : vers la gauche, à la seconde mineure aiguë (septième majeure grave).

        Modèle 34 : d'Ut Majeur ( ) à Ré♭ Majeur (♭♭♭♭♭);

        Modèle 35 : d'Ut mineur (♭♭♭) à Ré♭ mineur (8 bémols);

        Modèle 36 : d'Ut mineur (♭♭♭) à Ré♭ Majeur (♭♭♭♭♭).

SIXIÈME CLASSE : *la Tonique se déplace de 6 Quintes* ;

    Section K : vers la droite, au triton aigu (fausse-quinte grave).

        Modèle 37 : d'Ut Majeur ( ) à Fa♯ Majeur (♯♯♯♯♯♯);

        Modèle 38 : d'Ut mineur (♭♭♭) à Fa♯ mineur (♯♯♯);

        Modèle 39 : d'Ut Majeur ( ) à Fa♯ mineur (♯♯♯).

    Section L : vers la gauche, au triton grave (fausse-quinte aiguë).

        Modèle 40 : d'Ut Majeur ( ) à Sol♭ Majeur (♭♭♭♭♭♭);

        Modèle 41 : d'Ut mineur (♭♭♭) à Sol♭ mineur (9 bémols);

        Modèle 42 : d'Ut mineur (♭♭♭) à Sol♭ Majeur (♭♭♭♭♭♭).

§ 228. — Si, faute de sous communs, *le déplacement de la Tonique ne peut excéder 6 Quintes, lorsque la transition passe d'un ton Majeur à un autre Majeur, ou d'un ton mineur à un autre mineur*, la limite devient franchissable, en certains cas, sans que le principe fondamental soit violé, *lorsque la transition se fait d'un ton Majeur à un ton mineur ou vice versa*. En effet, la Tonique peut avancer de 7, 8 ou 9 Quintes, tout en gardant des sous communs, *dans une transition de Majeur à mineur allant vers la droite* (voir § 226, C). Pareillement la Tonique peut rétrograder de 7, 8 ou 9 Quintes, sans perdre tous ses sons communs, *dans une transition de mineur à Majeur allant vers la gauche*. De là *six transitions hors cadre*, qui compensent le déficit des trois dernières classes, et que nous rangeons dans une catégorie supplémentaire.

M. La Tonique se déplace de 7 Quintes (demi-ton chromatique).

Modèle 43: d'Ut Majeur ( ) à Ut$\sharp$ mineur ($\sharp\sharp\sharp\sharp$);

Modèle 44: de La mineur ( ) à La$\flat$ Majeur ($\flat\flat\flat\flat$).

N. La Tonique se déplace de 8 Quintes (quinte augmentée, quarte diminuée).

Modèle 45: d'Ut Majeur ( ) à Sol$\sharp$ mineur ($\sharp\sharp\sharp\sharp$);

Modèle 46: de La mineur ( ) à Ré$\flat$ Majeur ($\flat\flat\flat\flat$).

O. La Tonique se déplace de 9 Quintes (seconde augmentée, septième diminuée).

Modèle 47: d'Ut Majeur ( ) à Ré$\sharp$ mineur ($\sharp\sharp\sharp\sharp$);

Modèle 48: de La mineur ( ) à Sol$\flat$ Majeur ($\flat\flat\flat\flat$).

En somme les 48 modèles transposés sur les 12 degrés de l'échelle chromatique (type 5 ou 6) donnent un total de 576 transitions directement réalisables.

§ 229. — De même que les termes *modulation* et *transition*, le mot *ton* et ses dérivés *tonique*, *tonalité* comportent des distinctions assez nombreuses dont l'importance se révèle dans la pratique de la composition musicale.

A. En partant du sens le plus étroit, nous appellerons *Ton effectif, Tonique effective, la base harmonique du système tonal mis en œuvre dans le passage actuellement considéré*. C'est l'acception commune du terme, celle que nous aurons constamment en vue, sauf indication contraire, dans les pages suivantes.

B. Des compositions polyphones ne contenant aucune digression tonale sont extrêmement rares à l'époque moderne. De nos jours les œuvres destinées au concert ou à l'exécution privée contiennent généralement une ou plusieurs transitions amenant des *Tons épisodiques*; mais *la partie initiale et la partie conclusive appartiennent au même Ton*. Ce principe de construction, que la musique polyphone n'a pas connu avant 1600, est encore universellement observé aujourd'hui pour toute production musicale non associée à une représentation scénique. Le système tonal qui constitue l'*alpha* et l'*oméga*, le commencement et la fin de l'œuvre, s'appelle le *Ton principal*. J'écrivais à ce propos il y a une trentaine d'années: L'effet esthétique de la modulation résulte de la relation que notre sentiment établit entre le Ton initial et le nouveau Ton où l'on entre[1]. Dès que l'auditeur a perdu la mémoire de la tonalité qui a frappé son oreille au début du morceau, le changement de ton ne provoque plus qu'une simple sensation de surprise qui s'affaiblit de plus en plus à mesure qu'elle se répète.

---

[1] *Histoire et Théorie de la Musique de l'antiquité*, t. I, p. 345.

C . Dans les oeuvres instrumentales bâties sur le modèle d'un premier *Allegro* de sonate, la Tonique principale, ne pouvant pas indéfiniment garder la parole, se choisit pour interlocutrice une autre Tonique autonome sur laquelle s'établit le motif épisodique du morceau; c'est ce que nous appellerons le *Ton associé*. Celui-ci a toujours pour siège une tonique subordonnée au Ton principal, laquelle s'élève au rang de Tonique effective. Si le Ton principal est un Majeur, il a pour associé ordinaire le Ton de la Dominante.

Ex. 779.

Si c'est un Mineur qui s'annonce comme Ton principal, il prend d'habitude pour Ton associé son relatif Majeur.

Ex. 780.

D . Les grandes compositions instrumentales (Sonates, Quatuors, Symphonies) formant un cycle de trois ou de quatre morceaux séparés ou enchaînés, visent à réaliser leur unité esthétique dans une *Tonique fondamentale* . Cette base harmonique qui porte et soutient l'œuvre entière est le Ton principal du premier et du dernier morceau de la série. Les morceaux intermédiaires s'établissent sur des tonalités apparentées plus ou moins directement au Ton fondamental . Chez le symphoniste inspiré, le TON, caractérisé par ses timbres spéciaux , est la source même de la création sonore et le reflet de l'état d'âme du musicien à l'instant où il conçoit son œuvre.

§ 230 .— Quant aux termes qui impliquent le déplacement de la base harmonique, *transitions, modulations extratonales*, ils présentent également de notables différences et appellent des distinctions assez nombreuses.

A . *Au point de vue de leur importance relative dans le plan tonal du morceau, nous distinguerons les catégories suivantes*:

I *Transitions établies, achevées* . Introduites généralement par un accord (ou un son) médiateur, elles aboutissent , précédées d'une cadence formelle, à la Tonique subséquente , qui prend qualité d'autonome comme son fondamental d'un Ton épisodique (voir l'exemple suivant); ou bien elles préparent le retour de la Tonique principale après une longue digression hors de son domaine .

Ex. 781, modèle 21.

Des thèmes importants et normalement développés sont introduits quelquefois par de simples modulations introtonales qui s'érigent en *transitions achevées* (§ 224, ex 777, 778).

Ex. 782, modul. introt. au relatif mineur, convertie en transition, modèle 25.

II. *Transitions passagères*. Elles sont à la Tonique autonome dont elles se détachent ce
que les modulations introtonales sont à leur Tonique suzeraine. La plupart du temps elles
sont *inachevées*, et ne vont pas jusqu'à la résolution sur la Tonique (cp. § 166, C). Souvent
aussi deux ou plusieurs de ces transitions se suivent à la file, simplement soudées bout à bout.

Ex. 783.

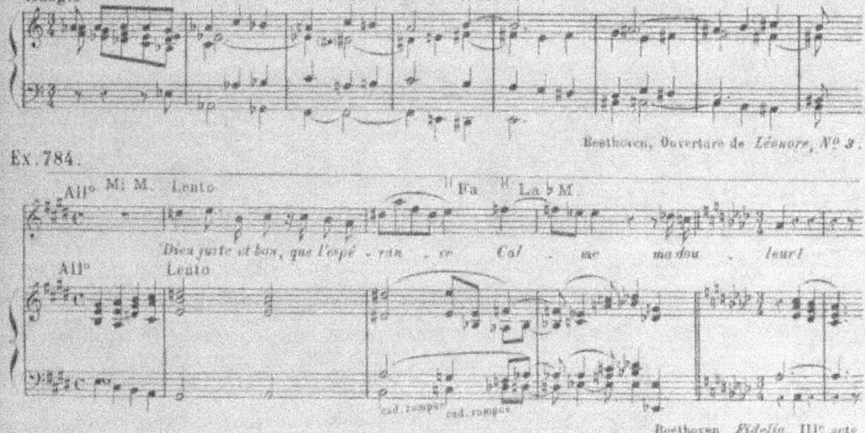

Parfois enfin la première transition commence une *progression modulante, intro- ou ex-tratonale*, plus ou moins prolongée.

Ex. 785.

Ex. 786 (Cp. ex. 551).

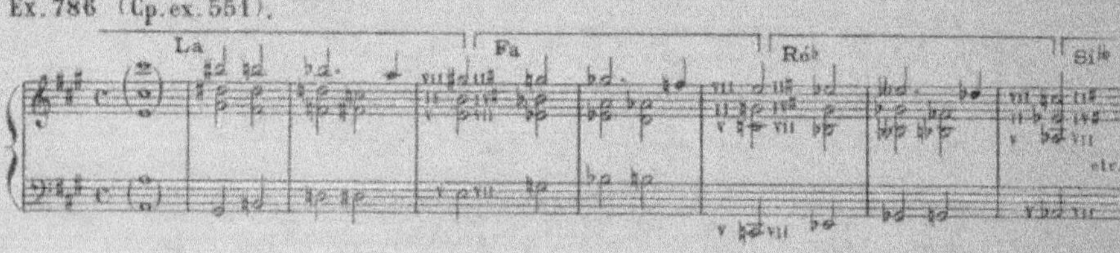

Ainsi que nous l'apprennent les exemples 783, 784 et 786, *les chaînes de transitions passagères permettent d'atteindre des tonalités placées hors de la portée d'une seule transition directe*. De merveilleuses *divagations tonales* de cette espèce se rencontrent dans certains pré-ludes par lesquels s'inaugurent quelques chefs-d'œuvre célèbres (Bach, les introductions des grandes *fugues d'Orgue*; Beethoven, le début de la *IVe Symphonie*, de l'ouverture de *Léonore*, etc.). Ici nous avons à nous occuper surtout des transitions tonales qui vont à leur but sans étape intermédiaire.

B. *Relativement au point de départ et à l'aboutissement d'une transition tonale*, il y a lieu, en outre, de distinguer les catégories suivantes :

a) Transitions partant d'une Tonique principale ou épisodique ;

b) Transitions revenant au giron tonal ;

c) Transitions reliant deux Toniques passagères.

Chacune des trois catégories présente des particularités dont il importe de tenir grand compte dans le choix et l'application des procédés techniques, ainsi qu'on le verra dans la dernière section de cette Étude.

DEUXIÈME SECTION

Transitions opérées sans aucune modification artificielle des intervalles mélodiques ou harmoniques

§ 231. — Bien que notre musique opère la plupart de ses effets à l'aide de la polyphonie, elle ne se fait pas faute néanmoins, dans les moments où elle abandonne la simultanéité, de réaliser des changements de ton. Leur mécanisme est conforme au principe général (§ 224); le son médiateur s'attaque dans le ton initial comme degré du Majeur diatonique ou du type chromatique 5 ou 6; il se résout dans le ton subséquent en des conditions pareilles.

Comme les sons d'une mélodie homophone se produisent tous successivement, leurs relations harmoniques se perçoivent avec plus de lenteur. C'est pourquoi le *nœud* proprement dit, le son dans lequel s'accomplit la translation du Système tonal, aime parfois à se faire précéder d'une ou de plusieurs notes communes aux deux tons. En ce cas la transition est *préparée* et *graduée*; le sentiment captivé se laisse mener docilement vers la nouvelle tonalité.

Mais d'autre part l'absence d'un accompagnement positif ouvre le champ à l'imagination harmonique. L'esprit de l'auditeur, mis en éveil par le son isolé et s'attendant à une surprise, est tout disposé pour la bien accueillir.

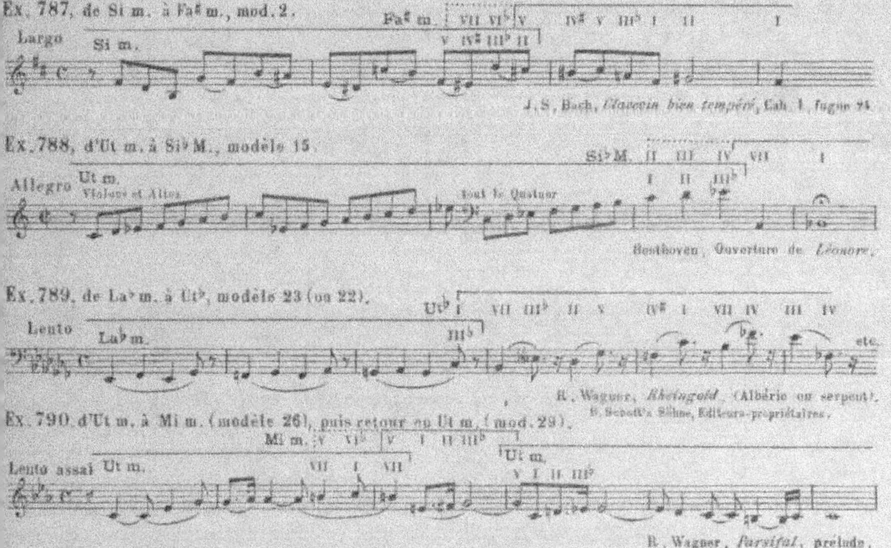

A . Souvent l'homophonie s'emploie de propos délibéré pour amener un changement de ton : procédé d'un effet certain, parfois saisissant. Des accords accompagnent d'ordinaire l'entrée du nouveau ton et servent à lui donner une assiette aussi ferme que possible.

Ex. 791, de Ré m. à Si♭ M., modèle 30.

B. Un effet à peu près semblable s'obtient par un *silence complet précédant immédiatement le changement de ton*. La dernière résonnance entendue, accord ou son isolé, se prolonge dans le sentiment de l'auditeur et se lie sans effort à celle qui ouvre la succession suivante. Ces transitions dépourvues de tout *nœud* visible ont un caractère essentiellement dramatique et causent parfois une sensation profonde.

Ex. 796, de Fa m. à Sol♭ M. et retour, mod. 36 et 33.

L'impression de la tonalité précédente subsiste même pendant la pause qui sépare les diverses parties d'une composition en forme de Sonate. Une des dernières œuvres de Beethoven (la Sonate de piano op. 106) juxtapose dans cette condition deux tonalités harmoniquement très distantes (Si♭ M. et Fa♯ m.), mais en faisant intervenir une soudure homophone.

Ex. 797.

Les Toniques qui, en certaines occasions, se trouvent sous la dépendance de la Tonique initiale s'attaquent facultativement, à l'intérieur du morceau, sans aucune liaison ou préparation. Dans un de ses Airs variés pour Piano (op. 34), Beethoven donne à un thème en Fa majeur une première variation en Ré M., une 2ᵉ en Si♭ M., une 3ᵉ en Sol M., une 4ᵉ en Mi♭ M., une 5ᵉ en Ut m.; la sixième et dernière retourne au ton principal et se conclut par une Coda largement développée.

§ 232. — *Pour opérer les transitions tonales au moyen d'une suite d'accords naturellement enchaînés (c'est-à-dire sans le mécanisme artificiel de l'équisonance), l'harmoniste dispose de tout le matériel polyphone, diatonique, mixte et chromatique, commun aux deux tons mis en contact. À l'instant où l'accord conjonctif entre dans l'orbite du nouveau ton, il change généralement de couleur: de diatonique il devient chromatique par position ou réciproquement.*

Ex. 798, modèle 28.   Ex. 798ᵇⁱˢ, modèle 30.

En conséquence le même accord diatonique, qui, en devenant chromatique, se dirige vers un ton plus ou moins éloigné, peut, en redevenant diatonique, ouvrir le chemin de retour vers le ton d'où l'on est parti.

Ex. 799, modèles 33 et 36.

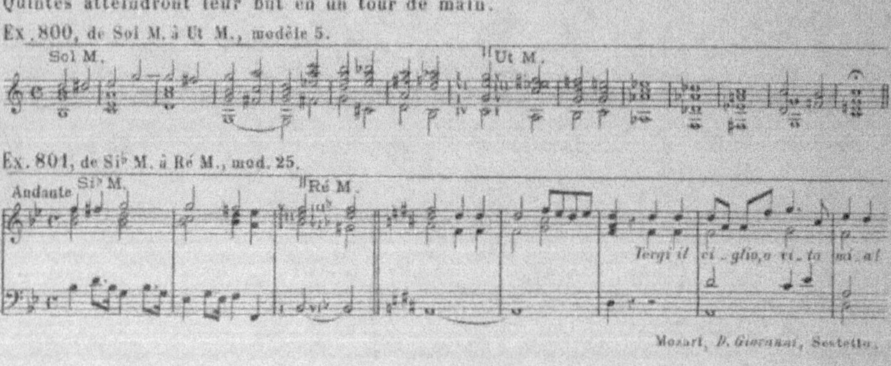

A. Ainsi qu'on a déjà pu le constater par maint exemple, les transitions aboutissant aux tons éloignés n'exigent pas une suite d'accords plus longue et plus compliquée que les modulations aux tons apparentés. Même en beaucoup de cas le compositeur se plaît à présenter les deux sortes de transitions sous l'aspect diamétralement opposé. Préoccupé d'éviter le banal, le "trop prévu", il s'ingéniera à prendre des détours variés lorsqu'il s'agira d'arriver à une tonalité toute proche, et à découvrir un chemin de traverse peu connu pour déboucher à l'improviste dans un domaine tonal très distant. La plus commune des modulations, le retour du ton de la Dominante au giron de la Tonique principale, sera souvent prolongé outre mesure par des harmonies colorées, alors que certaines transitions s'étendant à plusieurs Quintes atteindront leur but en un tour de main.

Ex. 800, de Sol M. à Ut M., modèle 5.

Ex. 801, de Si♭ M. à Ré M., mod. 25.

Mozart, D. Giovanni, Sestetto.

§ 233. — *Tous les accords compris dans un système chromatique intégral sont, — à des degrés divers, —capables de faire fonction de médiateurs dans une transition tonale.* Ainsi que nous l'avons fait entrevoir plus haut (§ 185, p. 229), *chaque accord, traduit en notes, nous renseigne, par la simple analyse des sons et des intervalles dont il se compose, sur le rôle qui lui revient dans la pratique des transitions.* —D'abord il nous montre *à combien de tons et à quels tons il peut servir de lien.* —Ensuite il nous fait voir *jusqu'à quel point il est compatible avec nos deux modes:* on sait que toute altération intensive, sauf IVᵉ (et jusqu'à un certain point Iᵉ), exclut notre Mineur spécial (§ 185, C). —Enfin une comparaison attentive de sa structure harmonique avec celle des autres agrégations nous conduit à discerner *deux catégories d'accords conjonctifs* ; *la première*, et de beaucoup la plus importante, *comprend les agrégations fondées sur une tierce majeure* ; *la catégorie secondaire*, peu féconde, *réunit les accords qui ont pour base la tierce mineure*.

Nous commencerons notre examen par les accords qui ont une tierce majeure à leur base, non sans faire observer préalablement que le bel effet des transitions en général, et de celles surtout où le Chromatique entre en jeu, dépend en grande partie de la belle ordonnance et de la conduite mélodique des diverses voix de l'ensemble polyphone. La succession des accords dans les changements de ton est complétement dominée par le grand principe directeur, *le mouvement par degrés conjoints des parties individuelles, à l'exception parfois de la plus grave.*

§ 234. — La consonance génératrice de notre musique polyphone, *l'accord parfait majeur*, étant de toutes nos agrégations celle qui occupe le plus grand nombre de positions tonales (§ 185, B, I), possède l'action médiatrice la plus étendue. *Une même triade majeure peut opérer instantanément 12 déplacements du système tonal, six vers la droite*, accessibles aux deux modes ; *six vers la gauche*, dont les quatre derniers sont interdits au Mineur.

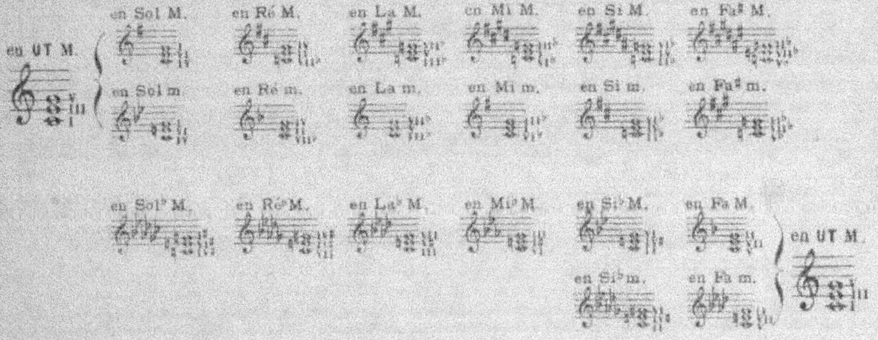

Il serait impossible, sans sortir du cadre de cet ouvrage, de donner un exemple de chacune des transitions réalisables au moyen des accords dont nous commençons ici l'examen. Deux volumes comme celui-ci y suffiraient à peine. D'ailleurs la mémoire du disciple en serait accablée sans aucun profit pour lui. Nous nous bornerons donc à noter quelques transitions qui ne s'emploient guère — ou pas du tout — comme modulations introtonales ; et le plus souvent nous sous-entendrons les accords destinés à préparer le changement de ton et à le confirmer. Pour la triade majeure, que l'on a déjà vue à l'oeuvre comme accord conjonctif (ex. 776, 799), les échantillons suivants devront suffire.

Ex. 802.

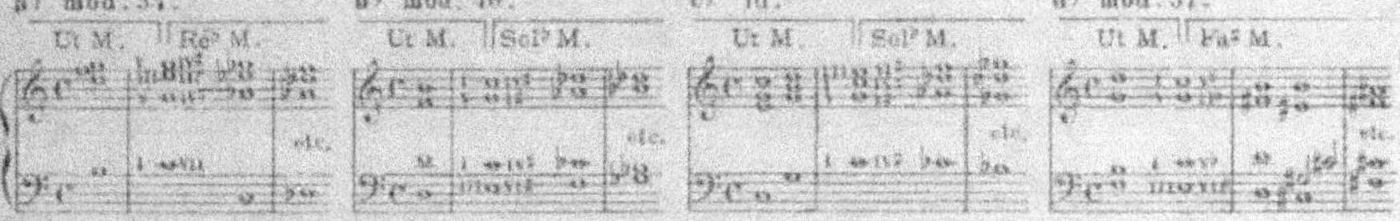

A . La principale agrégation diatonique de 4 sons, la *Septième de première espèce*, qui fonctionne principalement comme harmonie de dominante, est à même de servir de médiateur dans 10 transitions tonales (§ 185, B, II), 5 vers la droite du ton initial, communes aux deux modes, 5 vers la gauche, dont une seule est facilement accessible au Mineur.

Ex. 803.

§ 235. — Fondés tous, comme les deux précédents accords diatoniques, sur une tierce majeure (§ 157, C), les *accords chromatiques par nature* impliquent une chaîne de Quintes plus longue; ils ne peuvent donc occuper autant de sièges dans une même échelle tonale, ni produire par conséquent un aussi grand nombre de transitions. En outre leurs positions tonales ne se rangent pas symétriquement à droite et à gauche d'un des accords essentiels du ton initial. Mais, ainsi que nous le verrons plus loin, la polyphonie chromatique et instrumentale compense ces désavantages par des ressources spéciales et efficaces: les transitions par équisonance.

A. L'*accord de quinte augmentée* occupant 9 positions tonales (§ 153, B, § 185, B, III) donne lieu théoriquement à 8 transitions, réduites à 7 dans la pratique: la dernière à droite ne nous paraît guère réalisable et nous l'omettons dans le tableau ci-après. Les 4 transitions se dirigeant le plus vers la droite sont communes aux deux modes; les 3 autres sont réservées au Majeur. Nous prenons pour médiateur-type l'accord de quinte augmentée posé sur la Dominante du Majeur (§ 162, A); les agrégations de même espèce relevées en Mineur et en Majeur mixte (§ 134, § 140, A) étant simplement complémentaires.

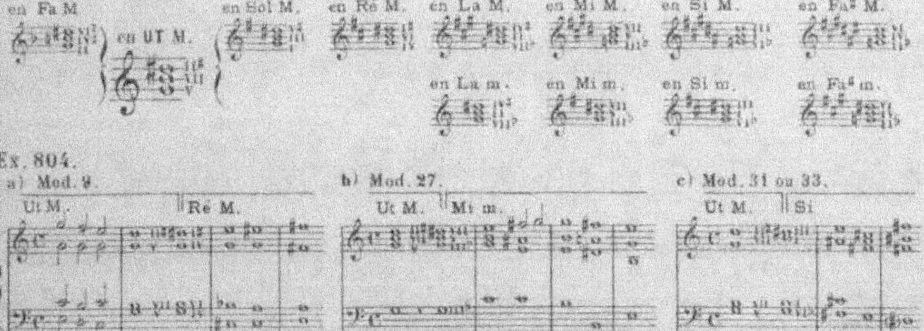

B. L'*accord de septième diminuée*, dans sa principale fonction harmonique Neuvième mineure de dominante sans fondamentale (§ 120), possède *huit* sièges dans chaque système tonal (§ 153, C), et conséquemment est apte à produire, sans aucun moyen artificiel, 7 transitions dont 4 sont communes aux deux modes, 3 spéciales au Majeur.

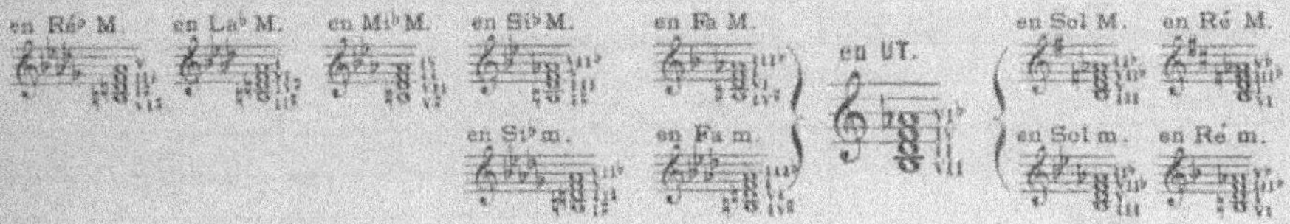

On a rencontré cet accord déraciné parmi les harmonies essentielles du Mineur (§ 120) et du Majeur mixte (§ 139); on l'a vu comme accord d'ornement (ex. 651, a-f), même en longues suites parallèles (ex. 637); et partout il suit plus exclusivement qu'aucun autre le principe du moindre mouvement mélodique dans les parties individuelles de l'ensemble polyphone. C'est là aussi sa règle directrice dans les 7 transitions où il remplit ses fonctions d'accord médiateur, tout en se limitant strictement aux enchaînements harmoniques déterminés par son orthographe tonale.

Ex. 805.

L'intervention de l'équisonance porte au quadruple le nombre total des transitions tonales réalisables par la Septième diminuée.

C. *Les deux familles d'accords chromatiques contenant l'intervalle de tierce diminuée* (§ 154) participent dans une mesure assez restreinte aux changements de ton amenés par des successions normales. N'occupant que 7 positions tonales, *chaque accord comporte tout au plus six transitions en théorie*, et moins encore dans la pratique.

1ª. La *Septième de la famille* I (avec tierce majeure et quinte augmentée), exclusivement propre au Majeur, tout comme l'accord-souche (§ 162, B), se pose principalement comme médiateur sur la Dominante du ton initial (V—VII—II²—IV). Elle amène 6 transitions, dont les trois dernières à droite ont une issue sur des tons mineurs.

Ex. 806.
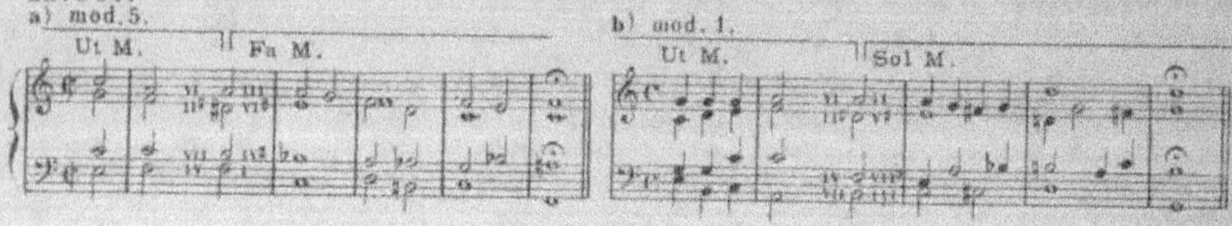

1ᵇ. La *Neuvième de la famille* I (tierce majeure, quinte augmentée), dont la position principale est également sur la Dominante du Majeur, se prête mal aux échanges des fonctions harmoniques, en raison de la raideur inhérente à la Neuvième majeure, même débarrassée de sa fondamentale (ce qui est le cas ordinaire). — En définitive les changements de ton que cet accord déraciné est à même de fournir ne sont que des modulations aux tons de la Sous-dominante et de la Dominante.
Ex. 807.

Il ne produit de véritables transitions extratonales qu'en s'assimilant à l'accord dont il va être question, formé des mêmes intervalles harmoniques. *Les deux accords se suppléent mutuellement dans les changements de ton.*

IIª. La *Septième de la famille* U (tierce majeure et fausse-quinte), originairement propriété exclusive du Mineur, a son siège principal sur le IIᵉ degré (§ 169ᵇⁱˢ, B). C'est dans cette situation (II—IV²—VI²—I) qu'elle apparaît comme accord médiateur, produisant à droite deux transitions accessibles aux deux modes (dont la dernière est difficilement réalisable); à gauche quatre transitions réservées à des tons majeurs.

Ex. 808.

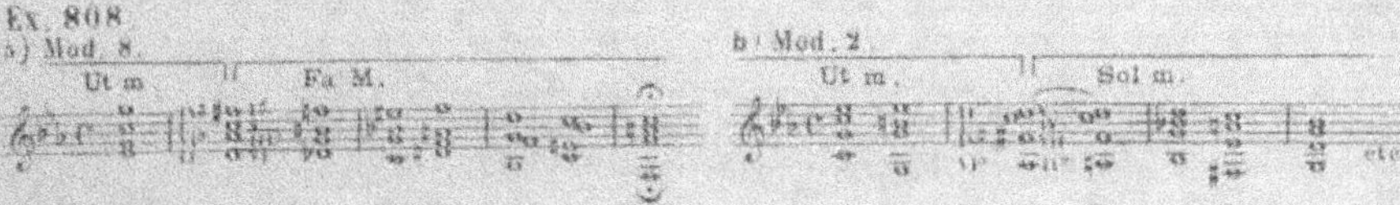

Relativement aux trois dernières transitions vers la gauche, remarquons que l'accord médiateur, en entrant dans la sphère d'action du ton subséquent, s'identifie avec la Neuvième de la famille **I** (voir ci-dessus), quant au mouvement de la Basse-fondamentale.

Ex. 809.

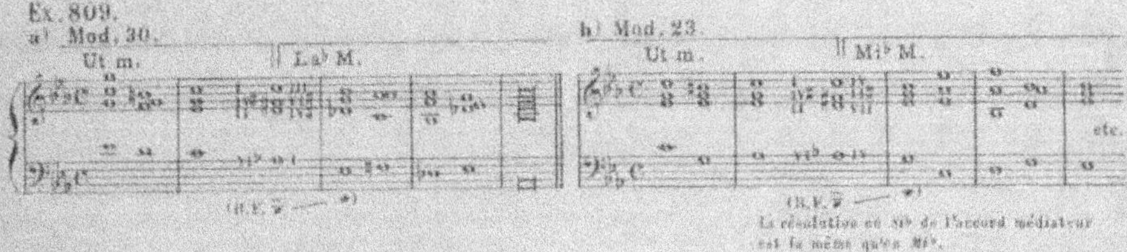

II*. En ce qui concerne la *Neuvième de la famille* **U**, invariablement employée sans fondamentale, et presque toujours sous l'aspect d'un accord de *sixte augmentée avec Quinte* ($ 169, C, ex. 488 et suiv.), le rôle insignifiant qui lui est laissé dans cette catégorie de transitions nous permet de le négliger ici. En revanche nous aurons tantôt à nous en occuper comme d'un des accords les plus usités dans les transitions tonales réalisées par équisonance.

§ 236. — Venons aux *accords qui ont pour base une tierce mineure*. Rarement l'occasion leur est donnée de se produire dans une transition comme agents conjonctifs. *Ils sont peu nombreux, n'ayant parmi eux aucun accord chromatique par nature* ($ 157, C). Comptant en outre quatre positions tonales de moins que les agrégations similaires fondées sur la tierce majeure (185, C), les tons qu'ils sont à même d'atteindre se trouvent réduits de la même quantité.

A. Le résultat de cet état de choses c'est qu'*une triade mineure, tout en comprenant le même nombre de Quintes que la triade majeure, ne peut faire fonction d'agent médiateur que dans huit transitions*: trois à sa droite, accessibles aux deux modes: cinq à sa gauche dont les trois dernières sont réservées au Majeur. Nous supposons la triade initiale placée sur la Tonique d'une des échelles chromatiques du Mineur.

Ex. 810.

364

B. Quant aux agrégations diatoniques de 4 sons, bâties sur une tierce mineure (Septièmes de seconde et de troisième espèce), lorsqu'elles sont médiatrices dans une transition tonale, elles y apparaissent en guise de retards de septième avant sixte et tierce, accompagnés de la quinte complémentaire (§ 207, A).

Ex. 811.
a) Mod. 16.
b) Mod. 29.

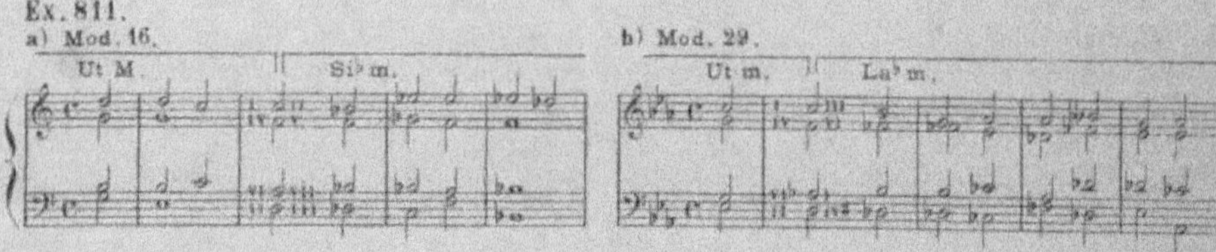

C. Nous n'explorerons pas davantage cette dernière catégorie d'accords, qui, dans leur individualité harmonique, prennent une part des plus modestes aux transitions tonales. Néanmoins, au moment de passer aux transitions opérées par équisonance artificielle, que jusqu'ici nous n'avons abordées qu'en passant (§§ 183, 184), il ne sera pas inutile de rappeler au disciple *l'équisonance naturelle de l'un des deux accords diatoniques dont nous venons de parler*. La Septième de 3e espèce a la même sonorité que la Septième de sensible, Neuvième diatonique dont la fondamentale, non exprimée, est située une tierce majeure plus bas (§ 90). Or l'équisonance des deux accords résulte ici d'un simple échange des fonctions tonales, et n'implique aucune modification de l'orthographe.

En effet l'accord de septième de 3e espèce appartient légitimement au Mineur, où il occupe le IIe degré, tandis que la Septième de sensible a pour base harmonique la Dominante du Majeur. *Ces deux agrégations sont les prototypes de deux accords chromatiques qui se trouvent dans des conditions semblables et dont nous avons montré l'emploi ci-dessus* (§ 235, C, Ib et IIb, ex. 809). Les deux harmonies monochromes, de même que les deux accords colorés, se suppléent mutuellement dans la pratique des modulations introtonales et des changements de ton. Elles unissent intimement le Majeur et son relatif mineur.

Ex. 812.
a) Mod. 23.
b) Mod. 19.

Ces équisonants naturels nous introduisent de plain-pied dans le domaine de *l'équisonance artificielle*.

TROISIÈME SECTION

Transitions obtenues au moyen de l'équisonance

§ 237. — *Souvent la musique instrumentale des modernes utilise comme équivalents, dans l'acte de la transition, deux accords qui ont une différente composition d'intervalles, mais qui, sur le clavier, se rendent par les mêmes touches.* L'usage de ces équisonances, inexécutables à un Chœur non accompagné, a pour but pratique et pour résultat d'abréger le trajet entre deux tons harmoniquement assez éloignés l'un de l'autre (cp. §§ 183, 184).

Le mécanisme de l'opération technique consiste à *produire comme agent médiateur une agrégation dissonante qui, pendant sa durée, se transforme en un accord équisonant par la seule volonté du compositeur,* lequel acquiert par là le moyen de déboucher à l'improviste dans un ton inattendu. Tandis que, dans les transitions étudiées précédemment, l'accord conjonctif, toujours immobile quant à sa sonorité, ne fait que changer sa fonction tonale sans perdre son identité harmonique, ici il subira en outre un changement intérieur qui détermine un déplacement de la Basse-fondamentale.

Rarement l'accord transformé est exprimé par l'écriture musicale. Le lecteur-harmoniste est presque toujours obligé de le suppléer par la pensée. (Lorsqu'il y aura lieu nous le transcrirons en petites notes et entre crochets.)

A. Les transitions par équisonance se réalisent à la faveur du tempérament, division pratique de l'Octave en 12 demi-tons *censés* de même grandeur (§ 181). Grâce à ce procédé artificiel, le compositeur a la faculté d'identifier les intervalles différents qui comprennent un nombre égal de demi-tons (p.e. la tierce mineure et la seconde augmentée). *Les éléments polyphones propres à fournir des accords équisonants sont les intervalles consonants et semi-consonants comprenant un nombre de demi-tons diviseur de 12.* Les consonances absolues, la Quinte (7 demi-tons) et la Quarte (5 demi-tons), ne remplissent pas cette condition. En revanche les consonances génératrices de tous nos accords, *les tierces diatoniques, associées à leurs équisonances chromatiques, ainsi que la demi-consonance de fausse-quinte avec le triton, divisent l'Octave en parties égales.* Trois tierces mineures et une seconde augmentée (= 4 fois 3 demi-tons) remplissent l'Octave. De même deux tierces majeures et une quarte diminuée (= 3 fois 4 demi-tons). De même encore une fausse-quinte et un triton (= 2 fois 6 demi-tons).

B. Les trois intervalles diatoniques par lesquels les accords deviennent transmuables sont en conséquence: 1° *la tierce mineure,* qui se change en seconde augmentée; 2° *la tierce majeure,* en quarte diminuée; 3° *la fausse-quinte,* en triton.

Pour ce qui est de la *tierce mineure*, disons dès à présent qu'elle ne se produit pas isolément dans un accord transmuable: elle y entre seulement comme une des moitiés de la fausse-quinte, et il en est de même de son équisonance, la seconde augmentée; elle n'y figure que comme une moitié du triton.

Il s'ensuit de là que *l'intervalle de fausse-quinte a le pouvoir d'englober la tierce mineure*, et qu'il représente conséquemment, à lui seul, les deux tiers des intervalles harmoniques propres à la transmutation équisonante. Cela suffit à expliquer sa prépondérance dans la formation des accords dont il sera question ici.

Quant au troisième intervalle transmuable, la *tierce majeure*, *elle ne forme des accords équisonants qu'en se combinant avec elle-même*. La raison en est qu'*elle seule se produit par la division ternaire de l'octave tempérée*, puisqu'elle partage en *trois fois* quatre demi-tons les 12 degrés de cette échelle chromatique ($4+4+4$). Les deux autres intervalles, au contraire, résultent de la *division binaire* de la même échelle: la fausse-quinte y entre *deux fois* ($6+6$), la tierce mineure *quatre fois* ($3+3+3+3$).

C. La métamorphose des trois susdits intervalles diatoniques s'effectue tantôt par la note aiguë, tantôt par la note grave. Chacun de ces changements a pour effet de transporter l'accord qu'il affecte à plusieurs Quintes de distance, dans l'une des deux directions opposées, direction clairement indiquée par le signe altératif qui marque l'intervalle transformé.

D. Ainsi qu'on le verra par la suite, *chacun des trois intervalles diatoniques employé comme élément d'un accord chromatique normal acquiert, par l'effet de sa transformation équisonante, le pouvoir de déplacer tout d'un coup la base harmonique d'autant de Quintes qu'il en contient lui-même*: la tierce mineure de *trois*, la tierce majeure de *quatre*, la fausse-quinte de *six*. Le déplacement se produit au moment même où la transmutation s'accomplit idéalement.

§ 238.— Cinq accords jusqu'à ce jour peuvent être considérés comme transmuables par équisonance. Quatre d'entre eux, tous accords de septième, exhibent la fausse-quinte; parmi

eux deux diatoniques contiennent une seule fausse-quinte ; deux chromatiques se forment par
l'entre-croisement de deux fausses-quintes. Le cinquième accord de cette espèce est composé de deux tierces majeures superposées, donc chromatique aussi (§ 50).

§ 239. — Le premier des accords diatoniques, la *Septième de première espèce, normalement posée sur une dominante* (soit *Sol — si — ré — fa*), exhibe à l'aigu sa fausse-quinte, laquelle, partagée en deux tierces mineures (*si — ré — fa*), se convertit en triton par la transformation équisonante de la plus aiguë des deux (*si — ré — mi♯*). Le produit total de l'opération est l'accord communément dit de *sixte augmentée avec Quinte,* une disposition de la *Neuvième mineure avec tierce majeure et fausse-quinte,* dont la fondamentale, sous-entendue, a
son siège principal sur le II° degré du Mineur ou Majeur chromatique (§ 169bis, C). *Le champ
entier de l'harmonie se transporte à 5 ou 6 Quintes vers la droite.*

A. Comme, en l'absence de sa fondamentale, cet accord ne se produisait autrefois que dans
sa disposition de sixte augmentée par rapport à la Basse, il ne pouvait être suivi immédiatement de la triade ou de la Septième sur la dominante sans donner lieu à une succession parallèle de deux Quintes (cp. p. 198); aussi se résolvait-il presque toujours par l'intermédiaire d'une Sixte-et-Quarte, et c'est encore aujourd'hui l'usage le plus fréquent.

Ex. 813, mod. 33.   mod. 31.

(cp. ex. 565, 566).

Ex. 814, mod. 31.

Beethoven, *IX° Symphonie.*

B. De nos jours on ne craint pas de tenter la résolution directe de l'accord chromatique,
en évitant les deux Quintes consécutives (exemple suivant a, b), et en utilisant les renversements de cet accord qui favorisent l'attaque immédiate de l'harmonie de la Dominante (c, d, e).

Ex. 815, mod. 33 ou 31.

Beethoven, *Quatuor*, op. 95.

C. On sait que la base harmonique du prétendu accord de sixte augmentée ne pose pas seulement sur le II° degré du Mineur (et du Majeur) mais aussi sur la Dominante (§ 172, B, ex. 513-516). En ce cas le résultat de la transition par équisonance consiste à déplacer la Tonique de *six* Quintes. Au lieu de passer du ton d'Ut Majeur à celui de Si, on va au ton de Fa♯ Majeur ou mineur.

Ex. 816, mod. 37 ou 39.

D. L'équisonance de la Septième de dominante et de l'accord de sixte augmentée avec Quinte est devenue si banale à notre époque que les compositeurs l'utilisent couramment sans y prendre garde, pour ainsi dire, dans les enchaînements de transitions passagères (v. ex. 783).

§ 240. — Le second accord producteur d'équisonance est la *Septième de troisième espèce* (soit *Si–ré–fa–la*), qui appartient légitimement au Mineur et occupe le II° degré de son échelle. Tout au contraire de l'accord précédent, celui-ci exhibe à sa partie inférieure sa fausse-quinte (*si–ré–fa*), laquelle, changeant sa tierce mineure grave en seconde augmentée, se transforme elle-même en triton (*ut♭–ré–fa*) et fait entendre par là une disposition de l'accord anormal de *neuvième mineure de dominante avec septième majeure et sa fondamentale sous-entendue* (voir ci-dessus § 184, C).

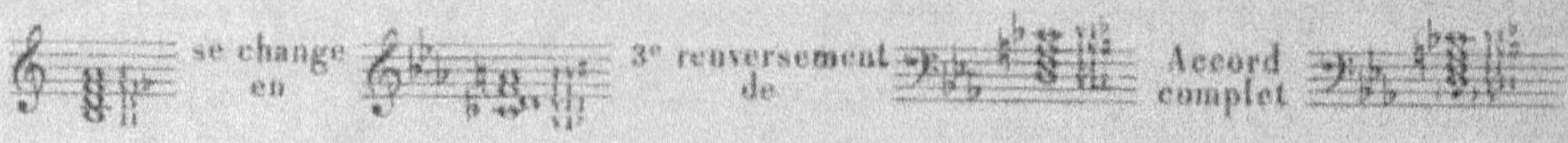

On voit que *l'équisonance de la Septième de 3ᵉ espèce déplace le centre tonal de 6 Quintes à gauche*, tandis que celle de la Septième de dominante a pour effet un déplacement de 6 Quintes *à droite*.

Richard Wagner, le premier maître qui ait mis en lumière les propriétés *métaboliques* de la Septième de 3ᵉ espèce, résout presque toujours l'accord transformé sans faire mouvoir la base harmonique, c'est-à-dire sur la triade ou la Septième diatonique de la Dominante (voir de nombreux exemples p. 225). De plus il part invariablement de l'état direct de l'accord diatonique. Cependant rien n'empêche de présenter la suite des accords sous ses quatre aspects harmoniques.

Ex. 817, mod. 42.

La résolution directe de l'accord équisonant n'est guère praticable, à moins de faire descendre la Basse par demi-ton sur le deuxième renversement de la triade consonante majeure ou mineure. Des spécimens de ce dernier cas se rencontrent dans *Parsifal* (ci-dessus ex. 569, p. 226).

Ex. 818, mod. 42.   mod. 41.

A. Il existe un second accord équisonant de la Septième de troisième espèce, employée cette fois comme *Septième de sensible*, partant *en Majeur*. La transformation de la fausse-quinte en triton est la même que dans l'accord précédent (*ut♯–fa*); mais la situation des deux intervalles de 3 demi-tons à l'intérieur du triton est intervertie; la seconde augmentée est à l'aigu (*ut♯–ré–fa* devient *ut♯–mi♭–fa*). Cela donne une disposition de l'accord ultra-chromatique de *neuvième et septième mineures avec tierce majeure et quinte augmentée, fondamentale absente* (§ 180).

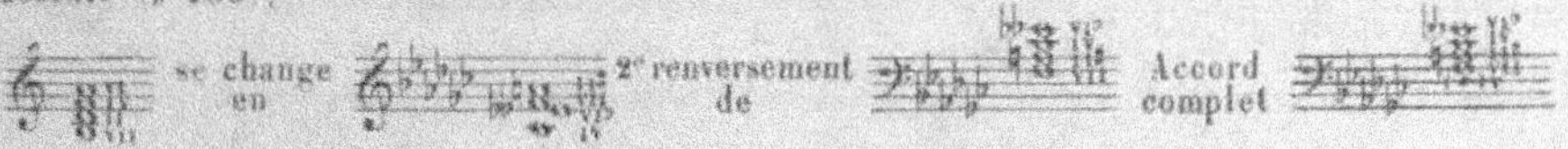

L'amplitude et la direction du mouvement de la base harmonique, résultat de l'opération, sont les mêmes que dans l'accord étudié avant celui-ci : *6 Quintes à gauche*. Mais le point de départ n'est pas identique : là c'était le Mineur, ici c'est le Majeur.

Jusqu'à ce jour l'équisonance que nous venons de signaler ne paraît pas avoir été utilisée dans une œuvre généralement connue. Néanmoins trois dispositions de l'accord transformé sont possibles à coup sûr.

Ex. 819, mod. 40.

§ 241. — Au lieu du procédé habituel employé dans les précédentes transitions : *changement d'un accord diatonique en son équisonant chromatique par nature, la métamorphose inverse, moins fréquente, est tout aussi acceptable*. En ce cas le résultat harmonique de la transmutation n'est pas *expansif* mais *rétractif*. L'accord dont le sens musical s'était momentanément étendu, se replie sur lui-même et reprend son acception la plus étroite.

Ex. 820, mod. 36.

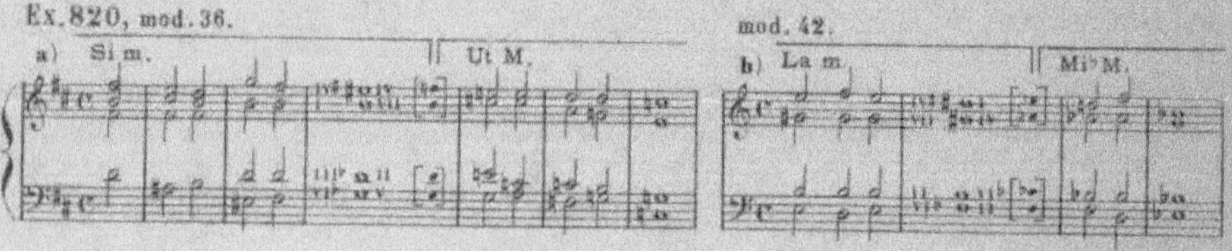

§ 242. — En abordant les deux accords chromatiques formés par un entre-croisement de deux fausses-quintes, nous avons à signaler un nouveau et curieux résultat de l'équisonance. Tandis que les accords diatoniques, en faisant de leur unique fausse-quinte un triton, donnent naissance à une agrégation chromatique par nature, *nos deux accords chromatiques, en opérant la transmutation simultanée des deux fausses-quintes dont ils se composent, non-seulement restent chromatiques comme auparavant, mais ils se reproduisent eux-mêmes dans un autre système tonal, avec une autre base harmonique et une disposition différente.*

A. L'accord de *septième mineure avec tierce majeure et fausse-quinte*, dont le siège principal est le IIe degré du Mineur et du Majeur (soit *ré-fa♯-la♭-ut*, § 169bis, B), a la faculté d'exprimer sa double transformation par deux graphies dissemblables qui orientent l'harmonie dans deux directions opposées, tout en aboutissant sur nos instruments à une Tonique équisonante. En effet, si l'on change la fausse-quinte grave, *ré-la♭*, en *ré-sol♯*, et la fausse-quinte aiguë, *fa♯-ut*, en *fa♯-si♯*, on aura le 2e renversement du même accord chromatique posé sur le IIe degré du ton de FA♯ (b), et la fondamentale se trouvera avoir avancé de 6

Quintes. Pareillement, si l'on transforme *ré–la♭* en *mi♯♭–la♭*, et *fa♯–ut* en *sol♭–ut*, on obtiendra l'accord et le renversement équisonants en SOL♭ (c) et le son fondamental de l'accord aura rétrogradé de 6 Quintes.

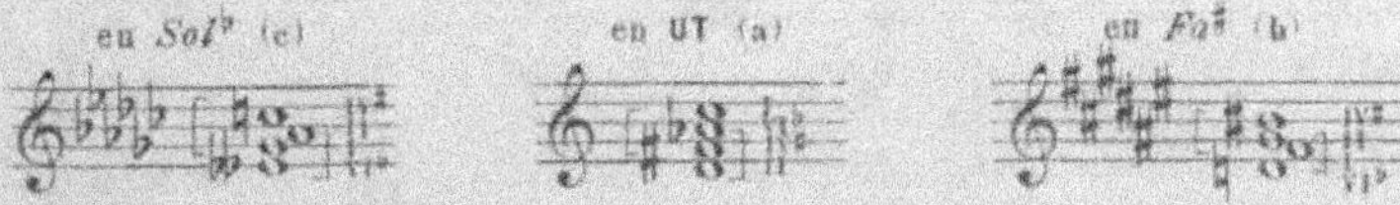

On aura déjà remarqué sans doute qu'ici les fausses-quintes et leurs équisonances, par suite de leur mode d'entre-croisement, ne se partagent pas en deux intervalles de même grandeur, comme elles le font dans tous les accords précédents. Au lieu de 3 demi-tons à l'aigu et 3 demi-tons au grave du son intermédiaire, elles ont ici: d'un côté 4 demi-tons (tierce majeure), de l'autre côté 2 demi-tons (tierce diminuée ou seconde majeure).

De plus on sait que la tierce diminuée se produit de préférence intervertie en sixte aug. mentée (§ 154, C). Le résultat direct de cette particularité, c'est que *dans les transitions par équisonance le présent accord ne peut guère se réaliser sous plus de deux aspects: à l'état direct et au 2ᵉ renversement* (sixte augmentée avec triton). *Les deux dispositions s'échangent invariablement*, dans l'un ou dans l'autre sens, *au moment où s'opère le changement de ton.*

Outre son siège principal sur le IIᵉ degré, cet accord occupe un siège secondaire sur la Dominante (§ 172, A); mais comme dans une telle situation il est tenu de passer par son prototype diatonique avant d'arriver à la triade de tonique, l'issue finale est la même que dans les deux exemples précédents.

§ 243. — La *Septième diminuée* (= Neuvième mineure de dominante sans fondamentale, § 120), le plus fécond des accords producteurs d'équisonance, se compose, de même que le précédent, de deux fausses-quintes entre-croisées. Mais la situation respective de ces deux intervalles constitutifs dans l'accord de septième diminuée fait que, au lieu d'être séparés par l'intervalle hétérogène, la tierce majeure (§ 237, B), qui délimite nettement leur action,

ils se trouvent à la fois séparés et unis par leurs éléments consubstantiels, les tierces mi_
neures (ibid.); ils sont absorbés par elles. En effet *toutes les dispositions et transmutations imaginables de l'accord de septième diminuée sont réductibles à un échelonnement uniforme de quatre sons distants l'un de l'autre de 3 demi - tons.*

Dans les transformations équisonantes de l'accord chacune des deux sortes d'intervalles exerce son action spéciale (§ 237, D), mais séparément, en des cas différents.

A. *Les deux changements opposés de la double fausse - quinte* s'opèrent de la même manière que dans l'accord traité au § précédent, et produisent un résultat identique. *Ils transportent la base harmonique et le système tonal à la fausse - quinte aiguë ou grave.*

B. Quant aux *transmutations de la tierce mineure, elles affectent les deux intervalles exté- rieurs de la Septième diminuée,* lesquels se trouvent être encore des tierces mineures après leurs métamorphoses précédentes. D'une part *fa – la♭ se transmue en fa-sol♯*, ce qui abaisse la fondamentale d'une tierce mineure.

D'autre part *si – ré se change en ut♭ – ré*, ce qui exhausse la fondamentale et la tonalité d'une tierce mineure.

Ex. 825, mod. 22.

Ex. 825bis, mod. 21.

C. En somme *le même accord de septième diminuée, employé comme harmonie de dominante, donne issue sur cinq Toniques,* mineures ou majeures à volonté.

Fa♯ *La* **UT** *Mi*♭ *Sol*♭

Et ce n'est pas tout. Cet accord déraciné n'est pas seulement l'introducteur d'une Tonique souveraine; il amène aussi, en tant qu'harmonie de dominante, la plupart des toniques su-bordonnées (§ 153, C). En outre on le rencontre comme accord d'ornement (§ 195, ex. 631, d—g; ex. 632, c—e). Or dans tous ces emplois la Septième diminuée est apte à devenir, grâce à l'équisonance, l'agent conjonctif de deux Toniques autonomes. Si l'on tient compte des nom-breuses transmutations possibles dans des situations si diverses, on s'apercevra bientôt *qu'un seul et même accord de septième diminuée, pris dans un renversement quelconque, peut donner l'accès direct à toutes les tonalités existantes.*

D. Nous avons là, sans nul doute, l'accord par lequel ont été découvertes les modulations dites *enharmoniques* aux confins du XVIIe et du XVIIIe siècle, époque attestée par maint passage dans les récitatifs d'Alessandro Scarlatti. Vers 1750 le procédé tombe dans le domaine public.

Ex. 826, mod. 26.

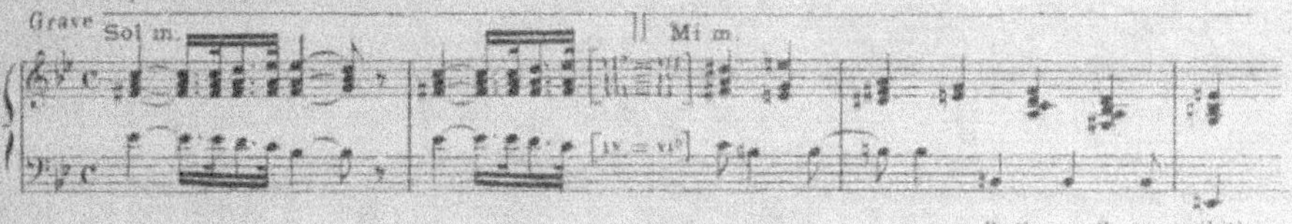

Al. Scarlatti, Cantate Andate o miei sospiri.

Ex. 826bis, mod. 26.

Mozart, D. Giovanni.

Ex. 827, mod. 18.

Beethoven, Sonate pathétique.

Ex. 827bis, mod. 43.

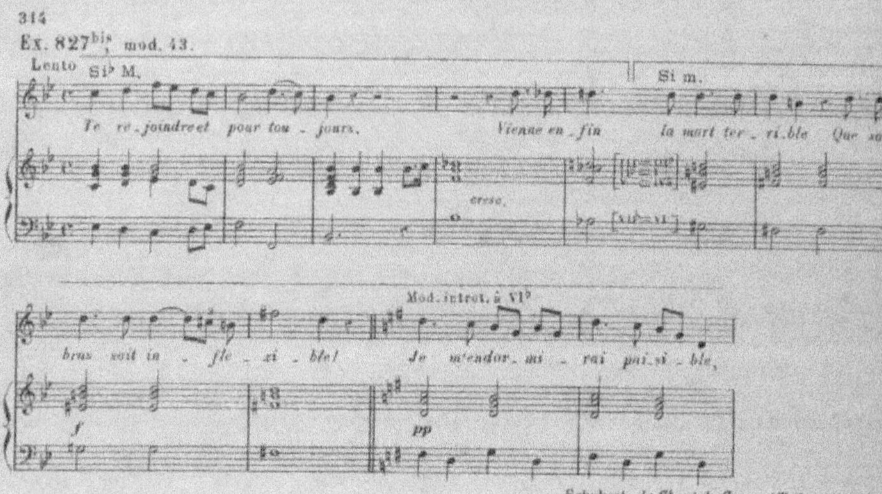

Schubert, *le Chant du Cygne* (Todes-Musik).

§ 244. — Parmi les agrégations aptes à se transmuer par équisonance, un accord chromatique, seul de son espèce, nous reste à étudier: il ne contient que trois sons et pas de fausse-quinte. Comme les deux accords précédents, *l'accord de quinte augmentée, en se transmuant, ne fait que se reproduire lui-même dans un autre milieu tonal et un autre renversement.* De plus il présente un remarquable trait de ressemblance avec l'accord de septième diminuée: *ses diverses dispositions et métamorphoses n'exhibent que des intervalles de même grandeur: quatre demi-tons.* À l'état direct ce sont deux tierces majeures superposées; aux deux renversements c'est une tierce majeure associée à une quarte diminuée. Conformément à la théorie (§ 237, D), *chaque tierce majeure convertie en quarte diminuée déplace la base harmonique de 4 Quintes.* Si, partant de l'accord à son état direct, on transforme successivement, à commencer par le haut, chacune des tierces mineures en une quarte diminuée, chaque changement a pour effet de faire *descendre* la Basse-fondamentale d'une tierce majeure. Si l'on procède du grave à l'aigu, la base harmonique *monte* chaque fois d'une tierce majeure.

Nous posons ici l'accord de quinte augmentée sur la Dominante d'une tonalité majeure, son siège principal (§ 162); mais on sait qu'il n'a pas une place immuable dans l'échelle tonale. En Mineur normal il s'établit sur III♭ (§ 134), en Majeur mixte sur VI♭ (§ 140,A). De plus on doit se rappeler que ses résolutions ne procèdent pas toujours par Quinte descendante.

Quoique les transmutations équisonantes produites par l'échange de la tierce majeure et de la quarte diminuée se réalisent avec une régularité parfaite et soient admises sans résistance par l'oreille moderne, elles éveillent moins l'attention que celles où intervient la fausse-quinte unie à la tierce mineure. Aussi n'ont-elles laissé jusqu'à présent aucun spécimen célèbre dans la littérature musicale. Plusieurs causes peuvent être assignées à cette stérilité. En premier lieu la sonorité du double intervalle de tierce majeure, dure et entièrement dénuée de charme. Ensuite la maigreur des successions harmoniques auxquelles l'accord de quinte augmentée donne lieu; elles ne comportent généralement que trois parties. Enfin la fréquente inutilité d'une transmutation équisonante dans les changements de ton. L'accord de quinte augmentée étant la moins compréhensive des agrégations chromatiques, — il n'embrasse que 8 Quintes, — trouve, sans supposition de chromatisme extra-tonal, un équisonant, *au moins*, pour chacune des 9 positions qu'il occupe dans le système intégral (§ 153, B).

État direct

VI♯	II♯	V♯	I♯	IV♯	VII	III	VI	II
IV♯	VII	III	VI	II	V	I	IV	VII♭
II	V	I	IV	VII♭	III♭	VI♭	II♭	V♭

premier renversement

VII♭	III♭	VI♭	II♭	V♭
I♯	VII	III	VI	II
II	V	I	IV	VII♭

second renversement

IV♯	VII	III	VI	II
II	V	I	IV	VII♭
VI♯	II♯	V♯	I♯	IV♯

Il s'ensuit de là qu'une grande partie des transitions réalisées par les équisonances de l'accord de quinte augmentée ont toute l'apparence de changements de ton obtenus sans aucun procédé artificiel (§ 235, A, cp. ex. 776, b).

Ex. 828, mod. 34.

Ex. 828bis, mod. 28.

Peu de cas, tels que les suivants, laissent voir clairement la substitution de la quarte diminuée à la tierce majeure. Cependant il est à remarquer que les transmutations de ce genre ouvrent l'accès direct à une catégorie spéciale de tonalités, moins facilement abordable aux accords transmués par les équisonances de la fausse-quinte (ci-après § 254).

Ex. 829, mod. 31.

Ex. 829bis, mod. 43.

Ex. 829ter, mod. 45

§ 245. — En maint endroit de la VIII° Étude, consacrée aux notes d'appui, nous avons rencontré des *accords accidentels donnant lieu à des équisonances remarquables*. Tout comme les agrégations construites d'après le principe des accords normaux, *ils sont utilisables pour les transitions introtonales*. Cependant la polyphonie des modernes ne les a pas encore, que je sache, appliqués à cet usage. Nous ne pouvons donc nous dispenser d'en donner ici une couple de spécimens, afin de faire voir le mécanisme de l'opération.

Ex. 830. *Équisonant de la Septième de 3° espèce*, introduit comme un retard supérieur de sixte dans la *Neuvième mineure de dominante sans fondamentale* (§ 209, C, ex. 721, 723), transformé ensuite en une des dispositions de la *Septième diminuée avec altération intensive de la fausse-quinte* (§ 240), et résolue sur l'harmonie de dominante dans le ton subséquent (ex. 817, c).

Modèle 20.

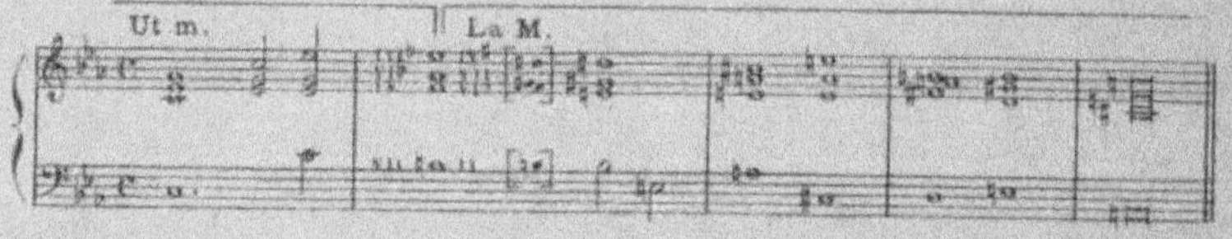

Ex. 830bis. *Appoggiature chromatique inférieure de la Quinte dans l'accord de Septième de dominante* (§ 215, B, ex. 743); note d'appui transformée par équisonance en un accord de septième mineure avec tierce majeure et fausse-quinte posé sur la Dominante du ton où aboutit la transition (§ 172, A, ex. 511 et 512).

Modèle 39.

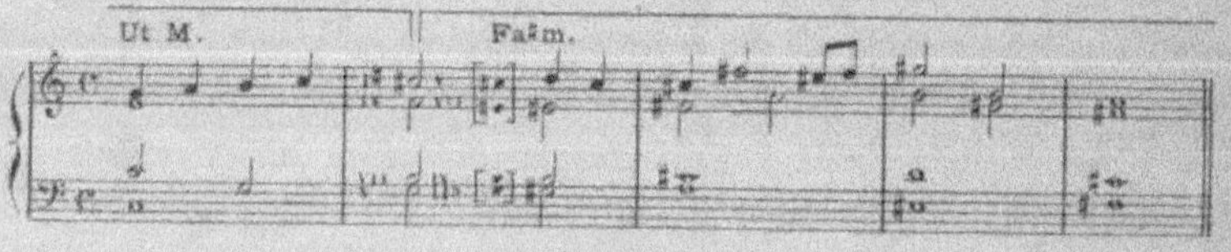

§ 246. — Il n'est pas rare de rencontrer dans notre musique instrumentale des passages où une notation abondante en bémols et une écriture toute en dièses se succèdent brusquement, *sans qu'il y ait transition par équisonance*, ce que le plus sommaire examen suffit à nous démontrer. En ce cas *le changement soudain des signes altératifs n'y résulte point de la métamorphose intérieure d'un accord médiateur. Il a simplement sa cause dans nos habitudes graphiques, influencées par la pratique des instruments*.

Notre écriture musicale est capable d'exprimer avec exactitude les 17 sons du système chromatique intégral dans les 15 tons régulièrement usités aujourd'hui; mais seulement à condition d'utiliser tous les signes altératifs (dièses et doubles-dièses, bémols et doubles-bémols) jusqu'au dernier.

Échelle chromatique ascendante, type 1, en UT♯.   Échelle chromatique descendante, type 6, en UT♭.

A. Or les doubles signes altératifs, qui apparaissent dans les gammes chromatiques dès que l'armure exhibe plus de 3 dièses ou 3 bémols, sont importuns aux instrumentistes, en rendant la lecture de leur partie plus embarrassante. C'est pourquoi le compositeur éprouve quelque répugnance à les prodiguer, et pour en éviter la multiplicité, il n'hésite pas à recourir à un subterfuge graphique. Lorsque, en partant d'un ton déjà surchargé de signes modificatifs, il se voit entraîné dans la région des doubles-dièses ou des doubles-bémols, il prend soudainement le parti *de transporter tout d'une pièce, et à un endroit arbitrairement choisi, la notation de 12 Quintes, soit vers la gauche, soit vers la droite.* Il se trouve alors dans un des tons familiers aux musiciens, et ne reprend l'armure primitive, correcte, qu'à la fin de la digression tonale. Naturellement ces changements arbitraires n'existent que pour l'œil. Une oreille guidée par le sentiment musical suit imperturbablement la marche harmonique ininterrompue et perçoit la vraie modulation, qui le plus souvent est des plus usuelles.

Ainsi, ayant LA♭ pour tonalité principale, et voulant passer momentanément au ton situé une tierce majeure plus bas (modèle 28), Beethoven, au lieu de prendre la notation de Fa♭, qui lui amènerait un si♭♭, préfère noter sa phrase épisodique en Mi.

Ex. 831, mod. 28 (30), puis mod. 25.

Ainsi encore dans un morceau en UT♯ mineur, et après une courte digression introtonale au ton de la Dominante, Sol♯ mineur, l'immortel maître de la musique instrumentale, incité à poursuivre sa progression modulante jusqu'au ton de Ré♯ mineur, prend l'armure de Mi♭ mineur jusqu'au retour dans le domaine harmonique du Ton principal.

Ex. 832, mod 2.

De tels changements de notation se justifient aussi dans les morceaux de chant pourvus d'un accompagnement instrumental. On s'en est servi même, souvent sans utilité réelle, pour de courtes modulations introtonales.

Ex. 833. Le ton principal du morceau est MI Majeur. Les deux premières mesures du passage transcrit modulent au relatif mineur, les trois suivantes au III⁰ degré majeur, les deux dernières à la Dominante.

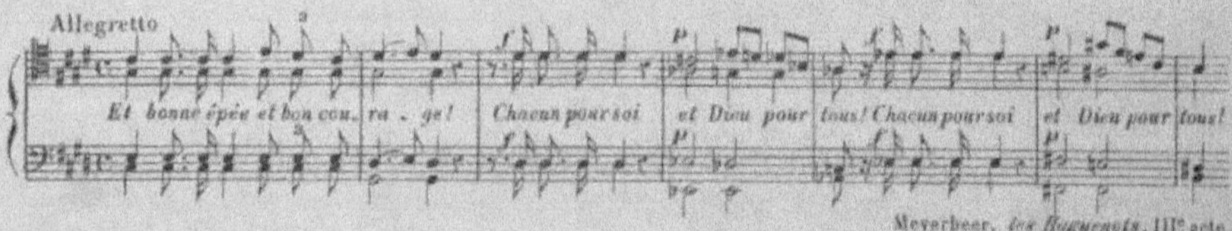

Mais on n'a aucune raison valable pour employer une notation harmoniquement fausse dans un ensemble vocal sans accompagnement. Personne ne peut approuver une écriture comme la suivante, beaucoup plus difficile à déchiffrer pour les chanteurs que la graphie correcte. En effet il s'agit tout uniment ici d'une modulation introtonale, passant de la Tonique mineure (La♭) à son majeur relatif (Ut♭).

Ex. 834.

B. Faisons remarquer au surplus que ces notations déguisées ont cours même quand il n'y a pas déplacement de la Tonique, et que le discours musical passe simplement du Majeur au mineur de même base ou réciproquement. Le mineur de *Sol♭* s'écrit en *Fa♯* (♯♯♯), le mineur de *Ré♭* est noté en *Ut♯* (♯♯♯), le mineur de *La♭* est souvent écrit en *Sol♯* (♯♯♯).

Ex. 835.

Dans son *Clavecin bien tempéré* J.S. Bach transcrit le Mineur de *Mi♭* en *Ré♯*.

Pour que l'inconsistance harmonique de semblables graphies équisonantes saute aux yeux, il suffit de transposer le passage qui en renferme *un demi-ton plus haut ou plus bas*. L'artifice d'écriture s'évanouit de lui-même, et la succession rationnelle des sons, des accords et des tons se révèle avec une clarté qui ne laisse aucun détail dans l'ombre. (Voir ci-après ex. 856, 870, 871).

C. Toutefois il est des cas où une transcription rigoureusement harmonique ne ramènerait pas le ton d'où la série modulante est partie. La chose arrive notamment dans les *transitions* dites *circulaires*, où, à l'aide d'une même suite d'accords, on traverse une série symétrique de tons pour retomber à la fin,— mais grâce uniquement à nos instruments tempérés,— sur le ton initial.

Ex. 836. (La cadence rompue est convertie trois fois en transition.)

Meyerbeer, *Robert*, III⁵ acte.
Benoît aîné, Édit.-prop.

Ex. 837. Nous transposons ce passage un demi ton plus haut, pour ne pas sortir du cercle des tons actuel-lement usités. En partant du même ton que l'auteur, nous aurions eu la série *La♭*, *Ut♭*, *Mi♭♭*, *Sol♭♭*, et, pour finir, *Si♭♭♭*.

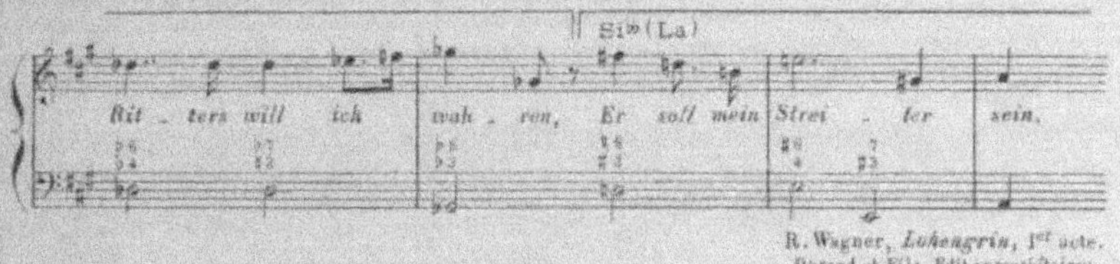

R. Wagner, *Lohengrin*, 1ᵉʳ acte.
Durand et Fils, Édit.-propriétaires.

Ici l'artifice est non-seulement dans la notation; il est dans la musique elle-même. Le ton initial revient *physiquement*, parce que la voix du chanteur est forcée de suivre l'impulsion des instruments tempérés qui l'accompagnent. Mais l'auditeur harmoniste, qui a suivi l'enchaînement rationnel des tons,— *La*, *Fa*, *Ré♭*, *Si♭♭* au premier passage, *La*, *Ut*, *Mi♭*, *Sol♭*, *Si♭♭* au second,— s'aperçoit parfaitement qu'au lieu de revenir au point de départ, on le mène vers une Tonique nou-velle, exharmonique. Néanmoins, il ne demande pas mieux que de se laisser égarer sciemment dans le séduisant dédale des équisonances. De son côté le compositeur, fût-il Jean-Sébastien lui-même, n'entend pas se priver d'une partie des ressources que lui procure l'inévitable tru-quage du *tempérament*. (Voir le prélude de sa grande Fugue d'orgue en *Sol mineur*.)

QUATRIÈME SECTION

Revue sommaire des 48 transitions directement réalisables

§ 247.— Chacune des six grandes classes établies ci-dessus (§ 226), de même que chacune de leurs subdivisions (sections et modèles), se différencie par des particularités dont il importe à l'harmoniste d'avoir une conception suffisamment claire.

Nous examinerons les *classes* et les *sections* dans l'ordre fixé plus haut. Quant aux quatre (ou trois) *variantes modales* contenues dans chaque section, nous les passerons en revue sans tenir compte de leur succession numérique, en donnant la priorité aux transitions les plus répandues dans la pratique actuelle.

§ 248.— **PREMIÈRE CLASSE** : *la Tonique effective se transporte à la Quinte supérieure ou inférieure*. Nous rencontrons ici les transitions primordiales inhérentes à la structure harmonique d'une composition polyphone. Les principales d'entre elles figurent parmi les *transitions établies* qui marquent les grandes divisions de l'œuvre. Deux ou trois variétés secondaires n'ont plus guère d'emploi à notre époque, hors de l'harmonisation des très anciennes cantilènes liturgiques, où elles fonctionnent comme modulations intérieures.

Section A : *la Tonique majeure ou mineure passe à l'une des deux variétés du Ton de sa Dominante.*

Modèle 1, *d'Ut M. à Sol M.*, la principale transition de la musique moderne, celle qui dans les compositions instrumentales des maîtres classiques aboutit *au Ton associé* (ex.779). Elle se distingue de la modulation introtonale à la Dominante (ex.446,447), par son développement, par les détours plus ou moins nombreux qui retardent l'issue sur la tonalité épisodique (cp. ex.807[b]).

Ex.838.

Modèle 2, *d'Ut m. à Sol m.* C'est le pendant, en Mineur, du modèle précédent, tant pour les modulations introtonales (ex.527bis) que pour les changements de ton (ex.808[b], 832). Toutefois en raison du caractère hybride de notre Mineur polyphone, l'association des deux tons mineurs n'est ni aussi étroite ni aussi constante que celle de la Tonique et de la Dominante en Majeur. Si, dans la Fugue, le ton de la Dominante répond toujours au Ton principal :

Ex.839.

dans la Sonate le motif épisodique est donné généralement au Majeur relatif. Chez Beethoven la Dominante mineure ne devient pas souvent la Tonique associée, comme dans le passage suivant.

Ex. 840.

Sonates, op. 27, N° 2.
(Cp. le premier morceau de la *Sonate à Kreutzer*.)

Modèle 4, *d'Ut m. à Sol M*. Presque exclusivement modulation introtonale. Voir ex. 528.

Modèle 3, *d'Ut M. à Sol m*. En tant que transition tonale, elle a une couleur archaïque très prononcée et ne s'entend plus guère qu'à l'Église, et seulement comme modulation introtonale. Elle y sert notamment à revêtir d'une harmonie polyphone la cadence sur la Dominante inférieure du *mode de* SOL, VIII⁰ mode de l'Église latine, l'*iastien relâché* des Anciens (§ 21, ex. 10 et 11).

Ex. 841. Choral *Christus ist erstanden*. (Nous rétablissons l'armure authentique à la clef, afin que l'on puisse se rendre exactement compte des altérations chromatiques introduites dans la mélodie homophone pour l'accommoder à l'harmonie moderne).

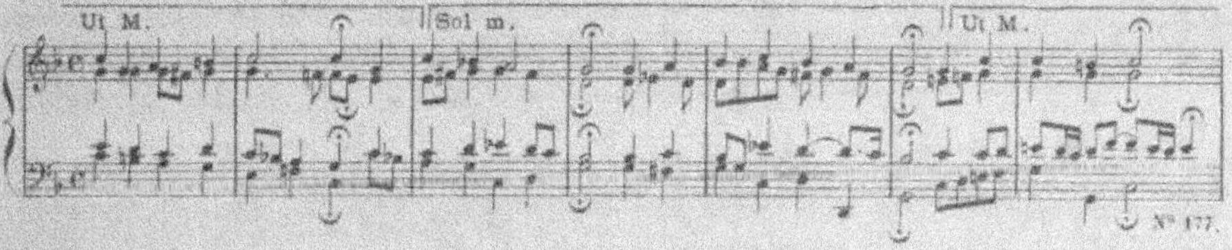

Section B : *la Tonique descend d'une Quinte*. Le mouvement rétrograde de la Tonique centrale vers la Sous-dominante fournit mainte modulation introtonale en Majeur et en Mineur (ex. 377, 378, 378bis, 517, 518), et des changements de ton passagers (ex. 807^a). Mais *des excursions prolongées dans le domaine tonal de la Sous-dominante sont contraires à l'esprit de la tonalité moderne*, puisqu'elles convertissent la transition régressive vers la Tonique, qui de sa nature doit être une détente, en un mouvement progressif de Quinte. Aussi sont-elles peu sympathiques au goût des musiciens, et abandonnées, sauf de rares exceptions, aux Marches et Danses de style populaire, où elles forment d'habitude le motif intermédiaire, le Trio traditionnel. *Jamais chez les maîtres classiques la Sous-dominante ne devient la Tonique associée*.

On peut citer pourtant une œuvre de date récente où la Tonique a pour associée sa Sous-dominante: c'est le premier morceau de la Symphonie de Raff, *Im Walde*. Mais l'innovation ne paraît pas avoir jusqu'à présent trouvé des imitateurs, et l'avenir en reste douteux.

Les deux principaux modèles de cette section qui ont un Majeur pour ton initial : mod. 5, *d'Ut M. à FA M.*, mod. 7, *d'UT M. à Fa m.*, partent communément, non pas de la Tonique principale du morceau, mais du Ton épisodique de la Dominante. Le but de la transition est le retour tranquille au giron tonal, retour que le compositeur se plaît parfois à tenir en suspens pour faire sentir davantage le charme de la consonance finale (ex. 800).

En ce qui concerne les deux modèles de cette section qui ont pour point de départ une *Tonique mineure*, celle-ci ne peut être nécessairement que la Tonique suzeraine. Les deux transitions ne comportent qu'un usage très limité.

Le modèle 6, *d'Ut m. à Fa m.*, a déjà été cité à plus d'un endroit comme modulation introtonale (ex. 334, 335, 518). On serait embarrassé pour en citer un spécimen significatif conduisant à un vrai changement de ton.

Le modèle 8, *d'Ut m. à Fa M.*, figure comme modulation intérieure dans la version polyphone de très anciennes mélodies liturgiques en mode de RÉ (§ 22).

Ex. 842, Choral *Erschienen ist der herrlich' Tag*. (Le mode de RÉ est transposé une tierce majeure plus haut.)

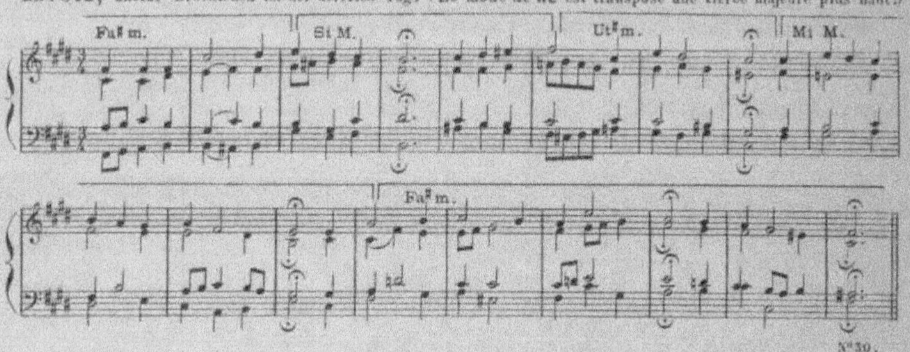

Toutefois ce type n'est pas antipathique à l'art moderne, et certains exemples notables qui s'y rapportent méritent d'être signalés aux harmonistes:

1° Au III° acte du drame religieux *Judas Macchabée*, de Händel, l'air du protagoniste (*The trumpets ne'er in vain shall sound*) avec trompette obligée: cantilène funèbre à la mémoire des héros judéens tombés au champ d'honneur. La Sous-dominante majeure (*Ré*) de la tonalité principale, mineure (*La*), y fait office de ton épisodique: combinaison bizarre qui exprime puissamment le mélange d'éclat guerrier et de poignante mélancolie qui caractérise cette belle page musicale [1]

Une semblable impression, rendue plus intense par les timbres riches et vibrants de l'orchestre moderne, se dégage de la même transition tonale dans ce passage émouvant de la merveilleuse tétralogie de Richard Wagner.

Ex. 843.

[1] Le morceau ne se prête pas à être fragmenté. Nous ne pouvons donc le transcrire ici.

§ 249. — IIe **CLASSE.** *La Tonique se transporte à deux Quintes vers la droite ou vers la gauche.* Un enchaînement mélodique de deux Quintes donne l'intervalle de seconde majeure, la disso- nance primordiale en harmonie simultanée (§ 15, A). De même le déplacement du centre tonal à une distance de deux Quintes, c'est-à-dire à la seconde majeure, aiguë ou grave, engendre les changements de ton les moins euphoniques. *La IIe classe est la moins féconde des six;* ses transitions ne constituent pas un élément indispensable dans le mécanisme harmonique de l'oeuvre musicale. Elles servent plutôt à créer de petites diversions introtonales, et sur- tout des *progressions modulantes par degrés diatoniques conjoints*, ascendants ou des- cendants. On en a vu les spécimens rudimentaires dans l'harmonisation des gammes chro- matiques (ex. 463, 464, 534, 535, 539). Le caractère essentiellement mobile de cette classe de transitions a suggéré à Richard Wagner son *Leitmotiv* symbolique de "Wotan voyageur", phrase instrumentale composée d'une suite de modulations au degré voisin, d'abord descen- dante, ensuite ascendante.

Ex. 844.

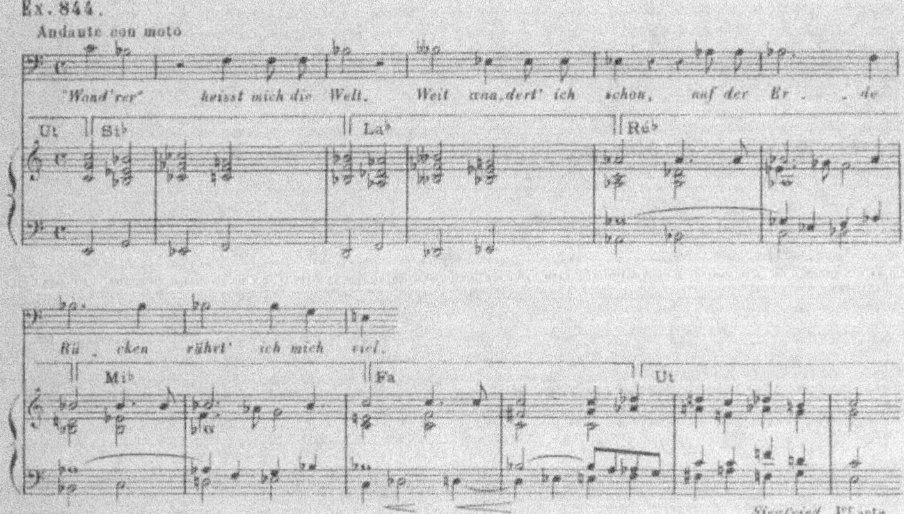

La IIe Classe fournit aussi la plupart des *transitions-soudures*, lesquelles ont un but sim- plement technique: établir une continuité harmonique entre deux parties d'une oeuvre qui par elles-mêmes ne montrent pas de cohésion musicale (ex. 848).

Section C: *la Tonique effective, Majeure ou mineure, monte d'une seconde majeure.* La tran- sition ascendante est la plus rude quand elle aboutit à une tonalité majeure. On la rend plus facile en s'arrêtant un moment sur la triade mineure avant d'aborder définitivement le Majeur (ex. 848).

Modèle 11, *d'Ut M. en Ré m.*, la plus agréable des quatre transitions ascendantes. Comme modulation introtonale, voir ex. 449, 450, 451. Elle est fréquente dans l'harmonisation des cadences intérieures d'un Choral (ex. 449), dans les développements harmoniques d'une composition moderne (ex. 451).

Ex. 845.

Modèle 9, *d'Ut M. à Ré M.* Comme modulation elle relie dans l'harmonisation de la gamme chromatique ascendante, en Majeur, les degrés diatoniques, séparés par un intervalle de ton (ex. 464). Mais en tant que transition joignant deux Toniques autonomes (ex. 804³, 806²), elle devient facilement dure et vulgaire, à moins qu'on ne la fasse passer par la Tonique mineure. Néanmoins Gounod, dans son *Faust*, a laissé un spécimen notable de la transition directe, même réitérée encore un ton plus haut la seconde fois [1].

Ex. 846.

Modèle 10, *d'Ut m. à Ré m.* L'effet sonore de la transition est terne et l'expression en est triste, mélancolique.

Ex. 847.

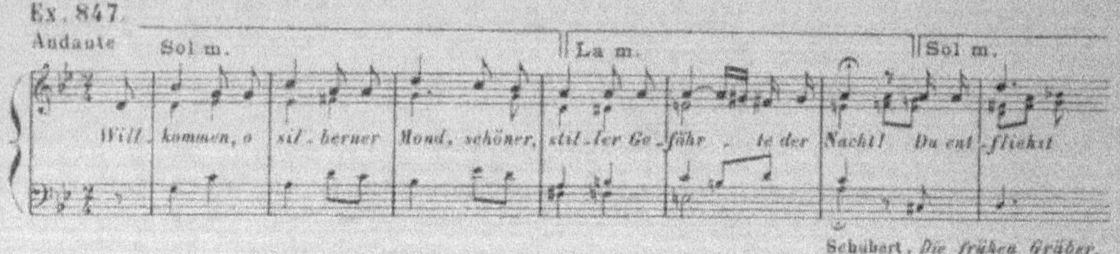

Modèle 12, *d'Ut m. à Ré M.* Ne paraît être guère utilisé, sinon comme *soudure harmonique.*

Ex. 848.

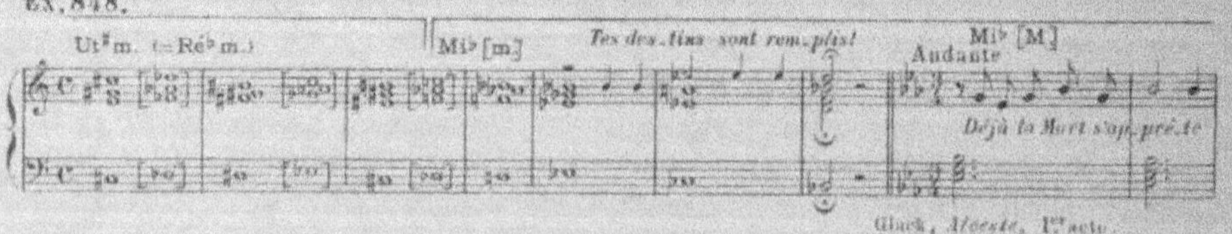

<hr>

[1] Peut-être est-ce là une réminiscence ecclésiastique de l'émouvante antienne *Attollite portas*, chantée à la procession qui précède la Messe du dimanche des Rameaux. Cette cantilène est dite trois fois de suite, et à chaque reprise le prêtre doit élever la voix d'un ton.

Section **D**: *la Tonique effective se porte une seconde majeure plus bas*. La descente vers le Majeur étant la plus aisée, on passe volontiers par la triade majeure pour aller au Ton mineur (ex. 852).

Modèle 15, d'*Ut m.* à *Sib M.*, très fréquent à titre de modulation introtonale (ex. 337, 338, 339, 778), particulièrement dans l'harmonisation des antiques cantilènes religieuses du mode de LA (§ 23).

Ex. 849.

Relativement assez rare comme transition tonale dans la musique polyphone de style moderne (ex. 778, 788, 809ᵉ).

Modèle 13, d'*Ut M.* à *Sib M.* En tant que modulation introtonale, voir ex. 376, 376ᵇⁱˢ). Des transitions extra-tonales de ce type se rencontrent dans la musique semi-populaire de l'Italie. C'est apparemment à cette source (peut-être à une barcarolle vénitienne) que Mozart a puisé le motif de la jolie canzonette au IIIᵉ acte de *l'Enlèvement au Sérail*.

Ex. 850.

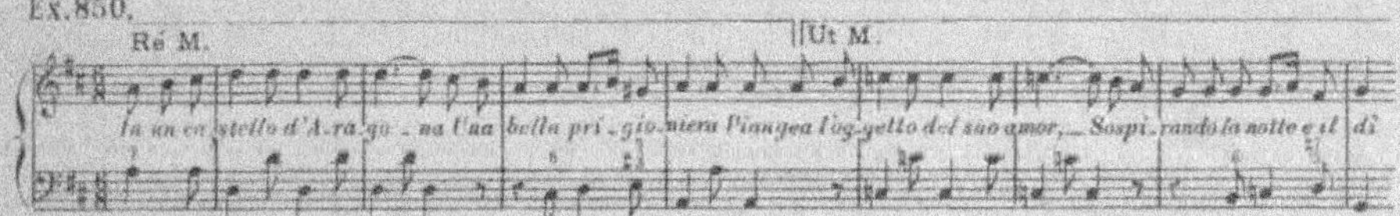

La plupart des progressions par degrés diatoniques descendants, quand elles sont rehaussées par une harmonie fortement colorée, appartiennent à ce type de transition. On en voit les spécimens les plus communs dans les gammes chromatiques descendantes (ex. 463ᵇ, 464ᵇ etc.).

Ex. 851.

Voir encore le *Leitmotiv* de "Wotan voyageur", ex. 503 et 844.

Modèle 14 d'*Ut m.* à *Sib m.*, et **modèle 16**, d'*Ut M.* à *Sib m.* Ayant la même issue, ils se distinguent peu l'un de l'autre; tous deux se rencontrent presque exclusivement parmi les modulations introtonales (ex. 520, 521). Pour ce qui est des modulations extratonales, il serait difficile d'en citer une qui soit restée présente à la mémoire des musiciens.

Ex. 852, mod. 14 et 16.

§ 250. — **IIIᵉ CLASSE** : *la Tonique se déplace de trois Quintes vers la droite ou vers la gauche; elle va à la tierce mineure grave ou aiguë.* Le mouvement tonal limité par la Tierce consonante se lie intimement au principe générateur de notre polyphonie (p. 35 et suiv.) et joue son rôle dans la structure de nos compositions instrumentales. Lorsque, dans le premier ou le dernier morceau d'une Sonate, le Ton principal ne prend pas pour associé le Ton de sa Dominante, il s'associe celui de sa tierce aiguë (III ou IIIᵇ) ou de sa tierce grave (VI ou VIᵇ). En somme les classes III et IV ont donné à la musique polyphone des modernes ses digressions tonales les plus mélodieuses et les plus expressives.

Les deux principaux modèles de la classe III accouplent le Majeur et le mineur compris dans la même série heptaphone (§ 105).

Section **E** : *la Tonique effective, majeure ou mineure, opère son mouvement de tierce mineure en descendant.*

Modèle 19, *d'Ut M. à La m.* La transition tonale du Majeur à son relatif mineur est aussi aisée et aussi naturelle que la transition opposée (ex. 812). Elle n'est sentie comme un vrai changement de ton que moyennant un développement marqué de la cadence et de l'harmonie de dominante précédant la nouvelle Tonique, car à l'intérieur du système Majeur les modulations passagères au VIᵉ degré sont des plus fréquentes (ex. 452, 453, 453ᵇⁱˢ). Au reste cette métabole est bien antérieure à la création de notre polyphonie; elle est familière au chant homophone d'origine gréco-romaine; parfois le mélange des deux modes relatifs y va jusqu'à la promiscuité. Des cantilènes liturgiques débutant en mode d'UT se terminent en mode de LA.

Ex. 853.

De même quelques anciennes chansons d'Espagne et d'Italie montrent une alternance du Majeur et du mineur relatif si persistante que souvent il est difficile de discerner laquelle des deux Toniques doit être tenue pour la suzeraine. En présence de cet état de choses on est amené à se demander *pourquoi, dans nos Sonates, le Majeur, lorsqu'il est Tonique principale, ne prend jamais son relatif mineur pour associé,* alors que la combinaison opposée est d'un usage universel. L'observation suivante tiendra lieu de réponse à cette question. Notre mineur polyphone dépend du Majeur, on le sait (§ 104), tandis que *le Majeur est harmoniquement et mélodiquement autonome* et n'a aucun besoin de la collaboration du mineur. Aussi dans les compositions coupées en Allegro de sonate, *le Majeur prend toujours pour associé un autre ton Majeur.*

Modèle 17, *d'Ut M. à La M.*, transition qui peut être considérée comme une variété de la précédente avec une issue lumineuse (ex. 792, 806, 824bis). Beethoven le premier l'a traitée en modulation introtonale (ex. 465, 466). Même dans quelques oeuvres de sa dernière période *il fait de ce relatif, devenu Majeur, un associé du ton initial*, fonction que le relatif mineur n'est pas jugé apte à remplir, comme il a été dit ci-dessus.

Ex. 854.

Cp. le morceau initial du Quatuor en *Mi♭*, op. 127 : ton associé *Ut Majeur*; le premier Allegro de la VIIIe Symphonie en *Fa Majeur*, où le motif épisodique s'attaque en *Ré Majeur*.

Modèle 18, *d'Ut m. à La m.*, et modèle **20**, *d'Ut m. à La M.*; l'un comme l'autre ayant son point de départ en mineur, les deux modèles accouplent des Toniques qui n'ont pas entre elles de parenté directe et ne fournissent en conséquence que des modulations extra-tona- les, d'un usage peu étendu au reste et souvent produites par équisonance (ex. 824, 827, 830). Dans le modèle 20, où l'apparition immédiate de la Tonique Majeure peut causer parfois une surprise déplaisante, on a la faculté de graduer la transition en touchant au passage la tonique mineure.

Ex. 855.

Section F : *la Tonique effective, majeure ou mineure, opère son mouvement de tierce mineure en montant.*

Modèle 23, *d'Ut m. à Mi♭ M.*, passage du mineur à son Majeur relatif. On sait que cette modulation est normalement indispensable au fonctionnement intérieur du Mineur polyphone (§ 129; ex. 320-325). L'immixtion du Majeur y est si envahissante que les modulations introtonales et extratonales ten- dent à se confondre (ex. 522-524, 809^b^, 810^b^, 812^a^, 834). Le Majeur ne se fait reconnaître comme tonalité autonome que lorsqu'il apparaît entouré de ses toniques vassales et en état d'arrêt momentané. C'est en de pareilles conditions qu'il se produit d'ordinaire comme le *Ton associé* d'une tonalité principale, mineure, dans une sonate ou une symphonie (ex. 780).

Modèle 21, *d'Ut M. à Mi♭ M.*; une des métaboles modernes les plus suaves. Comme modu- lation introtonale, ex. 374, 375; comme changement de ton, ex. 781, 793, 825bis. Ce déplace- ment de la Tonique majeure donne lieu à des séries continues de transitions enchaînées, ex. 837. Le début du passage suivant présente une succession identique; mais l'enchaînement des Tons consécutifs n'y est pas apparent; la note de liaison y est simplement sous-entendue.

Ex. 856. Nous transposons tout le passage un demi-ton plus haut, pour éviter la notation équisonante et rendre ainsi l'enchaînement des tons plus facilement saisissable à l'harmoniste.

Modèle 22, *d'Ut m. à Mi♭ m.*, variante assombrie du modèle 23 (v. ci-dessus); tout comme le Ton initial, son relatif majeur prend la flexion mineure (ex. 825). Nous avons donc ici le pendant et l'opposé du modèle 17. Ce que celui-ci est au Majeur, le modèle 22 l'est au Mineur, et la liaison des deux tonalités n'est pas moins facile.

Ex. 857.

C'est encore Beethoven qui a donné l'exemple de *l'association d'un Ton mineur principal avec son relatif, devenu, lui aussi, mineur*. On constatera cet accouplement de tonalités douloureusement passionnées dans une Sonate de piano dont le Maître lui-même signale, dans le titre, le caractère expressif.

Ex. 858.

La même juxtaposition tonale se reproduit, mais non pas immédiate, dans l'incomparable *Appassionata* (op.57).

Ex. 858bis

Modèle 24, *d'Ut M. à Mi♭ m.*, transition rare. Il serait difficile d'en découvrir un spécimen frappant dans le répertoire musical universellement connu.

Ex. 859.

§ 251. — IVᵉ **CLASSE** : *la Tonique se déplace de quatre Quintes vers la droite ou vers la gauche ;* elle monte ou descend à la tierce majeure. Ce mouvement de la base harmonique donne des transitions tonales sensiblement pareilles à celles de la classe précédente (§ 250), mais d'un cachet plus moderne. Toutes sont étrangères à la mélopée homophone des anciennes cantilènes liturgiques ou profanes. La polyphonie moderne au contraire, qui les prodigue, emploie les principales d'entre elles, tantôt comme modulations introtonales, tantôt comme transitions positives aboutissant à un Ton associé.

Section G : *la Tonique effective, majeure ou mineure, opère son mouvement de tierce majeure en montant.*

Modèle 27, *d'Ut M. à Mi m.* Modulation introtonale, ex. 455, 455ᵇⁱˢ, 456 ; transition tonale, ex. 804.

Modèle 25, *d'Ut M. à Mi M.* : le type marquant du groupe. La succession des deux Toniques majeures fait percevoir à notre sens auditif le passage d'une clarté moyenne à une lumière rayonnante. Modulation introtonale ex. 467, 468 ; transition tonale ex. 782, 801, fin de l'ex. 831. Chez Beethoven la triade majeure du IIIᵉ degré est élevée au rang de *Tonique associée* dans quelques-uns des plus célèbres chefs-d'œuvre de la musique instrumentale.

Ex. 860.

Modèle 26, *d'Ut m. à Mi m.* (ou à Mi majeur mixte). Pas de modulation introtonale, naturellement. La modulation extratonale, d'un effet parfois très prenant (ex. 790), a été pratiquée par équisonance depuis 1700 (ex. 826, 826ᵇⁱˢ).

Ex. 861.

Ex. 861bis

Ex. 862.

Section **H** : *la Tonique effective, majeure ou mineure, opère son mouvement de tierce majeure en descendant.*

Modèle 30, *d'Ut m. à La♭ M.* La descente immédiate ou médiate d'une Tonique sur une autre Tonique, majeure, située une tierce majeure plus bas, est le mouvement le plus imposant de l'harmonie polyphone. À de certains moments, dans les grands chefs-d'œuvre du drame musical, il s'est montré supérieurement apte à produire une poignante impression d'attente anxieuse et de terreur (exemples : au 1er acte d'*Alceste*, après la voix de l'Oracle ; au 3e acte de *Fidelio*, après le signal de trompette annonçant l'arrivée du Gouverneur-justicier).

Dans l'harmonisation ordinaire de notre Mineur moderne, si l'on excepte le passage au relatif Majeur, qui s'y trouve constamment enchevêtré, la modulation introtonale au VIe degré fléchi (VI♭) est la plus fréquente (§ 128, B, § 134, B, § 173, D). Amenée par la cadence rompue elle s'affirme souvent ensuite comme une vraie transition tonale (ex. 777). D'autres fois elle se fait connaître pour telle par quelque accord caractéristique qui dénonce clairement le changement de ton.

Le modèle 30 a fourni la *Tonique associée* à deux des plus pathétiques parmi les dernières compositions instrumentales de Beethoven : la sublime Neuvième, et le Quatuor en La mineur, op. 132.

Ex. 863.

Ex. 863bis

Il est permis de dire que l'immortel symphoniste a doté le Mineur polyphone d'un second Majeur relatif, situé symétriquement à l'opposé du premier et ayant plus de poids, non-seulement en vertu de sa position au grave, mais encore par sa sonorité plus imposante. Un des quatuors de l'oeuvre 59, le N° 2 en *Mi mineur*, offre un exemple très original de l'emploi du relatif suppléant. Après le premier Allegro en *Mi mineur*, l'Andante en *Mi Majeur* et un *Scherzoso* en *Mi mineur*, le Final s'attaque *ex abrupto*, non pas en *Mi*, ton fondamental de l'oeuvre entière, mais en *Ut majeur*, étalant une phrase très développée. Le ton réel du morceau apparait fugitivement après les 16 premières mesures, mais il ne s'affirme que vers la 45e mesure, et ne cesse pas, jusqu'à la fin, d'alterner avec le second relatif; ce qui ne l'empêche pas de mettre son motif épisodique dans le Ton de la Dominante mineure.

Modèle 28, *d'Ut M. à La♭ M.* Tous les procédés valables pour le modèle 30 renouvellent ici leur application. Mais le point de départ se transportant sur une Tonique majeure, l'élément coloré s'en trouve accru et suscite des harmonies plus voluptueuses. Modulation introtonale, ex. 372; transitions, ex. 798, 803e, 828bis. Dans l'exemple suivant la tonalité initiale touche un moment à son Mineur avant d'aboutir au ton subséquent, et gagne par là en suavité.

Ex. 864.

Modèle 29, *d'Ut m. (ou M. mixte) à La♭ m.*, exclusivement modulation extra-tonale. C'est le modèle 30 avec une issue sombre (ex. 811b). Aucun spécimen universellement connu ne s'impose à la mémoire.

§ 252. — Ve CLASSE : *la Tonique se déplace de cinq Quintes vers la droite ou vers la gauche; elle se transporte sur la seconde mineure grave ou aiguë.* Quoique l'écart entre les deux Toniques se trouve encore augmenté ici d'une unité harmonique, les limites extrêmes ne sont pas nécessairement dépassées, aussi les modulations introtonales ne disparaissent pas tout à fait. Pour ce qui est des modulations extra-tonales, elles commencent à user volontiers des accords équisonants.

Section I : *la Tonique effective descend d'une seconde mineure.* Comme les transitions se dirigent vers la région des dièses, *l'équisonance de la Septième de première espèce et de l'accord de sixte augmentée avec Quinte (§ 239) est apte à s'employer utilement dans les trois variétés modales.*

Modèle 33, *d'Ut M. à Si m.* Les transitions extra-tonales se réalisent facilement, soit par une succession régulière de sons ou d'accords (ex. 794, 799), soit par la transformation équisonante de la Septième de Dominante (ex. 813a, 815, 815bis).

Le suivant changement de ton, motivé par une péripétie terrible de l'action dramatique, reste à mi-chemin, ne dépassant pas la Dominante du ton subséquent, en sorte qu'elle laisse le mode indéterminé. Toutefois sous l'influence de la situation et des sonorités sinistres, le sentiment de l'auditeur est irrésistiblement entraîné vers la tonalité mineure.

Ex. 865.

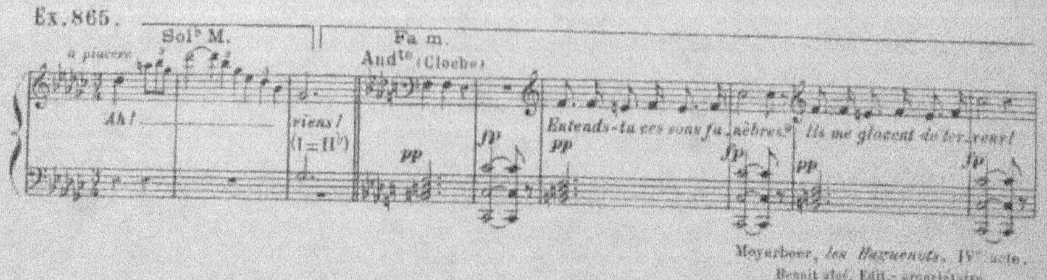

Modèle 31, *d'Ut M. à Si M.*: reproduction du modèle précédent, sauf la terminaison qui, d'obscure, devient lumineuse. Comme modulation introtonale (ex. 469), la métabole n'est pas d'usage très ancien. Quant à la transition proprement dite, fort répandue depuis long-temps, elle s'effectue directement et sans difficulté par des accords diatoniques, tant consonants que dissonants (ex. 803^b, 804^c, 806^x). La digression tonale contenue dans la phrase suivante appartient à cette catégorie; sa notation seule est artificielle (§ 246, A).

Ex. 866.

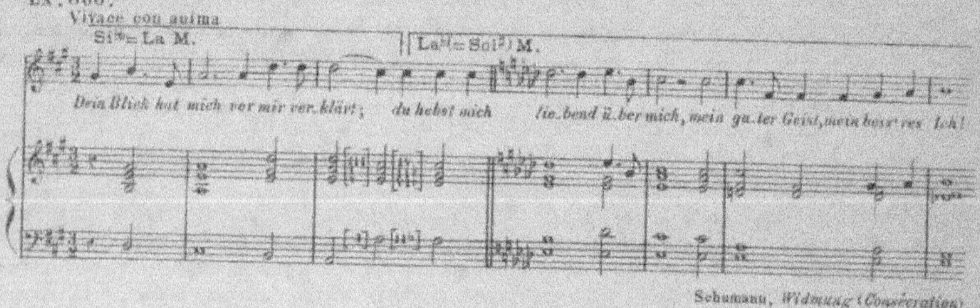

Mais, à notre époque, des équisonances réelles sont souvent les agents de cette transition tonale (ex. 813^b, 814, 828).

Modèle 32, *d'Ut m. à Si m.* La transition est rare et parait assez étrange, même de notre temps. Du reste elle peut s'obtenir par les procédés techniques les plus naturels (ex. 795).

Ex. 867.

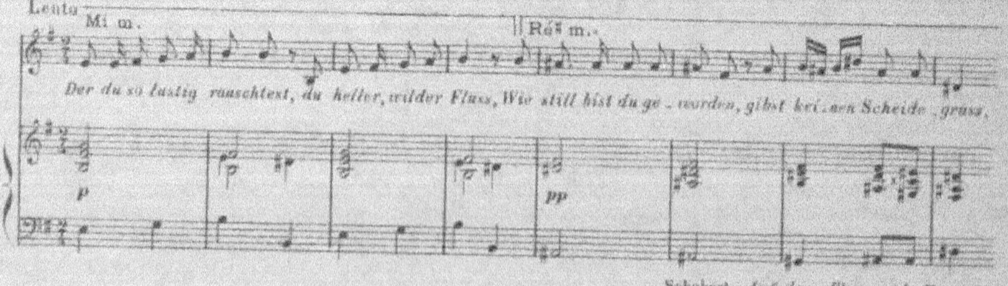

Un morceau célèbre d'*Hippolyte et Aricie* de Rameau, le *Trio des Parques* contient une suite continue de triades, alternativement mineure et majeure, et procédant par quarte descendante et tierce majeure (= seconde augmentée) ascendante, ce qui donne une chaîne de transitions inachevées dont chaque chaînon descend d'un demi-ton (seconde mineure ou demi-ton chromatique).

Ex. 868.

Section J. *La Tonique effective monte d'une seconde mineure*, se dirigeant vers la région des bémols. En conséquence les transitions si commodes effectuées grâce à l'équisonance des accords de septième (1re espèce) et de sixte augmentée avec Quinte disparaissent complètement.

Modèle 36, *d'Ut m. à Ré♭ M.*, et modèle 34, *d'Ut M. à Ré♭ M.* Il n'y a pas de raison pour séparer les deux types de transitions, dont l'usage concorde de tout point. On sait la grande place qu'ils occupent, à titre de modulations introtonales, dans les successions harmoniques du Mineur et du Majeur (ex. 529, 530, 530bis, 530ter, 531, 532, 533); aussi les modulations extra-tonales ne sont pas reconnues comme telles tant qu'elles restent inachevées (ex. 802d, 803d, 805h, 810a); elles ne se révèlent pleinement que par la cadence parfaite (ex. 828).

Ex. 869.

Haydn, *Jahreszeiten* (Saisons), part. p. 305.

Il sera bon de dire ici que la transition par équisonance n'est pas impossible; elle peut se faire notamment en tant que *régressive* (§ 241, ex. 820a).

Modèle 35, *d'Ut m. à Ré♭ m:* extrêmement rare dans la pratique, de même que la plupart des types qui mettent en contact des tonalités mineures. Un des plus beaux *Lieder* de Schubert débute par cette transition, employée à l'instar d'une modulation introtonale.

Ex. 870. Transposé un demi-ton plus bas, afin d'éviter l'écriture équisonante, qui masque l'enchaînement des accords et des tons.

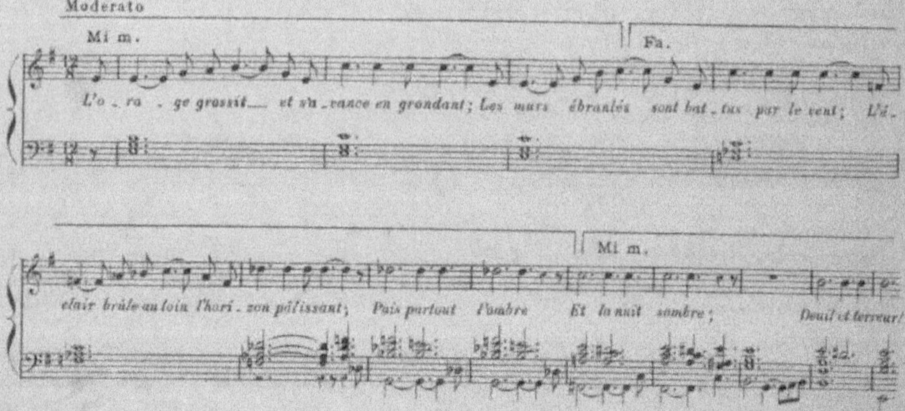

§ 253. — VIe CLASSE: *la Tonique se déplace de six Quintes vers la droite ou vers la gauche; elle passe au triton aigu ou à la fausse-quinte grave.* Deux échelles diatoniques qui diffèrent de plus de 5 accidents sont privées de tout intervalle commun. Il en résulte que *les transitions appartenant à la présente classe ne fonctionnent pas à titre de modulations introtonales et n'aboutissent jamais à une tonalité associée.* En revanche deux Toniques séparées par un intervalle de fausse-quinte ($=$ triton) sont éminemment propres à se conjoindre par le procédé artificiel de l'équisonance. Nous savons en effet que tout accord diatonique contenant une fausse-quinte acquiert par sa transformation équisonante la faculté de déplacer la base harmonique de six Quintes dans l'une ou l'autre direction (§ 239, § 240). Et nous savons de plus que les équisonants des accords formés d'un entre-croisement de deux fausses-quintes transportent à volonté la Tonique à six Quintes en avant ou en arrière (§ 242, A), ce qui étend leur faculté d'intervention à la totalité des transitions de cette classe.

Section K: *la Tonique effective monte au triton ou descend à la fausse-quinte.* Si le compositeur veut effectuer la transition par équisonance, il dispose d'un accord particulier qui ouvre une issue facile aux trois variétés de cette section, la Septième de dominante se transformant en sixte augmentée (§ 239).

Modèle 39, *d'Ut M. à Fa♯ m.* Transitions par une suite d'accords réguliers, ex. 776[b]; par équisonance simple, ex. 816[c]; par équisonance double, ex. 823bis, 830. La fin du passage suivant met en œuvre la Septième diminuée, l'accord déraciné à équisonance multiple (§ 243).

Ex. 871. Transposé un demi-ton plus haut, pour montrer à nu la succession des Tons et des harmonies.

Modèle 37, *d'Ut M. à Fa♯ M.* Transitions par équisonance simple, ex. 816ᵃ; par équisonance double, ex. 821ᵇⁱˢ, 822ᵇⁱˢ. En outre les transitions du modèle précédent s'accommodent généralement à celui-ci; il suffit pour cela de changer la triade du Ton subséquent de mineur en Majeur.

Modèle 38, *d'Ut m. à Fa♯ m.* La transition directe amenée à l'aide d'un enchaînement d'accords réguliers est de soi plus ou moins prolixe. Réalisée par une transformation équisonante elle peut se faire en un tour de main (ex. 823ᵇⁱˢ).

Ex. 872.

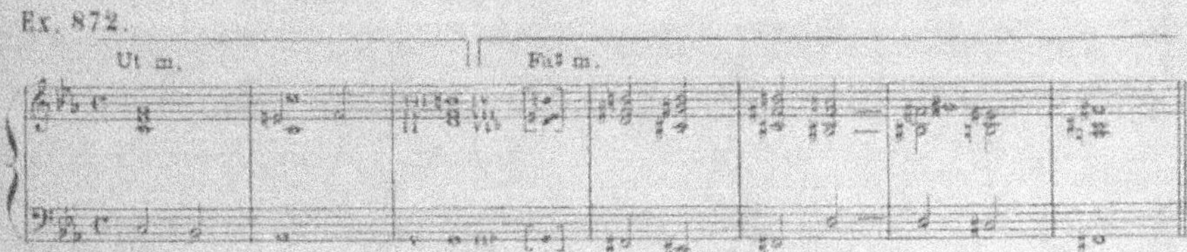

À un endroit marquant de sa IXᵉ Symphonie (l'entrée de la partie vocale), Beethoven ne craint pas d'attaquer soudainement le Majeur de la tonalité subséquente.

Ex. 873.

Section L : *la Tonique effective descend au triton ou monte à la fausse-quinte.* Tout comme la section précédente, celle-ci possède à l'époque actuelle un accord spécial (irrégulier, il est vrai) comportant l'équisonance simple, partant un moyen de transition applicable aux trois variétés du groupe. C'est la *Septième de troisième espèce*, dont la transformation homœophone a été sinon découverte, du moins réalisée pour la première fois, par l'illustre poëte-musicien auteur de *Parsifal* (§ 184, C).

Modèle 42, *d'Ut m. à Sol♭ M.* Les deux Tons se conjoignent aussi aisément que possible sans procédé artificiel, même sans lien apparent.

Ex. 874.

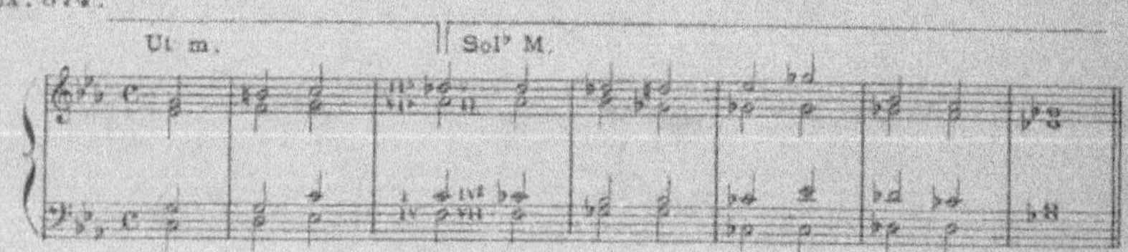

Ex. 875.

Beethoven, *Sonates*, op. 10, N° 1.

Pour ce qui est des transitions artificielles, nous avons reproduit ci-dessus, outre les passages wagnériens contenant la transformation équisonante de la Septième de troisième espèce (ex. 567, 568), les diverses dispositions de cette suite d'accords (ex. 817, a, b, c, d); de plus deux changements de ton obtenus par équisonance doubl¹ (ex. 821, 823); enfin une réalisation du modèle 42 par *équisonance rétractive* (ex. 820ᵇ): transformation d'un accord chromatique en diatonique, procédé aussi légitime que son contraire.

Modèle 40, *d'Ut M. à Sol♭ M.* Les divers moyens techniques mis en œuvre dans la réalisation du modèle précédent gardent en général leur efficacité quand le point de départ est la Tonique majeure. En outre le modèle présent dispose d'un accord transmuable réservé exclusivement au Majeur: *la Septième de sensible* (= Neuvième de dominante sans fondamentale, qui devient une agrégation ultra-chromatique dont on a ci-dessus expliqué la formation (§ 180) et montré l'usage dans les transitions par équisonance (§ 240, A).

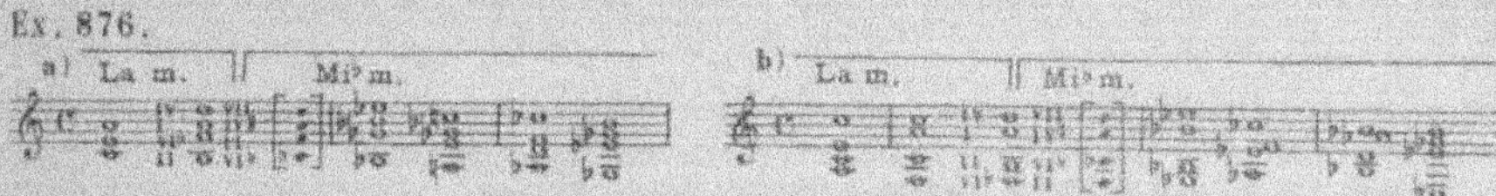

Modèle 41, *d'Ut m. à Sol♭ m.* Une seule observation spéciale au sujet de cette transition peut être de quelque utilité. La résolution directe de l'équisonance wagnérienne, dont on rencontre des spécimens dans un passage de *Parsifal* (ex. 569, cp. ex. 818ᵇ) est praticable en deux positions.

Ex. 876.

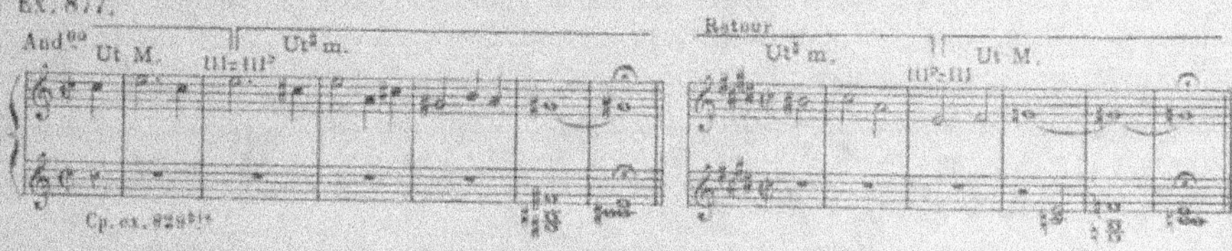

Ajoutons ici une remarque applicable à toute la classe dont nous venons de terminer l'examen. Quand une transition à la fausse-quinte aiguë s'effectue par des accords à double équisonance, on ne commet aucune inexactitude harmonique en la transcrivant au triton aigu. La réciproque est également irréprochable lorsque la transition a lieu en sens inverse. Dans ces cas, comme en d'autres où il y a une petite tricherie harmonique, le compositeur choisit tout uniment la graphie la plus commode à l'instrumentiste.

§ 254. — Il nous faut encore, au point de vue pratique, jeter un rapide coup d'œil sur les trois couples de *transitions hors cadre*, directement réalisables lorsqu'il y a passage d'un Majeur à un mineur vers la droite, ou d'un mineur à un Majeur vers la gauche (§ 228). Outre leur rareté, la même pour toutes, les six transitions montrent une particularité commune. Elles sont amenées avec le moins de difficulté, soit par le procédé le plus naturel, une simple ligne mélodique, soit par le procédé le plus raffiné, une équisonance polyphone. L'accord de quinte augmentée semble particulièrement indiqué pour ce dernier usage.

Modèle 43, *d'Ut M. à Ut♯ m.*, et **Modèle 44**, d'Ut♯ mineur à Ut Majeur, c'est à dire *de La m. à La♭ M.*
Ex. 877.

Ex. 878.

Modèle 45, *d'Ut M. à Sol♯ m.*, et **Modèle 46**, de Sol♯ mineur à Ut Majeur, c'est-à-dire de *La m. à Ré♭ M.*

Ex. 879.

Modèle 47, *d'Ut M. à Ré♯ m.*, et **Modèle 48**, de Ré♯ mineur à Ut Majeur, c'est-à-dire de *La m. à Sol♭ M.*

Ex. 880.

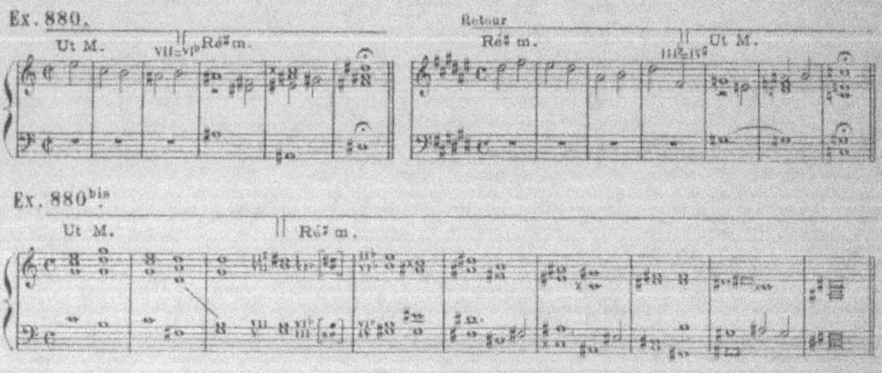

Ex. 880bis

Ici se termine la tâche que nous avons assumée en abordant le présent travail, fruit d'observations et de réflexions assidûment reprises, après les interruptions inévitables, au cours d'une longue existence.

Nous avons eu en vue un triple objet.

1º *Décrire les éléments constitutifs de l'harmonie simultanée,* — échelles et agrégations diatoniques, chromatiques et mixtes, — à la lueur des lois primordiales qui de tout temps ont régi l'art musical. C'est là le domaine de la *théorie*.

2º *Déterminer l'usage, la corrélation de ces éléments premiers, leur place et leur fonctionnement dans le discours musical.* De même que les grands écrivains ont fixé la syntaxe du langage parlé, les compositeurs éminents ont arrêté les procédés essentiels de la succession polyphone. Nous sommes ici sur le terrain de la *pratique*, produit de l'intuition, de l'expérience, du goût. En constatant l'usage des maîtres, le didacticien est tenu de découvrir et de formuler les règles qui se dégagent de la pratique traditionnelle, sans toutefois revendiquer pour elles une autorité absolue.

3º *Montrer l'accroissement graduel des éléments de la polyphonie depuis le début du XVIIᵉ siècle,* époque où le principe tonal s'est victorieusement imposé à l'harmonie simultanée (§ 42, B). Ici nous nous plaçons au point de vue *historique*. En effet la musique polyphone est un art spécialement européen et de date très récente. Toutes les phases de son épanouissement nous sont connues par une grande masse de productions. À partir des timides essais de l'école florentine (1600), le développement de son matériel technique et l'élargissement continu du domaine tonal ont suivi jusqu'à nos jours une marche parallèle, sans arrêts, et qu'on dirait réglée par une force interne, inaccessible à toute impulsion personnelle. Même la miraculeuse apparition de Jean Sébastien Bach, qui a montré, comme dans un éclair fulgurant, l'entière étendue du champ harmonique appelée à une culture ultérieure, n'a pu précipiter l'évolution.

En relevant avec soin toutes les innovations harmoniques dont s'est enrichie la pratique musicale jusqu'à la fin du XIXᵉ siècle, nous avons fait abstraction de celles qui appartiennent à la génération actuellement vivante. On ne peut classer ni apprécier à sa juste valeur ce qui n'existe encore qu'à l'état de tentative individuelle, personne n'étant en possession d'un criterium qui lui permette de discerner à coup sûr les nouveautés destinées à s'incorporer définitivement à l'art. C'est pourquoi tous les fragments d'œuvres donnés par nous en guise d'exemples ont été empruntés à des maîtres qui ne vivent plus que dans leurs productions.

Au surplus une lecture tant soit peu attentive de ce volume fait voir que, sans dépasser les limites actuelles de la tonalité et les procédés techniques sanctionnés par les maîtres disparus, on rencontre dans les vastes domaines de l'harmonie chromatique, des accords accidentels et des transitions tonales, d'assez nombreux espaces encore peu cultivés et restés ouverts aux explorations des musiciens présents et à venir.

F. A. G.

Bruxelles, 10 Mai 1907.

9 782329 254159